AF170490

Sven Weishaupt

Fernsehredakteur
Personal Coach
Schamanismus, Reiki, Chi Gong Lehrer,
Klangschalen-Therapeut

www.myspirit21-coaching.de

Dieses Buch widme ich meiner
lieben Mutter,

Ingrid Weishaupt

Sven Weishaupt

Jenseits der Matrix –

Zeitreise in eine andere Dimension

© 2019 Sven Weishaupt

Verlag & Druck im Auftrag des Autors: tredition GmbH, Halenreie 40-44, 22359 Hamburg

ISBN Softcover	978-3-347-48023-0
ISBN Hardcover	978-3-347-48033-9
ISBN E-Book	978-3-347-48039-1
ISBN Großdruck	978-3-347-48050-6

Das Werk, einschließlich seiner Teile, ist urheberrechtlich geschützt. Jede Verwertung ist ohne Zustimmung des Verlages und des Autors unzulässig. Dies gilt insbesondere für die elektronische oder sonstige Vervielfältigung, Übersetzung, Verbreitung und öffentliche Zugänglichmachung.

Inhaltsverzeichnis

Vorwort — S. 9

Kapitel 1: Synchronizität – was ist das? — S. 21
1.1 Das Ende des Jahrtausends — S. 21
1.2 Das Zentrum Argayall und wie es mich rief — S. 33
1.3 Brasilianischer Schamanismus — S. 54
1.3.1 Aurareinigung nach dem
   Brauch brasilianischer Naturvölker — S. 56
1.3.2 Verstorbene Seelen gehen ins Licht — S. 58
1.4 Layra und die Einweihung — S. 63

Kapitel 2: Der Mensch auf dem Weg in ein neues Zeitalter — S. 68
2.1 Der Maya-Kalender, José Argüelles — S. 80
2.2 Der Ashram von Babaji — S. 86
2.2.1 Das Spiel mit dem Feuer — S. 93
2.3 Barcelona, Rita und die Magie von Cadaqués — S. 96
2.3.1 Eine unheimliche Begegnung — S. 114
2.3.2 Besuch von Zeta Reculi — S. 115
2.4 Der Santiago-Weg – eine magische Erfahrung — S. 127
2.4.1 Die Wanderung — S. 131

Kapitel 3 Das Ende des Jahrtausends	S. 148
3.1 Maya Ruine Palenque, Mexico Dez. 1999	S. 149
3.2 Lago Attitlán, Guatemala	S. 156
3.3 Leben und Tod – oder wie man als Gehängter zur Welt kommt	S. 161
3.4 San Marcos La Laguna, Lago Attitlán	S. 170
3.4.1 Aumrak, Ajpúu und Mr. Chip	S. 175
3.5 Glastonbury und der doppelte Regenbogen	S. 191
3.6 Porto Viejo und der Voodoo-Clan	S. 204
3.6.1 Sting	S. 212
3.6.2 Voodoo-Zauber oder `Wenn Holz blutet´	S. 214
3.7 Die Indianer und der Geist der Toten	S. 226
3.8 Der Ritt auf dem weißen Drachen…!	S. 232
3.9 Die Indianer melden sich zurück	S. 236
3.10 Stimmen im Kopf	S. 243
Kapitel 4 Die Schamanen lösen das Rätsel	S. 250
4.1 Die Wiedergeburt	S. 259

Teil 2

Kapitel 5 Wege zur Selbst-Entfaltung — S. 268
5.1 Der Mensch als spirituelles Wesen — S. 272
5.2 Von Feld zu Feld — S. 276
5.3 Von negativen Feldern — S. 285
5.4 Vom Stärken und Schützen… — S. 288
5.5 Machtvolle Gedanken — S. 294
5.6 Am Anfang war das Wort… — S. 306
5.7 Die magische „Ich Bin-Formel" — S. 312
5.8 Das `E-Mot-Ion´ — S. 317
5.9 Wie bekomme ich einen Elefanten durch ein Nadelöhr? — S. 321
5.10 Alles eine Frage der Perspektive — S. 328
5.11 Intuition, was ist das eigentlich? — S. 336

Kapitel 6 Zyklen der Evolution — S. 342
6.1 Zwischen den Dimensionen — S. 349
6.2 Der Lichtkörperprozess — S. 352

Schlussbemerkung — S. 356

Vorwort

Diese Geschichte ist das Abenteuer meines Lebens. Es ist eine Geschichte die nicht der Phantasie entspringt, aber gleichsam phantastisch anmutet. Ich werde Ihnen von Ereignissen berichten, die jenseits unserer dreidimensionalen Wahrnehmung geschehen sind. Es ist bestimmt kein Zufall, dass die Ereignisse in den Jahren um die Jahrtausendwende spielen. Dieser magische Zeitsprung in ein neues Jahrtausend war Ausgang meines spirituellen Abenteuers.

Ich richte in diesem Bericht meinen Fokus auf paranormale und synchronistische Ereignisse, die ich erlebt habe und die erzählen, dass es eine Realität jenseits der Matrix gibt.

Es sind Ereignisse, wie aus einem Fantasyfilm, als würde plötzlich die Welt nach anderen Gesetzten funktionieren und in diesen Momenten sind die für uns so selbstverständlichen Abläufe von Zeit und Raum vollkommen außer Kraft gesetzt. Es ist die Magie einer anderen Wirklichkeit die zu Tage tritt – seltsam unvertraut, ähnlich eines Traumgeschehens, das keine naturwissenschaftlichen Gesetze kennt. Das bemerkenswerte ist: Das ist auch Realität.

Synchronizität kann alles mögliche bedeuten und im Grunde ist es ganz allgemein eine reale Interaktion des bewussten Geistes mit dem höheren Bewusstsein des universalen Feldes. Vielleicht ist es ein wenig vergleichbar mit einem luziden Traum, nur das man sich tatsächlich vollkommen im Wachzustand befindet.

Meine Erzählungen und Darstellungen beruhen in erster Linie auf meinen Erlebnissen in den Jahren 1998 bis ca. 2003. Aus diesem Zeitabschnitt ergeben sich Verbindungslinien in meine allerersten Lebensmomente und Ereignisse in meiner Jugendzeit. Ebenso ziehen sich Verbindungen bis in die heutige Zeit.

Ich bin der Auffassung, dass jeder Mensch gewisse paranormale Erfahrungen auf die eine oder andere Art in seinem Leben kennenlernt. Es ist ein Blick hinter die Matrix und vielleicht kann man sie erleuchtete Momente nennen. Nur schnell sind sie wieder verschwunden, geraten in Vergessenheit und die Magie dieser Augenblicke verschwimmt sodann in den Stereotypen unserer Gewohnheitsmuster.

Ein Beispiel dafür ist das Déjà-Vu, ein Erlebnis das eintritt und man meint es bereits erlebt zu haben. Sei es eine Situation, ein Ort, eine Begegnung, ein Bild oder visueller Eindruck, selbst ein Geruch - es kann vieles sein, das einen abrupt in einen zauberhaft irritierenden Zustand versetzt.

Diese Art synchronistischer Begebenheiten sind das zentrale Element meiner Ausführungen. Daher folgt dieses Buch nicht in erster Linie den biographischen Erlebnissen, sondern diesen besonderen Erlebnissen, die ich im Titel als jenseitig der Matrix bezeichne. So gesehen kann man es als ein spirituelles Tagebuch verstehen.

Die Matrix verstehe ich als energetisches Feld unseres kollektiven Bewusstseins. Es ist gleichsam die Blaupause der menschlichen Interaktionen. Innerhalb der Matrix erleben wir, was wir für die Wirklichkeit halten, weil es sich für uns so darstellt. Unsere Sinne sind auf diese Matrix programmiert, alles andere ist für uns unsichtbar.

In der Kinoverfilmung der Matrix-Reihe, mit Keanu Reeves in der Hauptrolle, wird die Matrix als ein Programm beschrieben, mit dem die Menschen gefangen gehalten werden, wie in einem virtuellen System. Das heißt hier sind fremde Mächte am Werk, die die Menschheit unterdrückt.

Ob dies nun stimmt oder nicht, soll nicht Thema dieses Buches sein, auch wenn ich durchaus der Meinung bin, dass dies mehr als nur Fiktion ist. Vielleicht ist es ja kein Zufall, dass in diesen Tagen der vierte Teil von `Matrix´ in die deutschen Kinos kommt und genau in die Zeit meiner Buchveröffentlichung fällt.

Daneben verwende ich den Begriff des göttlichen Ur-Feldes oder des universalen Feldes. Dies ist jenes Feld, das alles miteinander verbindet. Es ist nicht allein irdisch, sondern universal. Es ist überall und nichts existiert außerhalb dieses Feldes. Das Kriterium des universalen Feldes ist Bewusstsein.

Damit ist eine zentrale These dieser Schrift markiert. Von diesem Paradigma gehe ich aus: Alles ist Bewusstsein und miteinander verknüpft, durch alle Welten und alle Zeiten.

Im göttlichen Ur-Feld findet der Mensch seine Verbindung mit der Schöpfungsenergie oder Gott, wenn man so will – dieses Feld organisiert die Planetenbahnen, durchdringt alle Dimensionen, kreiert Zyklen über Jahrmillionen und kommuniziert mit Frequenzen und Schwingungen, dem Hertz-Schlag des Universums. In diesem allumfassenden Feld wirkt der Keim der Kreation, der alles erschafft und unendliche Möglichkeiten für das wachsende Bewusstsein bereithält.

Synchronistische und außersinnliche Erfahrungen geschehen an den Berührungspunkten zu anderen Welten und Dimensionen, jenseits der dreidimensionalen Erfahrungen. Ich habe eine Reihe dieser Erfahrungen gemacht. Sie sind von einer solchen Kraft und Intensität, dass sie sich tief in mein Gedächtnis eingeprägt haben.

Ich werde versuchen die Erlebnisse, die sich für manchen unglaublich anhören mögen, in ein spirituelles Erklärungsmuster einzubinden. Meine Grundannahme dabei ist recht simpel: Alles im Kosmos ist miteinander verbunden, alles existiert in einem bewussten Feld und wir Menschen interagieren mit dem Feld und das Feld mit uns – immer und ohne Unterlass.

Es gibt keine Trennung in diesem kosmischen Geflecht. Wir als Spezies sind mit dem Sternenstaub verbunden, beziehungsweise wir sind aus ihm gemacht, um es plastisch auszudrücken. Alles existiert in vielfältigen Dimensionen, die miteinander interagieren.

Es gibt unendlich viele Lebensformen, die uns verborgen sind. Sie sind nicht sichtbar, aber dennoch existent. Alles pulsiert in kosmischen Frequenzen und Zyklen. Und alles strebt nach einer höheren Ordnung.

Wir stehen nun in einem Zeitalter der Transformation. Als Mensch, aber auch auf planetarer Ebene. Unser Sonnensystem strebt auf eine höhere energetische Stufe. Große Zyklen gehen zu Ende und der Planet Erde ist im Übergang zu einem neuen Zeitalter.

Wir leben tatsächlich in einer besonderen Zeit und jeder Mensch der auf der Erde ist, ist ein Teil dieser außergewöhnlichen Vorgänge. Ende der 90 er Jahre hatte ich das Gefühl, dass eine große Wandlung bevorsteht und auch wenn 2012 mit Ende des Maya-Kalenders nicht plötzlich die Apokalypse passiert ist, so bin ich fest davon überzeugt, dass wir inmitten einer kosmischen Verwandlung stehen.

Ich habe mich auf den Weg gemacht, um zu erkunden was jenseits den Erfahrungen meines bisherigen Lebens existiert. Ich wollte tatsächlich die Matrix durchschauen und hinter die Kulissen blicken.

Ich bin davon überzeugt, es war mir vorbestimmt, diese Abenteuer zu erleben. Erst heute, mit einem gehörigen zeitliche Abstand, macht es für mich Sinn diese ungewöhnliche Reise mit einer Leserschaft zu teilen. Ich fühle, dass die Zeit reif dafür ist.

Meine Reise war wie die des Helden, wie sie Hajo Banzhaf[1] in einem seiner wertvollen Bücher beschreibt. Es ist die (geistige) Reise des Menschen durch die großen Arkana des Tarot – sie führt durch alle geistigen Dimensionen des `Einen großen Bewusstseins´ – es ist eine mystische, archaische Reise, von der Unterwelt, durch die Mittelwelt in die Oberwelt. Das dieses Erlebnis meine Bestimmung war und ist, wurde mir erst sehr viel später bewusst.

---

[1] Hajo Banzhaf: Tarot und die Reise des Helden. Der mythologische Schlüssel zu den Großen Arkana, Hugendubel Verlag.

Wie aber die Matrix beschreiben, ist sie doch, aus dem Blickwinkel von innen heraus, unfassbar? Ich will eine Metapher benützen, die mir als Fernsehschaffender einfällt.

Man kann die Matrix mit einem Fernsehstudio vergleichen in dem ein Bühnenbild aufgebaut ist. Die Akteure stehen in einem Studio in einer aufgebauten Kulisse, die dem Zuschauer eine wirklichkeitsgetreue Umgebung suggeriert. Tatsächlich ist es eine nur eine Kulisse, nicht wirklich die Realität.

Auf einer Bluebox spielen Szenen, die aus dem Computer kommen. Keiner der Zuschauer, weiß was echt ist oder inszeniert. Selbst die Darsteller vor der Kamera könnten virtuell animiert sein. Niemand würde es merken. Eine künstliche Realität wird erzeugt und alles sieht echt aus.

Vielleicht verhält es ich in unserem `wirklichen´ Leben ganz ähnlich. Wir wissen nicht was wirklich ist, weil wir die Illusion dahinter nicht erkennen können.

Wie aber heraustreten aus dieser realitätssuggerierenden Schablone, die ich Matrix nenne. Für mich gab es nur einen Weg und der bedeutete alles loszulassen und mich zu öffnen. Nur so konnte ich neue Interaktionsfelder entdecken, die außerhalb der Matrix liegen.

In dieser Zeit habe ich das universale Kino betreten. Ich bin einfach aus der Matrix ausgetreten, habe das Studio gewechselt und andere Kulissen-Welten erfahren. Einfach, nein das war es nicht und sicherlich auch nicht ganz ungefährlich.

Um das zu bewerkstelligen musste ich in erster Linie meinen Geist öffnen und mich in eine unbekannte Welt hinein begeben, jenseits der für den rationalen Geist zugänglichen Dimensionen. Die mystische Welt des Tarot hat mir die ersten unbekannten Schritte in diese Welt ermöglicht.

Ich bin mir darüber im Klaren, dass mein Erleben in manchen Fällen kaum nachvollziehbar ist. Paranormale Erfahrungen entziehen sich einer Beweisführung und sind mitunter nur schwer zu beschreiben, da sie eine andere Wirklichkeit berühren.

Dennoch versuche ich eine Dokumentation meiner Erlebnisse zu Papier zu bringen. Das Dokumentarische ist das Erlebte, wie ich es in der Erinnerung bewahrt habe. Daneben versuche ich die Begebenheiten inhaltlich einzuordnen in eine Art spirituellen Kontext.

Diese Erklärungen und Theorien entspringen meinen, in über 20 Jahre erworbenen Erfahrungen mit spirituellen und esoterischen

Themen. Ich möchte Sie gerne einladen, an meinem Abenteuer teilzuhaben. Entscheiden Sie selbst, was sich für Sie stimmig anhört.

Vielleicht kann es hier und da ein Anstoß an ihre Inspiration sein. Das phantastische hat die Macht den Geist zu öffnen und bisherige Denkformate in Frage zu stellen.

Keiner von uns in der westlichen Welt, mit unseren vorformatierten Bildungsaufträgen, den Schul- und Erziehungskonzepten, wird auf ein Verständnis des Geistigen und von Bewusstsein, jenseits der materiellen Realität, vorbereitet.

Das Materielle und das Verstandesdenken sind für den ´modernen´ Menschen die Kategorien für Bestandssicherung, sprich Überleben und Fortschritt. Nur wohin hat dieses Primat die Menschen gebracht? Sie wissen es selbst: An die Grenzen der vollständigen Zerstörung unseres eigenen Lebensraumes!

Der Mensch hat sich selbst an den Rand der Apokalypse katapultiert. Der vermeintliche Fortschritt wird zum tödlichen Bumerang, wenn die Natur zurückschlägt. Jeder weiß das, aber reicht das für eine wirkliche Revolution des Umdenkens?

Der Mensch wird zurückfinden müssen zu einer Balance von Körper, Geist und Seele, nur darin liegt seine Chance. Nur durch die

Harmonie im Inneren, wird das Außen gesunden. Und nur durch das Wachsen des Bewusstseins erobern wir als Menschen den Kosmos, nicht nur durch technologischen Fortschritt. Mit Erobern ist hier nicht eine Okkupation gemeint, sondern ein Erwachen des Geistes.

Es ist ein lohnenswerter Gang neue (spirituellen) Welten zu erforschen. Denn nur in der geistigen Erkundung finden wir Antworten auf die Fragen des Lebens und dem Sinn..

Wir Menschen sind in erster Linie spirituelle Wesen, die nur vergessen haben, welch Dimensionen sie erfassen können und in welchem Ausmaß sie selbst Schöpfer sind in ihrer Welt. Ein spirituell erwachter Mensch benötigt keine Technik, er agiert mit dem bewussten Feld – der Schöpfungsenergie.

Nach all den vergangenen Jahren, ist heute die Zeit gekommen, im Jahr 2020, in Zeiten des Corona-Stillstandes auf der Welt, in der ich selbst die Muße und auch Mut finde all das aufzuschreiben, was mich in die höchsten überweltlichen Höhen, aber auch abgrundtief nach unten gezogen hat.

Dieses Buch ist für mich ein neues Abenteuer nach den eigentlichen Erlebnissen, denn ich habe mich lange Jahre gescheut, das Erlebte in ein Korsett von Wörtern zu kleiden. Denn es erschien mir fast unmöglich.

In meinem Kopf befindet sich ein Kaleidoskop manch surrealer Ereignisse, die ich erlebt habe. Wie also sollte ich je so etwas vermitteln können, was sich wie im Traum erlebt anmutet in denen alle naturwissenschaftlichen Gesetzte aufgehoben sind? Diese Frage hat mich jahrelang zurückgehalten, etwas von meinen Erlebnissen zu Papier zu bringen. Schwarz auf weiß, einer Reihenfolge von Buchstaben mich zu ergeben. Dies hier kann nur ein Versuch sein, ein Ausschnitt aus einem universalen Kontext.

Heute, gut 20 Jahre später, will ich es nun doch versuchen. Das liegt daran, das ich dazu ermutigt und aufgefordert wurde und ich denke heute: Es ist die Zeit dafür gekommen.

Der erste Teil des Buches lässt sich als ein Erlebnisbericht verstehen, wobei der Handlungsfaden meinen paranormalen und synchronistischen Erlebnissen folgt.

Ich beginne meine Ausführungen mit einer Klärung des Begriffes. Was ist Synchronizität? Die Beispiele, die ich aus meiner eigenen

Erfahrung beschreibe, sollen helfen diesen abstrakten Begriff etwas verständlicher zu machen.

In dem 2. Teil werde ich versuchen, meine Verständniswelt konkreter erfassbar zu machen. Dabei gehe ich im Wesentlichen von zwei Grundannahmen aus. 1. Der Mensch ist in erster Linie ein energetisches Wesen. Und 2. Alles im Universum ist miteinander verbunden.

Wir als Spezies sind ein Teil des Ganzen und in uns liegt der Keim allen Wissens. Wir können auf eine Entdeckungsreise gehen, wenn wir unsere Scheuklappen ablegen und den Geist entfalten.

KAPITEL 1: SYNCHRONIZITÄT- WAS IST DAS?

Ich verzichte darauf, diese Frage mit einer fertigen Definition zu beantworten. Allzu vielschichtig sind die Dimensionen der Synchronizität. Vielmehr will ich versuchen meine ganz eigene, persönliche Sichtweise zu diesem Begriff zu entwickeln

Zunächst aber will ich etwas zu meiner Person und der Zeit meines Aufbruchs Ende der 90 er Jahre schreiben.

1.1 Das Ende des Jahrtausends

In den späten 90 er Jahren war ich Fernsehredakteur beim Süddeutschen Rundfunk in Stuttgart. Die ersten Jahren arbeitete ich als Reporter für die regionalen Sendungen. Dann erhielt ich den Ruf, für die 90-minütige Talksendung „Thema M - wie Menschen".

Wir waren ein kleines Team von vier Redakteuren. Jeder suchte sich seine Themen und stellte sie in der Redaktionskonferenz vor. Wir diskutierten die Themen und wenn alles abgesegnet war, konnte man loslegen.

Die Aufgabe war: Das Thema zu strukturieren und inhaltlich zu einer 90 Minuten Gesprächssendung zu konzeptionalisieren. Dazu Studiogäste zum Thema finden und 3 bis 4 Filme zu produzieren, die Bestandteil der Sendung waren. Die Sendung `Thema M´ galt beim SDR als Flaggschiff und Vorzeigeprodukt und ich war stolz, dass der Redaktionsleiter Jo Frühwirth mich in sein Redaktionsteam rief.

Zuvor war ich drei Jahre in Mannheim in der Badischen Fernsehredaktion als Nachrichtenreporter unterwegs gewesen. Nun war ich der Neue in der Stuttgarter Redaktion „Thema M" und ich begann über Themen nachzudenken.

Man erwartete von mir frischen Wind und neue Themen in die Redaktion mit einzubringen. Bisher bestimmten vor allem medizinische und psychosoziale Themen den Charakter von „Thema M". Nach Jahren des politischen Realjournalismus begann ich mich für spirituelle Themen zu interessieren. So entstanden Sendungen über „Zivilcourage", „Träume", „Angst", „Zeit", „Spiritualität und Selbstheilung". Oder das Thema „Zufall und Schicksal" aus meiner Feder.

Diese Art esoterischer Themen waren tatsächlich neu für die Redaktion und auch für den SDR (heute: SWR). Für mich waren diese Projekte, die Eintrittskarte in eine neue Lebensphase.

Ich war neugierig und wollte wissen, was sich hinter dem Vorhang unserer „realen" Welt verbirgt. Die Fernsehprojekte waren der Startpunkt für meine beginnende Selbsterfahrung. Ich wollte mehr als nur beschreiben und darstellen was andere sagen oder erfahren haben. Ich wollte es selbst erleben.

Dazu ein Beispiel: Als ich einen Beitrag über das Feuerlaufen machte, bin ich selbst mit dem Kurs über die glühenden Kohlen gelaufen. Als es um das Thema „Armut" ging, lebte ich im Selbstversuch 2 Wochen als Obdachloser auf der Straße. Ich folgte soweit es ging dieser Maxime bei all meinen Projekten. Denn ich bin der Meinung, man kann erst über etwas sprechen oder berichten, wenn man es selbst erfahren hat. Auch wenn es nur ein kleiner Ausschnitt einer Erfahrung ist, lässt sich das Thema besser erfühlen.

Ich plante schließlich eine Fernsehsendung zum Thema „Zufall und Schicksal" und das kam nicht von ungefähr. Ich bin davon überzeugt, dass dieses Thema mit dem kollektiven Unterbewusstsein in dieser Zeit des ausgehenden Jahrtausends zu tun hatte. Und damit sind wir schon beim Thema der Synchronizität.

Der Beginn eines neuen Jahrtausends war weit mehr als nur ein kalendarisches Ereignis. Fast zwangsläufig verbinden die Menschen mit dem Wechsel der Jahrhunderte auch eine mystische Vorahnung auf eine Art „Neue Zeit", als würde sich durch ein kalendarisches Ereignis gleichsam eine Bewusstseinsverschiebung vollziehen. Und nicht zu vergessen: Wir haben eine Jahrtausendwende erlebt!

Ob dies nur eine Art Aberglaube ist der sich im Kollektiven verankert hat? Ich denke, das was die Menschen im Unterbewusstsein spüren und was man als Intuition und archaisches Wissen bezeichnen kann, ist verankert im `Großen Allumfassenden Feld´ und hat nichts mit Aberglaube zu tun.

Große Daten werfen ihre Schatten voraus, könnte man sagen. So war vermutlich meine Initiative zu den spirituellen Themen für die Talkshow auch von diesem Geist inspiriert. Es ist unsere spirituelle Verbindung zu dem bewussten intelligenten Feld, dass uns mit Ideen und Kreativität speist.

Die Jahrtausendwende gab Vorlage für viele spirituelle Strömungen weltweit. Das Ende des Maya-Kalenders im 2012 stand bevor. Weltungansszenarien und neuer Messias Glaube wetteiferten in den esoterischen Zirkeln. Im Kino liefen Filme wie `Matrix´ und `Lola rennt´. Beide Filme waren eine Vorlage für das Thema „Synchronizität". Und sie waren alles andere als „zufällig" in eben jener Zeit kurz vor der Jahrtausendwende. Ich war von diesen Filmen tief beeindruckt und ich entschied mich dieses Thema für meine Talkshow zu bearbeiten.

Heute, in der Rückschau all meiner Erlebnisse war die Recherche zum Thema Synchronizität der Ausgangspunkt für meine Reise ins Unbekannte. Im ersten Schritt wurde daraus ein Fernsehprojekt. Im nächsten Schritt kam das erlebte Abenteuer und nun folgt das Buch. 20 Jahre später schließt sich der Kreis. Im synchronistischen Sinne treffen mit diesem Buch alle Ereignisse und Zeitlinien meiner persönlichen Geschichte zusammen.

Nach Begegnungen mit beeindruckenden Menschen wie Hajo Banzhaf, dem Tarot-Fachmann, Rüdiger Dahlke, dem spirituellen Lehrer oder Gabi von Lutzow, dem Engel von Mogadischu und den vielen anderen Persönlichkeiten, die ich bei meinen Recherchen kennenlernen durfte, wurde mir klar, dass es den Zufall wie wir ihn verstehen nicht gibt. Ganz im Gegenteil: Hinter jedem Ereignis steht ein besonderer Grund.

Es ist das Gesetz der Kausalität, dass immer gilt, ohne Ausnahme! Ob wir es im jeweiligen Fall als gut oder schlecht beurteilen, ist eine andere Frage.

Der Zufall ist ein Angebot, den wir als Menschen bekommen. Eine mögliche Option unter anderen. Wir können ihn erkennen und wertschätzen. Zum Beispiel ihn als Zeichen sehen. Wir können anerkennen, dass wir einer Führung vertrauen können - woher auch immer sie kommen mag.

Der Zufall selbst ist ein Zeichen. Er lässt uns gewahr werden, dass wir verbunden sind mit einer höheren, geistigen Welt. Das große bewusste Urfeld bietet uns Möglichkeiten der Weiterentwicklung. Immer wieder und aufs Neue. Wir müssen nur unsere Augen und Ohren offen halten.

Wenn wir aufmerksam sind, erkennen wir die Gunst der Stunde und die Zeichen auf dem Weg. Und alles ist glasklar in dem diesem einen Moment. Doch selten sind wir so gewahr und können es auch gar nicht sein. Zu schnell und komplex ist unsere Welt geworden. Oft stolpern einfach irgendwie hinein in das was man Leben nennt. Wir folgen den festen Abläufen, sind nach der Arbeitszeit getaktet, funktionieren nach Maß. Das ist ganz nüchtern betrachtet die Folge unserer beschleunigten Welt. Manchmal, wäre es vielleicht gut die Uhrzeit zu vergessen, um ein Stück weit die Ur-Zeit wieder zu erinnern. Aber leichter gesagt als getan, denn wer kann es sich schon erlauben, einfach mehr Muße in seinen Alltag und sein Arbeitsleben einfließen zu lassen?

Dennoch möchte ich auf die Infiltrationen aufmerksam machen, ohne es auf eine Art zu bewerten. Wir alle leben in dem System. Wir denken, was uns vorgegeben wird und wir sind meist gewöhnt zu tun, was andere erwarten. Wir pausieren, wenn man uns die Zeit dafür gibt.

All das verhindert, was wirklich Leben heißt und es verhindert unsere wahre Bestimmung, das Wachstum im Inneren. Die Welt ist brutal arrangiert und wer überleben will, wird selbst auf die eine oder andere Weise brutalisiert. Das vorgebliche Miteinander wird zum Gegeneinander – das Konkurrenzmodell soll Wachstum bringen, dafür unterminiert es das gemeinsame Wohlwollen und ist auf Zerstörung programmiert. Wir sollen nicht denken, wir sollen funktionieren. So werden wir erzogen und so erziehen wir unsere Kinder.

Die totale Durchprogrammierung der Welt nenne ich `Matrix´ und sie ist schlimmer als jeder Weltkrieg. Denn die Zerstörung basiert auf der Eliminierung der menschlichen Empfindung, auf Abstumpfung und Verlust der Liebe. Die Matrix ist auf Angst programmiert, verheißt Belohnung für die Ausbeuter und Verlust für die Masse. Das schöne Leben ist einigen wenigen vorbehalten!

Dieses System hält die Menschen in Gefangenschaft. Und wir sind tatsächlich da angekommen und glauben, dass es so sein muss. Ja, die Welt ist so. Der Mensch ist so. Und da liegt der Fehler. Wir unterliegen einem Programm, das uns dies suggeriert. Das tun die Politiker, die Journalisten und die Wirtschaftsmagnaten. Herzlich Willkommen zur Tagesschau: Und heute wieder zur Übersicht der weltweiten Grausamkeiten." Wir wünschen Ihnen noch einen schönen Abend im Ersten oder sehen im Zweiten die Katastrophen besser". Könnten nicht überspitzt so die Werbeslogan der Öffentlich-Rechtlichen lauten?

Und wenn wir uns nicht ablenken lassen, denken wir an gestern oder morgen oder was wir gleich oder nachher tun. Ärgern uns über dies und jenes und sind vor lauter Gehirnaktivität eines klaren Gedankens nicht mehr fähig, geschweige denn eines offenen Bewusstseins.

Es gibt nur einen Ausweg: alles zum Stillstand bringen. Mit den selbst geschaffenen Konventionen brechen. Still werden, achtsam werden. Ruhig werden und all das von sich weisen, was einen bedrängt. Soweit es eben geht.

Wir wissen das in unserem Inneren. Jeder spürt das. Aber wir sind Meister der Verdrängung. Und wir wissen nicht uns selbst zu stoppen. Das Programm treibt uns voran – ohne Unterlass. Nach der Tagesschau am Sonntag, der Tatort! Denn das hat Tradition.

Der Zufall als synchronistisches Erlebnis ist ein Pfad den wir bewusst betreten. Eine Entscheidung und alles was passiert tritt plötzlich mit einem in Resonanz. Alles bekommt Bedeutung und Sinn, wenn man den Moment festhält, sich öffnet, geschehen lässt und die Sinne und den Geist für den Augenblick reserviert.

Und dann geschieht Synchronizität, ganz von allein. Man erkennt die Zusammenhänge, versteht die Zeichen. Plötzlich wird klar wie alles miteinander zusammenhängt. Es geschieht eine Magie – es ist der Moment an dem das göttliche Feld wirkt. Und in diesem Moment geschieht ein Stück Glückseligkeit, denn Bewusstsein entfaltet sich.

Das hört sich einfach an! Ist es aber nicht. Denn wir sind ständig beschäftigt mit unseren Gedanken. Wir denken unablässig an das was wir angeblich tun müssen, denn wir sind so erzogen worden. Wir haben keine Freiheit in uns für den Moment reserviert – das wurde uns mit großer Sorgfalt ausgetrieben.

Wir haben immer die Zukunft vor Augen: Pläne, Aufgaben, Arbeit. Keine Zeit für den Moment. Die Vergangenheit geistert wechselweise durch die Gehirnwindungen. Ereignisse, Ärger, Kummer und Sorgen befallen uns ständig wie ein schädliches Virus. Darüber hinaus lassen wir uns vollmüllen durch die überall präsenten Medien und unsere Aufmerksamkeit ist gänzlich futsch.

So werden unsere Denkinhalte gefüllt und was wir denken kreiert unsere Wahrheit, unsere Realität. Das Ganze könnte man die „Matrix" nennen, denn sie hält uns gefangen in einer Illusion und weit weg von uns Selbst, in einem unbewussten Zustand. Wie aber kann man es schaffen, wieder zu sich selbst zu finden, ohne diesen Rastern und Schablonen des Systems zu folgen. Denn - wir müssen ja funktionieren, oder?!

Wir *müssen* Geld verdienen, eine Familie gründen, Kinder aufziehen und Eigenheime bauen und abzahlen. All das müssen wir, denken wir. Und so nehmen wir uns selbst gefangen in diesem Konstrukt, von dem wir annehmen, es müsse so sein – das Leben. Und wir erziehen mit diesem Konstrukt unsere Kinder und formen sie hinein. Erbarmungslos – mit Erziehungsmethoden! Aus Ihnen soll ja auch mal was werden. Und möglichst sogar was Besseres!! Aber was ist, wenn das alles nur Lüge ist und nur einigen wenigen nützt?!

Wenn man die Lüge erkennt und entlarvt, ist es so, als würde man den Schleier beiseite ziehen und einen offenen Geist zulassen. Ein Geist der schlicht im Moment ruht. Jenseits allen Getöses. Stellen Sie sich vor sie drehen an ihrem Radio die Kanäle durch und landen auf einem bisher unbekannten Kanal. Mit einer Frequenz, die mit ihrem Inneren

Herzton schwingt. Vielleicht ist es nur ein Summen, ganz unscheinbar, aber doch voller Glückseligkeit!

Unsere Wahrnehmungsmuster sind korrumpiert worden. Wir haben unsere eigene Mystik und Magie verloren. Und wir wissen nicht wie

wir sie wiederfinden können. Alles was wir für wahr empfinden, ist das Bekannte, das was wir sehen und anfassen können. Das was unsichtbar ist wird ausgeschlossen, beziehungsweise in ein Reich der Fantasie verbannt. Aber wie real, das frage ich Sie, ist der Himmel? Und ist er wirklich blau?

Vier der fünf Elemente sind transzendent: Feuer, Wasser, Luft und Äther. Das heißt materiell nicht wirklich fassbar – aber doch so selbstverständlich. Wir sind gewohnt unsere Realität zurecht zu denken. Ob es nun logisch ist oder nicht. Die Transzendenz unseres Lebens wird aber nur zum Teil in unser Realitätsmodell mit einbezogen.

Welch transzendenten Inhalt umfasst den Menschen selbst?, oder anders gefragt: Welchen Anteil davon kann er leben? Das Unbegreifliche ist die Mystik und das Paranormale. Wir alle wissen darum, aber es besteht eine große Hemmnis diese Welt in unsere Wahrnehmung zu lassen. Dies ist ein Grund warum Synchronizität, so oft mit unbedeutendem Zufall wegretuschiert wird. Eine höhere Macht soll da am Werke sein, das ist gespenstisch.

Aber kommen wir zur Handlung. Ganz allmählich begann die Geschichte von den Zeichen für mich.

1.2. Das Zentrum „Argayall" und wie es mich rief

Frühjahr 1998, La Gomera, Valle Gran Rey

Die Monate im Frühjahr 1998 waren sehr aufwühlend für mich und ich beschloss eine zweiwöchige Auszeit im Valle Gran Rey zu nehmen. In den 70 er und frühen 80 er Jahren war das „Valle" auf La Gomera ein Geheimtipp für Individualreisende und zu dieser Zeit hatte es noch den Charme der späten Hippiezeit. Allerdings war davon Ende der 90 er Jahre nicht mehr viel zu spüren.

Meine Reise begann mit einem Vorzeichen, dass ich allerdings in dem Moment nicht einzuordnen wusste. Am Stuttgarter Flughafen kam ich mit einem jungen Typ ins Gespräch. Er hieß Matthias und war etwa in meinem Alter. Er fragte mich rundheraus wohin ich denn fliege würde. Als ich das Valle Gran Rey erwähnte, meinte er nur, dass er gerade dort war. Wir plauderten ein wenig und er erzählte mir von dem spirituellen Zentrum `Argayall´ im Valle. Ich solle doch da mal vorbeigehen. Das wäre was für mich – meinte er noch, ganz so, als würden wir uns schon lange kennen.

Ich habe über diese Begegnung nicht weiter nachgedacht, aber im nach hinein habe ich verstanden, das war ein erstes Zeichen auf meinem Weg, der nun seinen Anfang nahm und nach Argayall, Barcelona, den Jakobsweg und weiter nach Mexico, Guatemala und Costa Rica führte. Es war alles wie auf einer Perlenschnur aufgezogen und ich musste nur folgen. Und das tat ich.

Im Valle Gran Rey angekommen suchte ich mir ein Appartement. Ich verbrachte die ersten Tag um mich umzusehen. Alles hatte sich verändert und der Flair der Frühen 80 er Jahre war für immer verloren. Ein Großteil der früheren Bananenfelder waren zugebaut, in Beton gegossen. Immer mehr Pauschaltouristen und junge Familien kamen ins Valle und das individuelle und improvisierte Flair war nicht mehr wiederzufinden. Irgendwie fühlte ich mich ein wenig verloren.

Ich beschloss nach ein paar Tagen, eine Wanderung zu einem kleinen Wasserfall zu machen. Die Strecke führt entlang eines (im März) trockenen Flussbettes und dauert ca. 7 Stunden. Die Wege oder besser Pfade sind nur vereinzelt befestigt und man muss immer wieder durch das Flussbett klettern, das voll von riesigen Steinen und mächtigen Geröllhaufen war. Es ist tatsächlich eine anspruchsvolle Tour und für ungeübte Wanderer nicht ganz ungefährlich. Diese Erfahrung sollte ich in diesen Tagen machen.

Ich war bereits fast drei Stunden unterwegs und wieder einmal endete der kleine Trampelweg am Ufer des Flussbettes. Es blieb mir nichts anderes übrig. Ich musste mich ins Flussbett hinunterhangeln, da der Weg von dichtem Gestrüpp versperrt war. Ich entdeckte einen kleinen Baum der mir Hilfestellung bot und sprang in das Flussbett.

Beim Aufprall spürte ich sofort, dass irgendetwas in meinem rechten Fuß kaputt gegangen war. Ein stechender Schmerz durchfuhr meinen Körper. Ich blieb am Baumstamm sitzen, um mich erst einmal zu beruhigen und zu atmen, denn der Schmerz lähmte bereits mein ganzes Bein. Mir war klar, ich musste jetzt erst einmal Ruhe bewahren. Keine Panik, sagte ich mir und drehte eine Zigarette. Langsam beruhigte sich mein Herzschlag, aber in meinem Fuß begann es zu pulsieren und zu klopfen. Ich konnte spüren wie der Fuß anschwoll. Mit dem Atem versuchte ich den Schmerz zu regulieren. Die Zigarette half ein wenig. Aber was sollte ich jetzt machen?

Ich war bereits drei Stunden unterwegs, das heißt zum Wasserfall war es ungefähr noch eine gute halbe Stunde. Mein Fuß begann mehr und mehr zu pochen und ich merkte den Schmerz bei den kleinsten Bewegungen. Wie sollte ich nur damit auftreten? Weit und breit war niemand unterwegs und ich musste eine Entscheidung treffen.

Ich schloss die Augen und bat um einen Stock mit dem ich weiterkommen konnte. Nicht mehr als 2 Meter entfernt lag einer im Flussbett. Ich nahm das als Zeichen, um weiter zu gehen. Am Wasserfall würde ich meinen Fuß kühlen können.

Bei jedem Auftritt mit dem Fuß hätte ich schreien können. Ich konzentrierte mich und unterdrückte die Schmerzen und irgendwie schaffte ich es zum Wasserfall. Ich kühlte meinen Fuß und das war unglaublich erleichternd. Mittlerweile war er auf die doppelte Größe angeschwollen und mir schoss angstvoll der Gedanke durch den Kopf, wie ich jemals wieder diesen Schuh anziehen sollte?

Das war aber nicht alles. Ich hatte mich derart auf dem Weg und jeden Schritt konzentrieren müssen, dass ich Kopfschmerzen bekam. Ich war mental total am Ende, als ich so am Teich des kleinen Wasserfalls (es war mehr ein Rinnsal zu dieser Jahreszeit) saß.

Eine tiefe Müdigkeit überfiel mich und ich wusste, dass ich mich nicht länger ausruhen durfte. Ansonsten würde ich es nicht mehr zurückschaffen. Also machte ich mich nach nur einer kurzen Pause auf den Weg.

Ich brauchte 6 Stunden zurück. Ich konnte nur unter extremsten Schmerzen mit dem Fuß auftreten. Und das nur mit Hilfe des Stockes.

Es war die reinste Tortur und der Weg schien endlos, da ich mich langsam wie eine Schildkröte fortbewegte. Ich schaffte es, wie in Trance, zur Straße die in Valle führte und trampte ins Dorf.

Irgendwie schaffte ich es zu meiner Unterkunft. Die Nacht im Hotel war die Hölle. Ich tat kein Auge zu und versuchte mit reiner Gedankenkraft die Schmerzen zu kontrollieren. Der Fuß schwoll noch immer mehr an und pochte heftig. Ich war wie in einer Trance und kühlte meinen Fuß in Gedanken mit blauem kaltem Licht, aber in ihm wütete ein Vulkan.

Am nächsten Morgen konnte ich gar nicht mehr auftreten und ließ mich ins Krankenhaus fahren. Die Röntgenaufnahme ergab einen Mittelfußbruch und ich bekam einen Gips bis unters Knie. Mit dem Taxi ging es zurück ins Valle, aber ich musste mir etwas einfallen lassen.

Dann erinnerte ich mich an Matthias, diesen jungen Typ, den ich am Stuttgarter Flughafen kennengelernt hatte. Er hatte mir von dem spirituellen Zentrum Argayall erzählt und mir noch den Tipp gegeben dort hinzugehen. Ich hatte es eigentlich nicht geplant, aber jetzt mit einem Gips erschien es eine gute Lösung! Ich wusste, dass man dort wohnen kann und mit guter Verpflegung versorgt wurde.

Heute kommt es mir so vor, als wäre all dies einer Bestimmung gefolgt. Meine Reise ins Valle Gran Rey, das Treffen mit Matthias, der Unfall und schließlich ich mit dem Gips im spirituellen Zentrum Argayall. Und so humpelte ich mit Gips und Krücke bewaffnet die 1,5 Km von meiner Unterkunft in dieses spirituelle Zentrum, wo ich eine Hütte mietete und alles was ich brauchte vor Ort hatte.

Als ich dort vollkommen erschöpft ankam und die Tür zur Rezeption öffnete stand vor mir eine ältere Frau mit langen, weißen Haaren. Sie musterte mich augenzwinkernd, mit einem vergnüglichen Lächeln um den Mund und sagte schlicht: „Na, du bist auch nicht umsonst hier gelandet".

Es war die Schamanin Ilse Korte, die zu der Zeit einen Kurs auf Argayall leitete. Sie sollte meine erste spirituelle Lehrerin werden. So wollte es das Schicksal. Ilse Korte war damals 77 Jahre alt und hatte eine beeindruckende Ausstrahlung mit ihren meerblauen Augen und dem verschmitzten Lächeln im Gesicht. Ein Gesicht wie aus edlem Holz geschnitzt und so frisch und jugendlich trotz der Falten und den schulterlangen weißen Haaren. Ilse Korte umgab eine ganz besondere Aura.

Ilse war sehr klar und direkt in ihrem Wesen. Sie konnte sehr bestimmt sein und schimpfte immer wieder auf die Politik und deren

Protagonisten. Es war fast eine Passion von ihr, provokante Leserbriefe an „Die Zeit" zu schicken. Ich erfuhr, dass sie in jungen Jahren Fotomodell gewesen war und irgendwann nach Brasilien gegangen ist. Dort verbrachte sie einige Jahre bei den Schamanen.

Sie hatte eine nüchterne Art und natürliche Autorität, ohne dafür viel tun zu müssen. Allein ihre Ausstrahlung hatte eine besondere Wirkung. Was sie lehrte kam mit einer Selbstverständlichkeit daher, auch wenn es um Themen wie verstorbene Seelen ging. Seelen, die in der dreidimensionalen Welt herumirren und sich an lebende Personen heften.

Sie erzählte von den Sphären der Geister und sie trat mit Ihnen in Kontakt mit Hilfe eines Mediums. Der Schamane hilft den verirrten Seelen den Weg ins Licht zu finden. So hört sich das vielleicht etwas skurril an. Bei Ilse war es das Normalste von der Welt. Ebenso sicher und selbstverständlich erzählte sie von den Engelshierarchien, von Jesus Christus und den Erzengeln.

Sie präsentierte die Themen, nüchtern und ohne jeglichen Pathos. Ganz ohne irgendwelche rationalen Erklärungsversuche für Paranormales zu unternehmen. Es war einfach so. Punkt. Das beeindruckte mich sehr bei Ilse, diese Klarheit und Weisheit. Wir sprachen viel in diesen Tagen auf Argayall und sie empfahl mir das Buch von

Jasmuheen: In Resonanz. Es war das Buch zur rechten Zeit. [2] Wie sollte es auch anders sein!

Die Synchronizität hatte mich durch den ‘schicksalshaften Fehltritt´ auf der Wanderung ins Zentrum Argayall katapultiert. Na ja, wäre ich dem ersten Zeichen gefolgt (die Begegnung mit Matthias am Flughafen) und gleich in das Zentrum gegangen, wäre der Unfall wohl nicht passiert. Aber die Botschaft ging an mir vorbei. Ich konnte sie damals nicht annehmen und war in meinem Kopf bei anderen Gedanken und noch alles andere als synchronistisch unterwegs.

So ist das mit den Zeichen, die wir nicht erkennen, oder besser: voller Gedanken an ihnen vorbei hasten, denn eines bedarf es, um Synchronizitäten und Zeichen auf dem Weg zu erkennen und das ist die notwendige Aufmerksamkeit.

Darüber wurden schon unzählige Bücher geschrieben; über das Leben im Hier und Jetzt. Ganz klar, das ist leichter gesagt als getan und alles andere als einfach zu praktizieren. Aber es ist der Weg ins Bewusste. Und nur Übung hilft. Immer wieder anzuhalten, sich selbst zu beobachten. Die Gedanken lesen, wie ein Betrachter von außen und lernen sich nicht mit Ihnen zu identifizieren. Der weise Betrachter wertet

---

[2] Jasmuheen. In Resonanz: Das Geheimnis der richtigen Schwingung. Koha. Mai 2009

nicht. Es schaut und lauscht und zieht keine Schlüsse, sondern hält inne und erforscht den Moment. Dieser weise Betrachter ist in jedem von uns. Je besser es uns gelingt diesen Betrachter zu aktivieren und uns nicht zu Sklaven unserer Gedanken zu machen, umso mehr Bewusstheit tritt ein und das was man Freiheit im Geiste nennt.

Uns Menschen fehlt für das Erkennen der Zeichen nicht die Zeit. Was uns fehlt ist die Ruhe und Mitte in Uns, die uns den Raum verschafft innezuhalten und nicht über die Dinge hinweg zu schauen. Wir haben uns selbst zu Sklaven der Zeit gemacht. Die tickende Uhr bei Charlie Chaplin in der Großmanufaktur ist das Symbol. Wir wurden mit der Industrialisierung auf die Sekunde, die Minute und Stunde getaktet. Dieser Puls der Zeit ist menschengemacht und hat das Leben durch strukturiert.

Wir erwachen am Morgen durch den Alarm des Weckers. Vor hundert Jahren wurde der Feierabend mit der Fabriksirene eingeläutet. Als ich noch vor ein paar Jahren am Flughafen gearbeitet haben, mussten wir uns an der elektronischen Stechuhr ein- und ausloggen. Am Sonntag verspricht die Kirchenglocke den Feiertag und fordert gleichsam den Kirchgang. So geschieht die Durchprogrammierung des Lebens.

Unsere Zeit ist fragmentiert, das Leben getaktet in Termine, Aufgaben und Erledigungen. Wir haben zu tun und das verschafft uns

Wertigkeit. Zumindest glauben wir das. Zeit hat man oder eben nicht. Dabei ist das schon ein Irrglaube. Wir haben keine Zeit, denn Zeit kann man nicht besitzen. Es ist genau umgekehrt: Die Zeit hat uns.

Nur der erwachte Mensch, als bewusstes Lebewesen kreiert aus dem gegenwärtigen Moment. In jedem Moment des Daseins findet das Leben statt, nicht in den Plänen von morgen und auch nicht rückwärtsgewandt in dem was gestern war.

Das nächste Problem ist: Wie erkennt man ein Zeichen, das von Bedeutung ist? Wann zeigen sich synchronistische Ereignisse? Wie kann ich sie aus der Fülle der mir zufließenden Eindrücke herausdestillieren. Hier kommt ein ganz entscheidendes Momentum ins Spiel und das nennt sich Intuition. Nur mit Hilfe der Intuition, einem inneren Gespür können wir Zeichen sicher erkennen. Aber dazu ist es notwendig die Intuition wach zu halten und noch viel wichtiger, sie auch anzunehmen.

Wir sind in den westlichen Gesellschaften mit unseren zivilisatorischen Prägemustern und Lebensvorlagen überhaupt nicht auf so etwas wie Intuition geeicht. Ganz im Gegenteil. Wir leugnen unsere innere Stimme, denn uns wurde beigebracht dem Verstand zu folgen.

Unsere Gedanken sind zum großen Teil aus Verstandesdenken geformt. Sie überdecken das innere Fühlen, verengen den Raum der Intuition. Wir leben in einer Informationsflut, die zum großen Teil manipulativ ist und äußerst subtil agiert. Das ist das Matrix-Programm, das uns wegführt von dem Gefühl für uns selbst und dem inneren Wissen, das alles eins ist.

Das Gefühl das aus dem Herzen kommt, spielt in unserer auf Konsum, Produktion und Fortschritt programmierten Matrix nur eine Nebenrolle. In dieser Welt ist kein Platz für Sentimentalität. Das Gesetz des Marktes heißt Konkurrenz und Kampf. Die überlebensnotwendige Dosis Herzenergie wird uns vorgefertigt serviert, in Serien und schmalzigen Hollywood-Szenerien, damit unsere Herzen nicht (ganz) verkümmern.

Wir werden als Kinder bereits durch die Vorstellungen der Eltern in vorformatierte Lebensvorlagen hinein dirigiert. Das ist kein Vorwurf, es ist eine Systemfolge. Die Software dieses Systems wurde zu Zeiten der Industrialisierung und der bürgerlichen Gesellschaft aufgesetzt. Das Programm heißt Fortschritt, Wachstum und Konsum. Heute laufen wir als Menschen einem Wachstumsalgorithmus hinterher, der sich selbst beschleunigt. Allerdings dieses Wachstumsprogramm berechnet nicht die begrenzten Ressourcen. Stattdessen wird das System ständig up-gedated und mit neuen Impulsen auf uns angesetzt. Wir sind in der Zukunft angekommen, die nächste Generation wird von künstlicher Intelligenz genährt.

Es scheint als hätte die Menschheit das Steuer aus der Hand gegeben. Wir haben eine Welt erschaffen, die immer weiter in eine Richtung läuft. Die geistige und seelische Entwicklung des Menschen zieht diese Welt nicht in Betracht. Und das ist meiner Meinung nach das Dilemma.

Die kreative und schöpferische Kraft des Menschen braucht eine Ruhezone und unterliegt nicht den Gesetzen des Marktes. Die Geschwindigkeit der Prozesse hat uns schon weit überholt. Es gilt auf die Bremse zu treten.

Aber wir waren bei der Intuition und den Zeichen und wie man sie erkennt. Ich bin der Auffassung, dass es **das** festgefügte Schicksal nicht gibt. Es würde bedeuten, dass der Mensch keine Entscheidungsfreiheit hat und kein Einfluss auf sein Schicksal. Vielmehr folgt der Mensch seiner karmischen Bestimmung und begegnet auf seinem Weg Wahlmöglichkeiten. Es sind Weggabelungen, die er erkennen und auswählen kann, in welche Richtung er weitergeht.

Wenn diese Annahme stimmt ist es gut zu wissen, dass diese Wegkreuzungen Angebote des Universums sind. Wer aufmerksam ist, kann Sie erkennen und nutzen. Deswegen ist es gut, die Aufmerksamkeit zu schulen, um die entscheidenden Momente wahrzunehmen. Das klingt leicht so daher gesagt: Aufmerksamkeit schulen! Tatsächlich ist es eine große Kunst und bedarf großer Anstrengung, in dieser hoch beschleunigten Welt die Ruhe des Momentes zu entdecken. Das System treibt uns ungebremst voran und hetzt uns durch den Alltag, keine Wunder sind wir eine gestresste Gesellschaft. Diese Prozesse für sich selbst zu verlangsamen und immer mal wieder inne zu halten, ist ein große Anforderung. Es geht nicht anders, als sich immer wieder der Momente bewusst zu werden.

Synchronizität erleben wir, wenn der Verstand still wird und das Gewahr sein den Geist erfüllt. Wir sind immer im Jetzt. Nichts anderes existiert. Wieder ein Stück weit Kind sein. Staunen und beobachten, den Geist öffnen und begreifen, dass wir ein Teil einer wundervollen Natur sind.

Was für ein Zauber allem innewohnt. Wenn man einen Baum mit seinen unzähligen Blättern betrachtet. Das Windspiel jedes Blattes ist ein einzigartiger Tanz, geschrieben von einer göttlichen Choreographie, mit unzähligen Variationen in Form und Bewegung.

Eine Bewegung aus dem Unsichtbaren. Der Wind eine unerschöpfliche Energie. Ein flüsterndes Rauschen verleiht dem Wind eine Sprache. Es ist die Sprache der Schöpfung.

Wir sind Zeuge göttlichen Ausdrucks, wenn wir lauschen...., dann hören wir vernehmlich die Stimme der Kreation. Es ist die Sprache Gottes ausgedrückt in den Elementen.

Allein dieses Schauspiel der Natur kann uns die Erweckung schenken für den gegenwärtigen Moment. Es lehrt uns die Besonderheit der Schöpfung, immer wieder neu und lässt unser Herz berühren, denn wir haben die Gunst, ein Teil davon zu sein:

Der Natur der Erde, der Bäume und Blumen, der Tiere, den transzendenten Elementen:

Luft, Wasser und Feuer und dem Äther, das Feld, das uns verbindet mit Allem was existiert im Universum. Die Erde als Schauplatz der Manifestation all dieser Wunder.

Nur in dieser Kommunikation werden wir uns selbst erkennen und erst dann werden wir neue Welten entdecken.

Diese kleine Geschichte, wie ich durch den Umstand der Hilfsbedürftigkeit ins spirituelle Zentrum Argayall gelangt bin, war etwa wie "der Wink mit dem Zaunpfahl". Nur wer hat da gewunken, möchte man fragen?

Diese Frage ist zentral für das Verständnis der Wirkungsweise des Feldes. Woher kommen die Zeichen? Werden Sie uns angeboten von einem höherem Bewusstsein? Treffen wir auf Wahlmöglichkeiten, die wir annehmen können oder auch nicht?

Wenn wir davon ausgehen, dass alles sich in und um energetische Felder abspielt und wir selbst ein solches sind, das wiederum mit anderen Feldern interagiert, so kann man davon ausgehen, dass es sowohl eine Bestimmung gibt, als auch einen freien Willen. Das Eine schließt das andere nicht aus. Die Bestimmung ergibt sich aus unserer seelischen Blaupause, dem Karma wenn ich man das so nennen will.

Ich gehe davon aus, dass es so etwas wie einen Seelenplan gibt. Und ich glaube daran, dass wir als Seelen viele Male auf dem Planeten inkarniert sind und ganz unterschiedliche Erfahrungen gemacht haben. Demnach gibt es eine karmische Bestimmung und wir durchlaufen unser eigenes Karma-Programm, bis wir dieses Feld der Dualität hinter uns lassen.

Es ist unsere Aufgabe in jeder Inkarnation uns weiterzuentwickeln und Karma aufzulösen. Karma, dass uns durch Jahrhunderte begleitet und sich immer wieder neu verkleidet zeigt. Diese, unsere seelische Entwicklung und Bestimmung erzeugt ein Feld, welches nach außen wie nach innen wirkt.

Wir stehen in Resonanz mit unzähligen Feldern, wie auch dem universalen Feld, dass alles mit einschließt. Wenn wir nun unsere Energie ganz bewusst in eine Richtung lenken, bekommen wir Angebote aus dem universalen Feld, die uns weiterführen auf unserem Weg. Daneben wirken tausendfach Eindrücke und Informationen auf uns ein.

Wenn wir herausfiltern können, was aus universaler Sicht der wegweisende Impuls ist, nennen wir das ein synchronistisches Ereignis. Dann sind wir in Resonanz mit dem göttlichen Feld und erkennen die Zeichen. Ob wir nun diese Zeichen annehmen, ihnen folgen oder gar keine Beachtung schenken, das ist unser freier Wille.

Das geistige Wachstum des Menschen ist nicht vorgeschrieben, es ist eine Option. Es ist durchaus denkbar, verschiedene Leben zu durchleben, ohne sich wesentlich weiterentwickeln in seiner karmischen Bestimmung. Es bedeutet schlicht, immer wieder von vorne anzufangen.

Nun, in meinem Fall, hat meine Ausrichtung mich auf eine spirituelle Suche aufzumachen, die Ereignisse in Gang gesetzt. Ich denke, ich bin in diesem Moment meinem Karma gefolgt. Wäre ich in meinem Beruf geblieben, hätte ich die Zeichen übersehen.

So gesehen, war ich selbst der Ausgangspunkt dieser synchronistischen Abfolge. Ich hatte im universalen Feld diesen Weg ausgesucht. Mein Leben dort, war freilich schon geschrieben.

Meine Intention war klar gesetzt, nur wusste ich keinesfalls, wie oder wo ich meine Suche beginnen sollte. Ich wollte etwas in Erfahrung bringen. Ich suchte nach Erkenntnis. Über mich und die Welt und das Verborgene und das Spirituelle. Es war die Suche nach dem Verborgenen, dem Unsichtbaren, nachdem die Menschheit seit Anbeginn forscht. Ich war auf der Suche nach dem heiligen Gral. Dem Gral, dem jeden Menschen innewohnt.

Ich war auf der Spur der Mystik des Lebens. Es sollte sich einiges offenbaren und ich war offen für das was sich mir zeigen sollte.

Es war diese Einstellung, die meine Geschichte in Gang setzte. Ich setzte die Zeichen auf null und trat in Resonanz mit dem göttlichen Feld. Was zunächst zögerlich und behutsam in mein Leben trat, öffnete sich nach und nach mit immer größerer Wucht. Heute kann ich sagen, dass ich nach Argayall geführt wurde.

Hier begann meine spirituelle Reise und es war der Beginn einer Geschichte, die mein Leben auf den Kopf stellen sollte. Anders formuliert ist es vielleicht richtiger. Mein Leben wurde auf die Füße gestellt, denn zuvor war ich in der Position des Gehängten (Tarot), also `über Kopf´ seit dem Beginn meines Lebens. Jetzt erst begann ich wirklich meinen Weg zu gehen.

Ich war 36 Jahre alt und an einem Punkt gekommen, alles was ich bisher für die Wirklichkeit gehalten hatte (denn ich war ein überaus rationaler Mensch), offen in Frage zu stellen. Ich ließ mich von den Begegnungen und Ereignissen inspirieren und ich ließ die Magie in mein Leben.

Ich löste nach und nach die Fallstricke und balancierte ohne Sicherheit in das Unbekannte. Ich wollte wissen, was sich hinter dem Vorhang befindet.

Diese Offenheit des Geistes zuzulassen ist keine leichte Übung. Mein Leben hat mir aber einiges mit auf den Weg gegeben. Meine Neugier und mein Studium der Geisteswissenschaften und auch die Jahre im Beruf des Journalisten hatten mich geprägt und mir meine Einsichten gebracht.

Ich war mir der Infiltrationen des herrschenden Systems bewusst. Der Mensch der aufgeklärten westlichen Gesellschaft wird ständig genährt durch Informationen. Das Problem ist die Nachrichtenwelt funktioniert mit Selektionsmechanismen die uns tagtäglich beeinflussen. Das Motto der Journalisten heißt: Nur eine schlechte Nachricht ist eine gute Nachricht. Wir erfahren von Krisen und Kriegen in der Welt, von Mord und Totschlag. Nach diesen Gesetzen gibt es faktisch keine guten Nachrichten. Was passiert, wenn man ständig über Jahre hinweg mit negativen Schlagzeilen bombardiert wird? Ganz einfach: Es passiert Abstumpfung und Verdrängung. Die Nachrichten werden zur Show.

Die Medien leisten ganze Arbeit, um uns abzulenken. Wie hat Neil Postman sein Buch genannt. „Wir amüsieren uns zu Tode".[3] Die Unterhaltungsindustrie versorgt uns mit Soaps, Quiz und Volksmusik, damit die Welt noch in Ordnung erscheint.

Das Netz der Matrix ist fast lückenlos gestrickt und erfindet sich immer wieder neu in ihrer autopoetischen Durchdringung. Es deckt den Geist des Menschen zu bis in die tiefsten Träume. Merkwürdigerweise,

---

[3] Neil Postman. Wir amüsieren uns zu Tode. Urteilsbildung im Zeitalter der Unterhaltungsindustrie. Fischer Taschenbuch. 1988.

vor allem dort, wo sich die Menschen als besonders zivilisiert und aufgeklärt begreifen!!

Ich war auf der Suche nach einer Wahrheit, die jenseits dieser künstlichen Projektionen liegt. Bereits durch meine Fernsehsendungen über `Zufall und Schicksal´ und den Recherchen über `Synchronizität´ war ich in gewisser Weise vorbereitet, zunächst rein intellektuell, zu verstehen, was Zeichen sind und sein können.

Ich begann zu verstehen, dass ich die Bereitschaft zu spontanem Handeln und auch zu irrationalem Verhalten aufbringen musste, um meine rationales Verstandesdenken zu durchbrechen. Der eine Schritt war, die Zeichen zu erkennen, der nächste war, ihnen auch zu folgen.

Ich blieb etwa 7 Tage auf der Finca `Argayall´. In kürzester Zeit formten sich die Verknüpfungen und Ereignisse, die mich weiterführen sollten. Ich lernte drei Frauen kennen. Jede Begegnung sollte für mich auf eine einzigartige Art und Weise wegweisend werden. Da war zuerst Ilse Korte, die mich über eine Zeit lang begleiten sollte und die mit ausschlaggebend war für meinen Entschluss meinen Weg weiterzugehen. Ein paar Wochen später besuchte ich ein 5 Tage Seminar bei Ihr, irgendwo in Norddeutschland auf einem Bauernhof.

Dann war da Layra, die auch mit Ilse befreundet war und ihr assistierte. Eine außergewöhnliche Heilerin, die nicht von dieser Welt schien. Ich schreibe das ganz bewusst, weil ich tatsächlich Begegnungen mit Menschen hatte, bei denen ich mir bis heute nicht sicher bin, ob sie rein irdisch waren oder sind. Layra hatte ein immenses Wissen, war Seherin, Reiki-Meisterin und verkaufte wunderschöne Halbedelsteine und Schmuck. Das bemerkenswerteste aber waren ihre Augen, die manchmal grün, ein anderes Mal ein klares Blau trugen. Dann war da noch Rita, eine Deutsche, die in einem kleinen Dorf bei Barcelona lebte und die ich nach meinem Aufenthalt auf La Gomera besuchte.

Nun, die Geschichte der Synchronizitäten begann sich fortzuschreiben.

Bevor ich nach Barcelona fuhr erlebte ich innerhalb eines vergleichsweise kurzen Zeitraumes einen enormen Anstieg meiner spirituellen Erweckung. Alle ging so rasant schnell. Ich wurde förmlich auf einer riesigen geistigen, bewusstseinserweiternden Welle getragen und es war zum einen ein beglückendes Gefühl, aber auch ein Tanz in höheren Gefilden, ohne jede Erdung.

1.3 Brasilianischer Schamanismus

Das Seminar auf einem entlegenen Bauernhof in Norddeutschland mit Ilse Korte und Layra war einer der Auslöser. Wir waren eine große Gruppe von ca. 20 Leuten und es war ein äußerst intensives Seminar. Wir lernten Techniken, um die Aura zu fühlen und Blockaden auszugleichen. Wir machten Rückführungen in frühere Leben und lernten die Aura zu reinigen, wie es Schamanen in Brasilien praktizieren.

Ilse Korte arbeitete mit einem Medium um feststeckende Seelen, mit Hilfe der Engel, ins Licht zu führen. Seitdem weiß ich: Es gibt sie die Geisterwelt - Verstorbene oder körperlose Seelen, die nicht ins Licht gegangen sind und manchmal über Jahrhunderte in einem körperlosen Zustand in der Zwischenwelt gefangen sind und sich an die Menschen heften.

Meist ist es so, dass diese verlorenen Seelen gar nicht wissen, dass sie gestorben sind und sie wissen auch nicht, dass sie in einem fremden Körper stecken. Es gibt die vielfältigsten Varianten, auch böswillige und gar dämonische Besetzungen. Die Welt ist voll davon.

Leider ist noch zu wenig davon in der Bevölkerung bekannt und die Arbeit der Schamanen wird noch immer in der westlichen Welt zu wenig anerkannt.

Ich habe nun seit vielen Jahren Erfahrungen damit gemacht und unzählige Situationen erlebt, bei denen Fremdbesetzungen die Ursache von Depression und Krankheit bei den Menschen waren und jegliche schulmedizinische Behandlung vollkommen zwecklos, wenn nicht gar schädlich war. Fremdbesetzungen zehren am eigenen Energiekörper, sie ernähren sich davon und können zu schweren Krankheiten führen. Ich gehe sogar so weit zu behaupten, dass viele Selbstmorde auf Kosten von Fremdbesetzungen gehen. Ich werde an anderer Stelle davon berichten.

Die Arbeit mit feinstofflichen Energien auf dem Seminar bewirkte für mich eine weitere Sensibilisierung. Ich begann Aura mit den Händen zu spüren. Ich lernte Fremdfelder in der Aura aufzuspüren und zu entfernen und ich erfuhr wie man die Chakras aktiviert und ausgleicht. Je nach Bedarf.

Die Technik der brasilianischen Schamanen zur Reinigung der Aura benütze ich noch heute. Sie ist einfach zu erlernen und jeder kann sie auch für sich selber nutzen.

1.3.1 Aurareinigung nach dem Brauch brasilianischer Naturvölker

Ich will diese uralte Technik der indigenen brasilianischen Volksstämme hier beschreiben:

- Man steht aufrecht und streckt beide Arme nach oben um Licht aufzunehmen.
- Dann wird die linke Hand über den Kopf gehalten. Der rechte Arm zeigt nach unten Richtung Erde, die Hand zur Faust geschlossen.
- So schließt man den energetischen Kreislauf, für sich selbst.
- Dann führt man die Hände zusammen vor den Köper. Die Finder der Hand krümmen sich und bilden eine Vogelschnabel. Die Fingerspitzen berühren sich und man pickt die Aura an drei Stellen auf.
1. In Höhe vom Halschakra.
2. Am Herzchakra.
3. Und dem Nabelchakra.
- Das macht man jeweils dreimal hintereinander.
- Dann gehen die Arme wieder über den Kopf um neues Licht zu holen.
- Danach formen beide Hände nebeneinander ein Dach über dem Kronenchakra.
- Langsam bewegen sich nun beide Hände zusammen über das Gesicht nach unten bis unter das Wurzelchakra.
- Ganz langsam und bewusst.
- Unten angekommen bilden die Hände ein Gefäß und bringen es über das Kronenchakra und schütten es aus.

- Dann holen die Hände wieder neues Licht und der Vorgang wiederholt sich. Noch zwei Mal.
- Der Abschluss geht wieder mit neuem Licht holen los.
- Dann wird wieder der Kreislauf geschlossen. Linke Hand als Dach über dem Kronenchakra, rechte Hand nach unten mit Faust. Kreislauf wieder geschlossen.

Damit ist die komplette Aura ausgewechselt. Mit etwas Übung geht das in einer Minute.

Warum beschreibe ich diese Technik an dieser Stelle so genau? Das hat den Grund, weil es eigentlich unglaublich ist. Selbst ich, der vollkommen offen an die Dinge heranging, dachte anfangs: Was soll das denn? Wer will mir weiß machen, dass so etwas tatsächlich funktionieren kann? Ich soll mit ein paar Handbewegungen meine Aura auswechseln können? Ich dachte: Vollkommener Humbug!!

Aber ich stellte meine Bedenken beiseite und ließ mich darauf ein. Schnell stellte ich fest, dass ich tatsächlich nach der Übung ein anderes Empfinden hatte. Etwas fühlte sich anders an. Und ich begann die Übung regelmäßig zu machen. Nach und nach erlebte ich die Wandlung immer deutlicher. Kein Zweifel, diese Übung hat eine magische Kraft.

Und wie gesagt: Diese Techniken kommen aus den schamanischen Traditionen Südamerikas und wurden über lange Zeit mündlich überliefert.

1.3.2 Verstorbene Seelen gehen ins Licht

In der großen Gruppe erlebten wir auch die **schamanische Arbeit mit einem Medium**, um mit verstorbenen Seelen Kontakt aufzunehmen und wir ließen Lichtbrücken entstehen, um diese Seelen ins Licht zu führen.

Man hat keine Vorstellung davon, wie viele unzählige verstorbene Seelen in der Dreidimensionalität feststecken.

Es passiert allzu oft, dass die Seele den Weg ins Licht nicht findet. Das kann ganz unterschiedliche Gründe haben. Aber an Orten wo viel Gewalt, Krieg und dergleichen stattgefunden haben, kommt der Tod so plötzlich, dass die Seele gar nicht mitbekommt, dass ihr Körper gestorben ist. Das gilt beispielsweise auch für viele Verkehrstote.

Wie undenkbar wichtig ist die Arbeit mit den verstorbenen Seelen, da sie in der Zwischenwelt gefangen sind und allein keine Ausweg finden. Es gibt Seelen, die das nicht gar nicht mitbekommen, aber auch viele die sehr darunter leiden. Dies ist auch der Grund dafür, warum oft gute Seelen zu hasserfüllten, gar dämonischen Wesenheiten werden. Die Arbeit mit den „verlorenen Seelen" in dieser Welt sollte mit viel Liebe und Mitgefühl erfolgen und es ist wirklich erstaunlich warum so wenig darüber in der „aufgeklärten Welt" bekannt ist. Für die Medizinmänner, Geistheiler und Schamanen der Naturvölker ist die Arbeit mit den Seelenanteilen eine der wichtigsten überlieferten Heilanwendungen und Grundlage zahlreicher Rituale.

Die Seelen müssen befreit werden, denn sie finden alleine den Weg nicht ins Licht und zumeist wissen diese Seelen gar nicht, dass sie in einem fremden Körper leben. Sie belasten die Lebenden, nicht selten dramatisch. So muten die Gespräche mit den Seelen über ein Medium manchmal sehr skurril an, denn sie sind absolut der Meinung noch die verstorbene Person, meinetwegen im 17 Jahrhundert zu sein. Und der Schamane bringt ihr liebevoll bei, dass sie bereits gestorben ist und in einen fremden Körper wohnt. Dies ist nur ein Beispiel von unsagbar vielen Varianten.

Es gibt relativ harmlose Besetzungen, aber durchaus auch böswillige, dämonische Besetzungen. Nicht umsonst hat die römische Kirche, die Abteilung für Exorzismus in den vergangenen Jahren immens ausgebaut. Das Thema Fremdbesetzungen füllt mindestens ein eigenes Buch und jeder der sich ständig seiner Energien beraubt fühlt und nicht einordnen kann woher das kommt, sollte einen Schamanen aufsuchen. Fremde Energien in der Aura oder sogar in der Physis verbrauchen die Energien des Wirtes. Böse Energien können krank machen, physisch wie psychisch.

Einmal machten wir gemeinsam unter Anleitung von Ilse Korte eine Lichtmeditation, um einen Engel in unseren Kreis einzuladen. Dies geschieht über eine Anrufung an die Lichtsphären und die Einladung der Gruppe: Ein Engel, oder gar ein bestimmter Erzengel, soll der Gruppe beiwohnen und eine Botschaft an die Teilnehmer überbringen. Eine Person im Kreis übernahm die Aufgabe, die Botschaft des Engels per Berührung jedes Teilnehmers auszudrücken. Als ich an der Reihe war spürte ich einen heftigen Ruck in meinen Kniekehlen. Ilse sagte damals, das sei der Aufruf für mich: Gehe los und erfahre, mach dich auf den Weg: „Du sollst eine Reise machen". Das war für mich ein deutliches Zeichen.

Dieses Seminar machte mich empfänglicher, offener und sensibler für die geistige Welt – ich wurde wieder ein Stück bewusster. Ich konnte tatsächlich die Anwesenheit des Engels spüren und es war eindeutig eine erhöhte Energie im Raum festzustellen. Sogar die Raumtemperatur hat während der Anrufung extrem zugenommen – alles wurde dicht und warm in dem Zimmer.

Bei dieser Meditation war die Energie fast zum Anfassen, so unwirklich präsent, dass ich annahm, ich bilde mir das ein. Aber ich bemerkte, dass die ganze Gruppe ergriffen war von der Heiligkeit des Momentes und der besonderen Energie, die in das Zentrum unseres Kreises trat. Außerordentlich, welche Möglichkeiten eine nur 20-köpfige Gruppe mit einer Meditation bewirken kann!

Tatsächlich sind wir Menschen auf der geistig-spirituellen Ebene zu immensen schöpferischen Taten fähig. Wenn wir sie nur schulen und praktizieren würden. Hierzu werde ich im zweiten, praktischen Teil des Buches weiter ausführen.

Bereits mein Interesse für das Tarot-Legen und meine in dieser Zeit aufkeimende Liebe für Halbedelsteine und vor allem große Bergkristalle, förderten meine feinstoffliche Öffnung weiter. Und zwar in einem rasanten Tempo. Ich erinnere mich daran, wie ich mich nach dieser Öffnung sehnte, nach dem Spüren von Energien, der angeblich unbelebten

Materie. Und diese Fokussierung und Absicht meinerseits öffnete die Kanäle, sodass ich das Gefühl hatte die Kristalle sprechen zu mir, ebenso wie die Pflanzen und Bäume.

Zum ersten Mal in meinem Leben spürte ich NEU und MEHR und ANDERS. Unendlich mehr als „nur" mit meinen fünf Sinnen. Da war nun ein sechster Sinn, ein siebter, vielleicht ein achter Sinn. Tatsächlich erfuhr ich die siebte Ebene der Sinneswahrnehmung – zunächst nur andeutungsweise, noch nicht konkret und etabliert. Aber das sollte sich noch kommen.

Jedenfalls war mein Interesse nun endgültig geweckt, da ich ganz fassbare Erlebnisse mit etwas hatte, was früher für mich unvorstellbar war und nicht sichtbar. Die geistige und feinstoffliche Welt füllte sich für mich mit einer wahrnehmbaren Ebene – eine Ebene, die sich bald ebenso real anfühlen sollte, wie die materielle Ebene. Das nicht Sichtbare wurde fühlbar und somit real. Und mit dieser Erkenntnis ging die Öffnung in die vierte Dimension einher.

1.4 Layra und die Einweihung

Auf dem Seminar freundete ich mich mit Layra an. Sie umgab eine mystische Aura, für mich auch heute immer noch schwer zu beschreiben. Sie erzählte mir von Atlantis und Lemuria und ich fragte mich, woher sie nur all dieses Wissen hatte. Jedenfalls war das für mich alles schwer einzusortieren. Aber ich hörte zu und ließ die Dinge auf mich wirken, ohne sie zu bewerten.

Layra hatte eine große Auswahl an wunderschönen Steinen auf dem Seminar dabei und ich kaufte unter anderem ein Pendel, mit dem ich begann zu arbeiten. Bis heute benütze ich das Pendel und ich habe die Techniken der Pendelarbeit verfeinert.

Das Pendeln ist eine sehr hilfreiche Technik, um das feinstoffliche Wahrnehmen zu schulen und zu sensibilisieren. Und die höhere Pendelschule verspricht heilende Wirkung durch das Einsetzten des Pendels. Es ist tatsächlich möglich mit Hilfe des Pendels, selbst innere Krankheiten, wie Geschwüre, wenn nicht gar Krebs erfolgreich zu behandeln. Es ist alles eine Frage der Bewusstheit und der klaren Absicht. Wie auch schon bei der Begegnung mit Ilse Korte hatte ich bei Layra das Gefühl, als wäre unser Zusammentreffen alles andere als zufällig. Oder besser gesagt: irgendwie geplant, als wäre es ein weiteres

Mosaiksteinchen in einem größeren Bild, was sich mir allerdings zu diesem Zeitpunkt noch nicht erschloss.

Layra war Reiki-Meisterin. Ich hatte zu diesem Zeitpunkt schon einiges über Reiki gehört und gelesen. Auch viel Kritisches. Aber ich war an einer Einweihung in den ersten Reiki-Grad interessiert und ich kann im Nachhinein sagen, es war tatsächlich eine waschechte Einweihung.

Wir verabredeten uns für die Einweihung zu einem Wochenende in meiner Wohnung, wozu ich einige meiner engsten Freunde einlud und wir letztlich eine Gruppe von 5 Leuten waren. Für mich persönlich war es eine besonders intensive Einweihung und ich erlebte einen immensen Schwingungsschub. Möglicherweise lag das daran, dass ich mich komplett dafür öffnete und es zulassen konnte. Ich war voll dabei und hatte keine Vorbehalte durch irgendwelche rationalen Einwände. Und dadurch kam wohl alles auch in voller Potenz an.

Danach war ich extrem empfänglich für das Spüren von Energiefeldern. Ich hatte zu diesem Zeitpunkt ein paar Balkonpflanzen mit Blumen irgendeiner Art, die ich erst kürzlich gesät hatte. Ich hatte ein Sammelsurium von unterschiedlichem Samen von den kanarischen Inseln mitgebracht.

Ich stellte fest, dass während unseres zweitägigen Seminars diese Pflanzen einen außergewöhnlichen Wachstumsschub bekamen und erst später ging mir auf, dass es die hohe Energie unserer Einweihung war, die die Blumen so enorm wachsen ließ. Schon kurz nach diesen beeindruckendem Erlebnis begann ich zu praktizieren. Ich übte mit meinen Kristallen und mit Pflanzen – ich schickte Energie und spürte was ich zurückbekam. ich begann mit ersten Reiki-Sitzungen.

An einem der nächsten Tage bei mir zuhause sollte ich eine Erfahrung machen, die ich niemals vergessen werde und die heute, weit über 20 Jahre später so deutlich mir vor Auge ist, als wäre es gestern gewesen. Layra war noch ein paar Tage bei mir und ich experimentierte mit dem was ich über Energiebehandlung und Chakraöffnung gelernt hatte. Es begab sich auf meinem kleinen Balkon, mit dem Blick auf den Hinterhof. Es war ein warmen Sommerabend. Layra forderte mich auf, ihre Chakren zu Übung zu prüfen und zu öffnen. Dies geschieht nicht mit Handauflegen, sondern durch Spiralbewegungen der Hände in der Aura, etwa 20 bis 30 cm vom Körper entfernt. So ging ich vom Scheitelchakra abwärts bis zum Wurzelchakra. Ich fühlte die Aura an den Energieöffnungen und stellte mir vor wie ich die Chakren durch die Bewegung meiner Hände aktiviere. Das Ganze dauerte nicht mehr als

10 Minuten. Ich verließ daraufhin kurz den Raum. Als ich ein paar Minuten später zurückkam, geschah etwas gespenstisches.

Ich kam in die Küche und merkte sofort: `Etwas im Raum hat sich verändert. Ich sah von der Tür aus Layra auf dem Balkon sitzen. Sie sagte kein Wort und schaute mich an. Die Zeit schien in diesem Moment still zu stehen. Ich ging zwei Schritte in die Küche hinein und es war als würde ich gegen eine unsichtbare Wand laufen. Die Energie im Raum war so dicht, dass ich mich förmlich dagegen anlehnen konnte. Als stünde ein heftiger Windstoß still im Zimmer, dabei war es draußen völlig windstill.

Ich registrierte in meinem Bewusstsein sofort, dass diese Energie von Layra ausging, genauer gesagt aus ihrem Wurzelchakra entsprang und die gesamte Küche ausfüllte. Ich konnte keinen Schritt weiterlaufen und war noch zirka 3 Meter von Layra entfernt. Die Energiewand hielt mich auf der Stelle fest – ich war wie angewurzelt. Keine Ahnung, wie lange ich so dastand und Layra mich nur mit diesem merkwürdigen Blick anstarrte. Dann hörte ich einen kleinen Schlag hinter mir. Ich drehte mich langsam um. An der Wand neben der Küchentür hatte ich eine Pinnwand aus Kork aufgehängt. Ein Kugelschreiber war mit einem Gummiband daran befestigt.

(....)

Doch jetzt, sah ich den Kugelschreiber auf dem Boden liegen – das Gummiband war in der Mitte durchtrennt. Einfach so, aus dem Nichts!

Ich wusste sofort, dass die Energie von Layra das verursacht hatte und mir war auch klar, dass Layra das bewusst gemacht hatte, um mir etwas zu zeigen. Es war eine Demonstration ihrer energetischen Kraft. Was ich an diesem Abend erfahren habe, hat meine Weltvorstellung nachhaltig verändert. Mir wurde vor Augen geführt, zu welcher Energieabladung ein Mensch fähig ist. Vielmehr war es ein gewaltiger Energieschub, der selbst mein Körpergewicht im Raum gehalten hatte und diesen kleinen Gummizug durchtrennt hat. Das was ich erfahren habe, war der Ausstoß der geballten Kundalini-Energie einer Frau, die es verstand diese Energie gezielt abzustrahlen. Ich hätte so etwas niemals für möglich gehalten.

Aber ich habe es erlebt und seitdem ist mir bewusst, dass wir Menschen Energiewesen sind, die, wenn sie sich selbst besser verstehen und kennen lernen zu unvorstellbaren Leistungen und Fähigkeiten in der Lage sind.

KAPITEL 2. DER MENSCH- AUF DEM WEG IN EIN NEUES ZEITALTER

Dieses Erlebnis mit Layra war mehr als nur eine faszinierende Begebenheit. Es verweist auf eine Geschichte die weit darüber hinaus reicht.

Wir stehen am Ende eines Zeitalters, beziehungsweise wir sind im Übergang zu einem neuen Zeitalter. Wir erleben, wie sich die Erde verändert, das Klima und das Leben der Natur und aller Lebewesen.

Die Mayas haben es in ihrem Kalender beschrieben und sprechen von einem Zeitalter des Lichts, dass nach 2012 kommen wird. Wir befinden uns also inmitten in einer Transformationszeit. Die Sonnenaktivität verändert sich dramatisch und ebenso das Schwingungsniveau der Erde.

Im Maya-Kalender sind die großen Zyklen der Planetenbahnen beschrieben und ein großer Zyklus, der vor 52 Tausend Jahren begann, ist zu Ende gegangen. Die Konstellation der Planetenstellungen und die energetische Veränderung der Sonne wirken auf die Erde ein und beeinflussen ihre Schwingungsmuster. Sie bewirken einen extremen

Anschub von Frequenzen, die aus dem fernen Kosmos jetzt Zugang in unsere Milchstraße finden.

Der Mensch selbst unterliegt diesen Veränderungen in erheblichem Maß, da er ein Teil ist von allem was existiert. Auch der Mensch schwingt in Rhythmen und bestimmten Frequenzen. Alles schwingt - die Erde, die Planeten, die Sonne, der Kosmos, die Tiere und Pflanzen – der Mensch. Es heißt: oben wie unten. Das bedeutet auch: Es geht um Anpassung. Nur wenn der Mensch es versteht sich den Veränderungen im Transformationsprozess anzupassen, wird er in die nächste evolutionäre Stufe gelangen. Ich spreche von der notwendigen spirituellen Entwicklung des Menschen.

An diesem Punkt steht die Menschheit. Das ist meine Überzeugung. Wir treten in ein neues Zeitalter ein, beziehungsweise wir sind noch im Übergang, in der Transformation. Alles in unserem Sonnensystem verändert sich. Auf der Erde wird alles feinstofflicher oder anders formuliert – höher schwingend.

Dieses Übergangsniveau ist die 4. Dimension. In diesem Bereich erleben wir so etwas wie Déjà vu, Hellsehen oder Hellhören oder eben das Erleben von Synchronizitäten.

Immer mehr Menschen haben Vorahnungen oder hören ein Pfeifen im Ohr, wenn ein Bekannter an sie denkt.

Seit den späten 80 er Jahren weiß man von den Indigokindern[4]. Diese Kinder sind hoch-medial veranlagt. Sie können Dinge materialisieren oder schweben lassen, sind hellseherisch begabt oder haben andere mediale Fähigkeiten. In einigen Ländern gibt es bereits Schulen für die hoch-medialen Kinder.

Das ist keine Fantasterei, vielmehr ist es ein Hinweis darauf, dass der Mensch sich in einer spirituellen Entwicklung befindet. Die Kinder der Neuen Zeit, wie sie auch genannt werden, sind ein Zeichen für eine höher entwickelte Ordnung, die sich nun abzeichnet.

Alles ist Bewusstsein und der Mensch entwickelt sich aus den starren dreidimensionalen Konzepten heraus. Mehr und mehr wird er zu einem multidimensionalen Wesen, das mit Bewusstseinsfeldern höherer Ordnung interagiert.

Rupert Sheldrake hat den Begriff des morphogenetischen Feldes geprägt und dessen Existenz bewiesen.[5] Dieses Feld basiert auf der

---

[4] Den Begriff „Indigo-Kinder" hat Nancy Ann Tappe geprägt. Die Autorin hat festgestellt, dass diese Kinder eine indigofarbene Aura haben. Dazu:Lee Caroll, Jan Tober: Die Indigo Kinder. Eltern aufgepasst ... die Kinder von morgen sind da, Koha. 1999.

[5] Rupert Sheldrake, Das schöpferische Universum. Die Theorie des morphogenetischen Feldes, Ullstein Taschenbuch, 6. Edition. 2009.

Quantenebene. Man könnte sagen, dass es ein Bewusstseinsfeld ist das sich auf einer bestimmten Frequenzebene befindet. Man kann weiter davon ausgehen, dass es eine Vielzahl von morphogenetischen Feldern gibt, die miteinander interagieren und wiederum Teil eines universalen Feldes sind.

Jeder Mensch hat ein Energiefeld, eine Gruppe kann ein Energiefeld erzeugen, eine Gemeinschaft, alles was existiert, kreiert ein Feld. Mithilfe von Intention und Bewusstheit kann man an jedes Feld andocken und Informationen abrufen.

Der menschliche Geist, respektive das Gehirn ist sowohl Sender als auch Empfänger. Was bedeutet das konkret? Der Mensch sendet Gedankenwellen und steht in ständiger Verbindung mit Allem was existiert. Diese Gedankenwellen sind Informationen, die ins universalen Feld eingehen. Daneben gibt es eine nahezu unendliche Vielzahl an Frequenzen, die aus dem universalen Feld kommen und den Menschen erreichen. Diese kosmischen Frequenzen sind gleichsam Informationen, die die Menschen beeinflussen. Beispielsweise, ganz plastisch, erreichen uns die Frequenzen der Mondphasen und wirken auf unseren Biorhythmus, ohne dass wir die Sprache dieser Frequenzen verstehen. Genauso verhält es sich mit den Sonnenstrahlen, die auf unsere Zellen einwirken und biochemische Prozesse auslösen. Nun kann man sich leicht vorstellen, dass es kosmische Strahlung gibt, die immense Einflusskraft auf jeden Empfänger zur Folge hat. Diese kosmischen Energien können von weit außerhalb unseres Sonnensystem kommen. Ich will damit verdeutlichen, dass wir als Lebewesen auf einem Planeten, nicht isoliert von unserer weiteren Umgebung existieren. Und diese Umgebung ist das Universum, beziehungsweise, die Universen.

Weder der Mensch ist für sich isoliert, noch die Erde als lebender Organismus, noch die Sonne und alle existierenden Planeten. Alles steht in Verbindung miteinander. Und all das strömt auch auf den Menschen ein.

Wenn ich nun nochmal zurückkehre zum Thema Synchronizität, wird jetzt etwas deutlicher was damit gemeint ist.

Jeder lebt in der Synchronizität – weil sie per se immer da ist – sie existiert als Informationsfeld. Erforderlich ist eine bestimmte Übereinstimmung der Frequenz oder der Schwingung des Menschen mit der vierdimensionalen Ebene. Der Zugang, beziehungsweise das Erkennen liegt in der Fokussierung und dem Gewahrsein.

Nun ist es kein Wunder, dass Mönche zurückgezogen im Kloster im Himalaya ihr Bewusstsein und ihren Geist schulen, jenseits den Ablenkungen und Störfeldern von großen Städten. Im Kloster ist Stille, Raum und Kontemplation, um sich mit den höheren Schwingungen zu synchronisieren.

Menschen in Berlin, New York oder Peking werden überflutet mit Informationen und von künstlichen Frequenzen bombardiert. Dies lässt kaum Raum für Geistesschulung. Unsicherheit und Angst regieren den Alltag der Metropolen.

Meine These ist, dass im großen kosmischen Konzert in dieser Zeit ein Turn-Around stattfindet und mittendrin die kleine, wunderschöne Erde in eine neue Schwingungsfrequenz wechselt. Im Zeitalter des Überganges wird es beben und fluten. Die Erde reinigt und schüttelt sich.

Ich glaube weiter, dass der Mensch eine besondere Rolle in diesem Szenario spielt, genauer gesagt: Er hat einen Auftrag, von höchster Stelle, der Schöpfung. Der Auftrag lautet: Erwache zu vollem Bewusstsein und erkenne die Illusion.

Wenn der Mensch erwacht und zu einem spirituell entwickelten Wesen mit multidimensionalen Fähigkeiten wird, dann folgt er seiner Bestimmung. Das ist meine Überzeugung nach die Schöpfungsidee. Sie strebt nach Wachstum, ein Wachstum des Bewusstseins und der Mensch ist der Handlungsagent der irdischen Schöpfung.

Nur wie kann der Mensch dazu finden? Ich werde im zweiten Teil des Buches darauf weiter eingehen.

Wie würde es sich anfühlen, wäre man befreit aus der Enge materialistischer Vorstellungen und den damit einhergehenden, begrenzenden Denkschablonen? Wie würde unsere Welt aussehen, wären alle Menschen losgelöst aus dem Trauma des dunklen Zeitalters, mit all seinem verheerenden Karma, von Schuld, Sühne, Vergewaltigung und Mordexzessen, etc. Ist das überhaupt vorstellbar?

Egal ob vorstellbar oder nicht, es ist schlicht unausweichlich, all das hinter sich zu lassen. Denn, denn ich wage zu behaupten, dass die Menschheit nur eine Chance hat, wenn sie diesen Bewusstseinssprung mitmacht. Die neue Zeit wird kommen, mit den Menschen oder ohne sie.

Die wirkliche Aufgabe besteht in der Anpassung an die Vorgänge, die sich im Größeren abspielen. Nur der gereinigte, menschliche Geist und Körper kann das Neue Zeitalter erkennen und sich dementsprechend weiterentwickeln. Alles passiert immer schneller jetzt. Die Frequenzen wirken auf das Erdmagnetfeld. Die Welt verändert sich rasant.

All die menschengemachten Strukturen, Kirche, Staat, Recht und Glauben werden einer Prüfung unterzogen. Vieles wird sich neu sortieren, national und international. Machtstrukturen werden zerfallen, denn die transformatorischen Kräfte des Universums sind stärker.

Erleben wir nicht schon ein Zerfall des politischen Diskurses? Erkenne wir nicht bereits das Auflösen alter Strukturen und Institutionen. Vieles ist sichtbar in Veränderungsprozessen in den Gesellschaften. Die Zeit ist unberechenbar geworden.

Wir haben einen kleinen Ausschnitt davon bereits mit der Corona Pandemie erlebt!

Es passiert Veränderung – schlagartig. Ausgelöst durch einen Virus, klein und unsichtbar. Fast irreal mutete es an. Wir haben es nicht kommen sehen, aber die Konsequenz dessen wurde uns unverhüllt vor Augen geführt. Leere Städte, infizierte Menschen - ansteckend, auf Abstand. Stillstand der Wirtschaft, – alles was normal war ist, von einem Moment auf den anderen, war aller Sicherheit beraubt.

Dies war und ist eine bedrückende Erkenntnis der Pandemie. Der Zustand der Sicherheit unseres Lebens ist in Frage gestellt worden. Gegen diese Erkenntnis hilft alles Geld der Welt nicht, beziehungsweise nur vorübergehend, denn wir wissen nicht, was noch folgt.

Die Menschheit musste erkennen, dass sie nicht in einer Autonomie ihrer geschützten Normalität existiert. Sodann erscheint die Klimakatastrophe am Horizont, das Bedrohungsszenario auf der Erde wächst. Es sind Fingerzeige der Schöpfung und das Ende der Illusion. Gleichsam vollzieht sich die Auflösung der Matrix.

Dennoch, es besteht die Hoffnung, dass die Menschen das erkennen und aus dem Schlaf der Konsum- und Wachstumsverkündung und des materiellen Wahnsinns erwachen.

Wir stehen nun am Beginn eines neuen Zeitalters. Das was wir mit der technischen Revolution und mit der Digitalisierung erleben und uns fragen, wie wir künftig mit der künstlichen Intelligenz unserer Maschinen umgehen, ist die nur eine Seite der Medaille. Die andere ist die, dass **wir selbst** dabei sind uns spirituell zu einem multidimensionalen Wesen zu entwickeln. Nur wenige erkennen das, leider. Na ja, , wir werden ja auch tüchtig abgelenkt. Aber überall sehen wir auch Hinweise.

Nicht von ungefähr werden wir medial bombardiert mit Serien, Fiktionen und Blockbuster über Übersinnliches. Menschen mit Superkräften fluten ja geradezu die Medien. Seit der Jahrtausendwende kommen zahllose Bücher über die Indigokinder auf den Markt. Kinder mit paranormalen Fähigkeiten, die bereits für die Geheimdienste in China und anderswo eingesetzt werden. Auch das sind die Zeichen der Zeit. Es ist ein wahrhafter Ausblick auf das was kommt.

Der Mensch wird seine übersinnlichen Kräfte zu nutzen wissen und das was unsere heutige Welt bestimmt, wird wie aus einem Museum anmuten. Kein Papst mehr der ein Urbi et Orbi verkündet, keine Religion und auch kein Glaubenskrieg mehr. Das ist obsolet, denn der Mensch erkennt seine Spiritualität, so zumindest ist zu hoffen. Dafür braucht es keinen Glaubensverkünder und kein Guru mehr auf der Welt. Der Mensch wird selbstbestimmt, frei und schöpferisch sein, dass wäre die schöne Variante. Die gute Nachricht ist: Es besteht Hoffnung!

Was braucht der Mensch, wenn er die Schablone von Gut und Böse überwindet, wenn er die Dualität hinter sich lässt? Wenn er erwacht und sich seiner Selbst bewusst wird?

Auch wenn es heute vielleicht noch nicht vorstellbar ist, eine Welt die nicht aus Schwarz und Weiß gemacht ist, sondern in der Vielfalt aller Farben erstrahlt, und Hass, Neid, Krieg und Gewalt…all das keine Grundlage mehr hat, dann ist es gewiss: Es ist nicht nur ein Traum, es ist der Weg und die Aussicht auf eine friedliche und harmonische Welt.

Im Moment befinden wir uns in der Phase des Wandels. Dieser Wandel vollzieht sich auf verschiedenen Ebenen: Da ist der Wandel der

Lebensbedingungen auf der Erde und all ihre Folgen. Ausdruck davon ist zum Beispiel die Veränderung des Klimas auf der Erde. Ein weiterer Wandel geschieht in Richtung einer Digitalisierung unseres Lebens. Virtuelle Welten und Künstliche Intelligenz ersetzen natürliche Umwelt, eine digitale Philosophie kreiert sich selbst per Algorithmus. Parallel dazu erleben wir einen energetisch-spirituellen Wandel, der leider nicht in der Breite der Bevölkerung diskutiert wird und ein Schatten-Dasein fristet. Aber es ist genau dieser spirituelle Wandel, der einen Ausweg aus der Krise zeigt. Was ist mit diesem spirituellem Wandel gemeint? Es ist diese Schwelle an die die Menschheit sich selbst geführt hat. Das ist nicht zufällig geschehen. Es ist im Paradigma von Leben und Tod beschrieben. Die Menschheit steht am Scheideweg und nur ein erwachtes Bewusstsein kann ein neues Leben kreieren.

Die Transformation im Äußeren (Universum), verlangt eine Entscheidung des Menschen. Es ist die Entscheidung zu einem bewussten Wertewandel oder besser gesagt zu einem Wandel des Bewusstseins. Ein ungezügeltes Weiter-so wird den Menschen an das Ende der Ressourcen führen. Vielleicht mögen Fortschrittsgläubige an ein Weiterleben im All oder auf einem anderen Planeten glauben, aber wenn der Mensch nicht in das Gleichgewicht von Körper-Geist und Seele findet, wird er auch andere Welten vernichten.

Meine Reise hatte mit den Ereignissen und Erlebnissen des Jahres 1998 begonnen und es sollte sich weiter verdichten. Die nächste Episode ereignete sich in Bari/Süditalien.

2.1 Der Maya-Kalender, José Argüelles

Zwischenzeitlich war ich nach Berlin gereist, um einen alten Freund zu besuchen. Wie ich es seit Jahren immer wieder einmal getan habe.

Bei diesem Besuch lernte ich Tara kennen. Uns beide verband das Interesse am Maya-Kalender, mit dem ich mich seit meinen ersten Reisen nach Mexico zu Beginn der 90 er Jahre beschäftigte. Ich habe zweimal die Mayaroute in Yucatán bereist und diese einzigartige Kultur, mit ihren magisch-mysteriösen Pyramidenstädten, kennengelernt. Das Wissen der Mayas über die Zeitläufe und ihr fast unglaubliches Kalendersystems, hat mich fasziniert.

Ich lernte also Tara kennen, die sehr bewandert war mit Runen und Hexenwissen und auch mit dem Maya-Kalender. Eine äußerst bemerkenswerte und ungewöhnliche Frau in den Straßen von Berlin-Schöneberg, die selbst eine sehr markante Lebensgeschichte hatte und oft am Abgrund des Lebens stand.

Seit einiger Zeit schon hatten mich die Halbedelsteine und Kristalle, vornehmlich Bergkristalle in ihren Bann gezogen. Ich war durch und durch fasziniert von der Schönheit und Vielfältigkeit dieser irdischen

Essenzen. In ihnen gespeichert wie auf einem hochmodernen Computerchip hat man die Geschichte der Erde und auch anderer Planeten in den Händen. Mein Herz öffnete sich für dieses unglaubliche Reich der Mineralien und es dauerte nicht lange, dass dieses Reich mit mir Kontakt aufnahm.

Ich begann intensiver zu spüren. Die Reiki Einweihung hat meine Sensitivität erheblich gesteigert und ich vermochte noch besser feinstoffliche Energie wahrzunehmen. Das vollzog sich auf mehreren Ebenen. Bei der Initiation werden die Hand-Chakras geöffnet, so dass das Senden und Empfangen von Frequenzen wesentlich verstärkt wird. Aber auch das dritte Auge Chakra erfährt eine Öffnung, wiewohl der gesamte Energiekörper in eine neue Ausrichtung gebracht wird. Es ist eine energetische Metamorphose, die durch die Einweihung vollzogen wird. Um den energetischen Zustand zu erhalten und weiter zu entwickeln, bedarf der Übung.

Ich begann mit einem Pendel zu arbeiten, ebenfalls ein Bergkristall und ich spürte mehr und mehr, dass die Kristalle mir Energie schickten, wenn ich mein Bewusstsein öffnete

In dieser Grundverfassung war ich bei meinem Aufenthalt in Berlin. Die hoch entwickelte Sensitivität für die Kristalle und Mineralien haben mir Eintritt in ein neues Reich geöffnet. Es ist so unfassbar schön diesen Austausch von Energie und Information zu spüren und zu erfahren, dass das Mineralreich tatsächlich lebt und zu einem spricht. Meine Liebe zu den Halbedelsteinen und den Bergkristallen war geweckt.

In der Akazienstraße in Schöneberg in der ich in diesen Tagen bei einem Freund wohnte, war ein schöner Steinladen - das Stein-Reich.

Ganz verzückt von den wundervollen Exponaten schaute ich immer wieder in die Auslagen. Tatsächlich konnte ich mich kaum lösen von dem Blick dieser einzigartigen Schönheiten. Es war einer dieser Tage, als ich wieder einmal vor dem Schaufenster stand und ich spürte wie mich etwas innerlich rief. Meine Handfläche rechts begann heftig zu kribbeln und ich vernahm ein starkes Ziehen auf der Stirn. Ich wusste sofort, dass dies ein Kristall war, der mich rief. Zunächst ging ich weiter, ein paar Schritte, aber das Ziehen und Kribbeln in der Hand wurde nur stärker. Ich hielt inne und erkundete den Widerstand. Etwas hielt mich, rief mich zurück. Und ich ergab mich dem Gefühl und auf den ersten Blick sah ich den Kristall. Ich war mir sofort sicher, es war dieser eine, den ich sofort in der Auslage sah. Ich folgte ich dem Ruf des Kristalls und ging in den Laden. Neben mir am Ladentresen hörte ich eine Frauenstimme sagen, dass dies aber ein besonderer Kristall sei. Ich drehte mich zur Seite und sah Tara ins Gesicht.

Tara erschien mir sogleich als eine sehr alte Seele, mit tiefem Wissen, als erinnere sie sich an ihre Leben zuvor. Ebenso wie die Begegnung mit dem Kristall, war die Begegnung mit Tara auf eine Art magisch und natürlich zugleich. Tara war mindestens ebenso Steine-verrückt wie ich und so ergab sich schnell ein Gespräch. Als wir den Laden gemeinsam verließen, war es einfach selbstverständlich, dass wir Freunde waren.

Wenn sie mich fragen, wie es sein kann, dass Steine einen rufen? So antworte ich: Es ist mehr als ein Rufen, es ist eine Verbindung, die aus Resonanz entsteht. Wenn man sich darauf einlässt, das heißt sein Bewusstsein öffnet, kann man die Frequenzen der Kristalle erspüren. Sie senden mit hoch schwingenden Energien und beginnen eine Kommunikation – es ist eine ganz eigene Sprache. Mineralien können den Geist klären, sie beginnen im Energiefeld des Menschen zu arbeiten, können energetische Blockaden lösen und Chakren ausgleichen. Kristalle wirken klärend und aufhellend, helfen den Menschen wieder ins Gleichgewicht zu kommen. Sie können einem Schutz verleihen und Kraft und Trost. Es ist wie ein Fluidum, das einen erfüllt und einnimmt. Dies geschieht wenn man seine Aufmerksamkeit auf den Stein richtet, mit ihm spricht und es für möglich hält, dass der Stein antwortet. Dann geschieht auch diese Korrespondenz.

Es ist wie die Sprache der Musik, eine besondere Schwingung, eine Frequenz, die aus der multidimensionalen kristallinen Struktur entspringt, in der Jahrmillionen Erdenjahre gespeichert sind. Nicht umsonst werden die künftigen Speicherchips für die Hochleistungscomputer aus eben diesen Kristallen gefertigt, oder gezüchtet.

War da nicht schon einmal etwas ähnliches vor knapp 10000 Jahren in dieser sagenumwobenen Welt von Atlantis? Vielfach wird beschrieben, wie die Atlanter die Kräfte der Kristalle zu nutzen wussten. Und das der Missbrauch der Kristallkräfte zum Untergang von Atlantis führten. Das Wissen über den Gebrauch der Kristalle ist bei einigen Naturvölkern bis heute überliefert. Für die Schamanen in den Urwäldern Brasiliens und auch den Steppen Sibiriens sind die Bergkristalle Werkzeuge um die menschliche Aura zu heilen und selbst organische Schäden mit Laserkristallkraft zu beseitigen.

Mit Tara hatte ich, ganz „zufällig" eine Gleichgesinnte getroffen, die eine tiefgründige Spiritualität besaß und eben auch mit dem Maya-Kalender vertraut war. Zurück in Stuttgart, einige Tage später, erreichte mich ihr Anruf: Ich sollte mich doch für das Seminar bei José Argüelles in Italien anmelden. Es wären nur noch ein paar Plätze frei und das Seminar sei schon in wenigen Tagen. Ich hatte natürlich bereits von Argüelles gehört und auch einige Bücher von Ihm gelesen. Argüelles gehörte zu den führenden Wissenschaftlern des Maya-Kalenders und in der westlichen Welt wurden seine Interpretationen weitgehend übernommen.[6]

Bis heute gibt es unterschiedliche Auslegungen des Maya-Kalenders und vieles über die unglaubliche Kultur dieses Volkes liegt nach wie vor im Dunkeln. Natürlich war ich begeistert und so buchte ich das Seminar sofort und kurz darauf saß ich im Zug nach Bari.

---

[6] José Argüelles: Der Maya-Faktor. Ein Pfad über die Technologie hinaus. 2001.

2.2 Der Ashram von Babaji

Unweit von Bari befindet sich der Ashram von Babaji[7], der von einer kleinen Gruppe von jungen Leuten betreut wird. Hier brennt das ewige Feuer für Babaji, einem Erleuchteten, der verschiedene Inkarnationen auf der Erde hatte und weltweit eine große Anhängerschaft hat. Die Seminarteilnehmer waren umliegend in alten Steinhaussiedlungen untergebracht und täglich stand ein Treffen mit José Argüelles auf dem Zeitplan.

Argüelles war mit einem kleinen Gefolge und seiner Frau angereist. Er wirkte auf mich mysteriös und abgehoben. Er sprach davon, erst kürzlich von einer Zeitreise von einen anderen Planeten zurückgekommen zu sein. Tatsächlich wirkte er vollkommen entrückt. Ansonsten sprach er über seine Interpretation des Maya-Kalender, seine „Jünger" verteilten sich über den Raum und sicherten ihn wie Leibwächter energetisch ab. Ich fand das alles ziemlich seltsam und distanzierte mich bereits am Anfang des Seminars von dem Geschehen.

Ich beschloss meine Zeit in meinem Steinhaus zu verbringen und genoss die Stille und Einsamkeit des Ortes. Abends kochten wir

---

[7] Radhe Shyam: Ein Leben aus dem Sein. Ein Buch über Babaji. 2011.

zusammen und feierten den Tag. Bald entschloss ich mich ein Auto zu mieten, denn die Gegend um Bari ist äußerst sehenswert und das Meer nicht weit vom Ashram. Ich will von den vielen Ereignissen dieser Tage vor allem eines herausheben, dass ich zusammen mit Tara erlebte.

Wir planten einen Ausflug mit dem Auto. Ich kann mich nicht mehr daran erinnern, welches Ziel wir verabredet hatten. Jedenfalls fuhren wir in ein Dorf und ich erinnere mich weder an den Namen und noch was wir da eigentlich wollten. Merkwürdig in der Rückerinnerung war, dass ich den Eindruck hatte, dass Tara diesen Ort bereits kannte, aber meines Wissens, ebenso wie ich zum ersten Mal in dieser Gegend war. Wie sollte sie also dieses Dorf kennen, zumal sie jeden Tag im Seminar war und auch kein Auto hatte. Tara gab jedenfalls das Ziel vor.

Es war ein Dorf am Meer und ich erinnere mich, wie wir über eine alte Brücke gingen, nachdem ein wenig am Meer gesessen hatten. Und dann geschah etwas äußerst Merkwürdiges mit mir. Aus irgendeinem Grund hatte ich plötzlich das Gefühl in einer anderen Sphäre zu sein. Das kam ganz unvermittelt und wie aus heiterem Himmel. Noch ein paar Minuten zuvor war alles normal gewesen. Wir saßen am Meer unterhielten uns und lachten. Aber mit dem überqueren der Brücke, war etwas mir geschehen. Es ist tatsächlich schwer zu beschreiben. Es fühlte sich so an, als wir durch ein Zeit-Tor gegangen und in eine andere Dimension eingetreten. Das geschah einfach so.

Plötzlich war alles anders. Ich erlebte mich selbst, wie ich neben Tara lief, aber die Wahrnehmung war anders. Tara war da, aber schien auch entrückt. Ich fühlte mich als wäre ich in den Prophezeiungen von Celestine gelandet.

Wir hatten eine andere Wirklichkeit betreten. Ich fühlte mich wie in einem Traumgeschehen, der ganz real erlebbar war. Wie in einem luzider Traum in dem man aktiv handelt und die Ereignisse wie in einem Wachzustand wahrnimmt.

Wir gingen zu einer Tür und traten in ein Haus ein. Da waren Menschen, die uns sehen mussten, aber überhaupt nicht auf uns reagierten. Das ist mir noch in Erinnerung. Es war merkwürdig und befremdlich. Wir waren einerseits da, das heißt anwesend und andererseits wieder nicht auf derselben Ebene, wie die Menschen, die dort lebten. Alles wirkte wie in einer gestellten Inszenierung. Wir betraten das Haus, als würden wir durch den Hintereingang eines Theaters gehen und durch den Vorhang die Szenerie auf einer Bühne betrachten.

Die Menschen reagierten nicht auf uns. Wir waren wie unsichtbar für Sie. Es war so als wären wir auf einer anderen Wirklichkeitsebene

(Dimension) und durchschauten die Matrix der dort Lebenden. Es fühlte sich wirklich und zugleich unwirklich an.

Diese Art von Erfahrung, ich nenne sie psychogene Erfahrung hatte ich mehrmals in den nächsten Monaten. Ich erlebte es in Glastonbury, in Guatemala und Costa Rica. Mir schien als durchwanderte ich Schnittstellen von sich überlagernden Dimensionen, die an besonderen Orten auftreten. Diese Orte sind Energieportale, dass bedeutet, dass die Energie dort auf höherer Frequenz schwingt. Man findet dieses Phänomen zum Beispiel an heiligen Orten, wie beispielsweise den vielen keltischen Rituals-Plätzen und sakralen Stätten.

Aber auch ganze Landstriche, Berge, oder Seen können höher schwingend sein, weil sich hier ein Erdchakra öffnet und eine bessere Durchlässigkeit in höhere Sphären ermöglicht. Dies ist ein Grund warum man sich in manchen Kathedralen oder an Pilgerorten in einer heiligen Stimmung wiederfindet. Es ist die Schwingung, die das Feld nach oben öffnet, der Kontakt in eine Sphäre über der Matrix. Der Kontakt in die Christusenergie. Hier scheint einem das Göttliche näher zu sein.

In dieser Zeit war mein energetisches System so weit geöffnet, dass ich diese Wahrnehmungserlebnisse hatte. Und ich bin mir heute wie damals sicher: Das war weder Täuschung meiner Sinne, noch Einbildung. Es war in diesem Moment vollkommen real, aber anders als wir die Wirklichkeit erleben, eher wie ein luzider Traum. Ein Traum, in dem Du wach bist und aktiv erlebst und handelst. Aber nicht in dem Raum-Zeit-Kontinuum, das wir kennen, sondern in einer vierdimensionalen Anbindung – in einem durchlässigen Zwischenraum. So könnte man es begreifen. Man ist in der dreidimensionalen Realität und tritt phasenweise in den Bereich der vierdimensionalen Wirklichkeit. Als würde man sich in einer Schnittmenge beider Realitäten befinden für eine kurze Zeit.

Dieses Erlebnis, als sich ein für mich neues Wirklichkeitsfenster öffnete, war eine Art Offenbarung – ein Geheimnis hat sich gelüftet – und alles geschah jenseits von Worten und Sprache. Wir hatten kein Wort gewechselt, schweigsam wurde mir eine andere Wirklichkeit gezeigt. Ich wurde von Tara in diese Wirklichkeit eingeführt, das Schweigen bedeutete für mich, dass keine Zeit für Fragen oder rationales Denken in diesem Moment existiert oder sein soll, sondern nur Vertrauen und Offenheit.

Es war auf eine besondere Art vertraulich und irgendwie hatte es auch etwas Heiliges für mich. Als wäre ich eingeweiht worden in etwas, das nur wenigen Menschen vorbehalten war. Ich war wie benommen von diesen Eindrücken. Alles erschien mir in einem neuen Licht.

Das Meer, die schroffe Küstenlandschaft und diese Brücke, über die wir ins Dorf in diese andere Dimension gelaufen sind.

Manchmal denke ich, vielleicht ist dieses Dorf in der „normalen" Realität gar nicht sichtbar. Vielleicht war die Szenerie nur eine Projektion, ein Hologramm? Ich kann es nicht sagen und wüsste tatsächlich nicht, wie ich dieses Dorf wiederfinden sollte.

Tatsächlich sind diese Erfahrungen mit Worten nur schwer zu beschreiben, aber ich hoffe, dass Sie einen Eindruck bekommen haben und vielleicht sich sogar an etwas ähnliches erinnern. Denn jeder hat schon paranormale Erlebnisse gehabt, denke ich.

Die Fahrt zurück, es regnete wie aus einem Guss, erlebte ich wie in Trance. Wir fuhren durch eine kleine Stadt, Menschen auf den Gehwegen, alles war nur durch eine dichten Regenschleier schemenhaft zu erkennen. Ich hatte einen extremen Kopfdruck, vor allem auf der Stirn, was ungewöhnlich war, denn ich neige überhaupt nicht zu Kopfschmerzen. Ich war immer noch wie benommen und ich weiß noch wie ich dachte, dass ich mit irgendeiner Macht in Verbindung stand, die mich führte und durch den Straßenverkehr leitete. Tatsächlich hatte ich das Gefühl, ich wurde gefahren.

Mein Kopf drohte zu platzen und ich versuchte mich zu konzentrieren, um keinen Unfall zu verursachen. Trotz der extrem schlechten Sicht, fuhr ich weiter. Es bedurfte all meiner Kräfte, um durch diese Fiktion zu fahren. Meine Sinne waren immer noch auf einer anderen Ebene geschaltet. Ich war nassgeschwitzt, als wir unsere Finca erreichten. Und ich war vollkommen ausgepowert und unendlich froh angekommen zu sein. Als ich aus dem Auto stieg, wären mit beinahe die Beine weggeknickt. Ich taumelte und kämpfte mit einem Schwindelgefühl. Was danach folgte war nur noch Schlaf, ich kann mich jedenfalls an nichts weiter erinnern.

Deswegen will ich eine andere Episode erzählen, die sich im Ashram von Babaji abspielte. In diesem Ashram brennt das ewige Feuer von Babaji und die kleine Gemeinschaft die hier lebt, hält ihre Rituale und Meditationen für den Erleuchteten ab. An diesem Abend bin ich in den Ashram gelaufen, um mir eine Zeremonie anzuschauen und ich wollte die Sauna ausprobieren, um mich zu reinigen.

2.2.1 Das Spiel mit dem Feuer

Das Gebäude war aus Stein gebaut wie ein Iglu, rund und vielleicht 4 Meter im Durchmesser. Innen ringsum Bänke und in der Mitte ein offenes Feuer mit heißen Steinen. Als ich eintrat war ich allein – doch kurze Zeit später trat ein Mönch ein. Ich hatte bisher auf dem Gelände noch keinen Mönch gesehen. Er sah aus wie ein tibetischer Mönch in eine orangene Kutte gewandet und kahlköpfig. Es setzte sich mir gegenüber, ohne den Blick zu heben und schaute ins Feuer.

Ich spürte wie ich Gedankeninformationen von ihm gesendet bekam und es begann eine Art Kommunikation über das Feuer, ohne Worte. Wir beide starrten in die Flammen und es war wie eine Art mentaler Austausch. Es war völliges Schweigen, die Gedankenkräfte, konzentriert auf die Flammen, gingen hin und her – zwischen mir und dem Mönch. Die Flammen neigten sich einmal zu meiner Seite, dann zur Seite des Mönches.

Es kam mir so vor, als würde der Mönch meine Fähigkeiten testen – wie eine Art Kräftemessen. Als wollte er prüfen, wie stark meine mentalen Kräfte sind. Die Flammen bewegten sich zu mir, wenn er sendete.

Und ich sendete zurück und die Flammen bewegte sich in seine Richtung. Wie ein transzendentes Spiel, ein Spiel mit den Flammen.

Ich hatte so etwas noch nicht erlebt und später dachte ich, dass mir dieser Mönch etwas gezeigt hat. Er hat mich etwas gelehrt. Das konnte ich aber erst sehr viel später erkennen. Er hat mich etwas über die Kraft des Bewusstseins gelehrt. Wie mächtig der Mensch mit seinem Bewusstsein ist, wenn der Fokus klar ausgerichtet ist. Ganz tief in mir, hat sich diese Begebenheit eingeprägt und immer, wenn ich eine Kerze anzünde oder ein Lagerfeuer mache, betrachte die Flammen wie eine lebende Erscheinung, ein geistiges Medium, ein transzendentes beseeltes Wesen, dass hinüberführt in andere Welten.

Ich hatte erfahren, wie man mit der Flamme in Kommunikation treten kann. Besser gesagt, die universale Sprache war der Tanz der Flamme als beseeltes Medium. Es war eine Kommunikation in eine andere, transzendente Welt. Und das ist meine Erkenntnis: Leben wir in der Synchronizität, sind wir verbunden mit Allem was ist und wir können mit den Elementen in Verbindung treten.

Wir können mit dem Wind flüstern, mit dem Feuer spielen, wir können Wolken bewegen und mit den Pflanzen und Tieren sprechen. Wir können uns ausdehnen und überall sein, im gesamten Universum, in allen Dimensionen. – ÜBERALL. All das wissen die Weisen Alten und

Schamanen der indigenen Völker und es ist für jeden von uns möglich diese Zustände zu erreichen. Es ist alles eine Frage des Bewusst - Seins.

All diese Ereignisse fanden für mich in einer rasanten Abfolge statt. Ich hatte kaum Zeit, etwas zu rekapitulieren und setzen zu lassen. Es ging einfach immer weiter und ich vermag heute tatsächlich nur Ausschnitte der Ereignisse wiederzugeben. Ich befand mich auf einer Welle, die in einer immensen Geschwindigkeit voran strebte und mich trug. Es war phantastisch, im wahrsten Sinne des Wortes. Und ich war gespannt was als nächstes passieren würde; wohin mich die Welle noch tragen würde. Ich musste nicht lange warten, da erhielt ich einen Anruf von Rita. Wir hatten uns auf der Finca Argayall kennengelernt und sie versprach sich zu melden. Ich hatte keine Ahnung was mich erwarten sollte, als mich Rita einlud sie in ihrem Dorf bei Barcelona zu besuchen. Es sollte ein wahrhaft fantastische Reise werden.

2.3 Barcelona, Rita und die Magie von Cadaqués

Rita lebte schon einige Jahre in Barcelona, beziehungsweise in dem nahegelegenen Dorf Villassar de dalt und arbeitete in der Tourismusbranche. Wir trafen uns in der Stadt, nachdem ich den Gaudipark besucht hatte und meiner Leidenschaft der Fotografie gefolgt war. Der Gaudipark passte so Recht in meine Verfassung bei der sich die Realität ausdehnte und ganz neue Formen, Muster und Geometrien entstehen ließ. Diese Variabilität und die Illusion der starren Materie hat Gaudi so genial mit seinen Bauten abgebildet. Die Realität als Täuschung. Das was Dali in seinen Bildern surreal verarbeitete, hat Gaudi in der Baukunst geschaffen. Beide Künstler sollten mich mit ihrem Geiste treffen.

In Cadaqués, wo Dali einst wohnte und arbeitete, ist jener besondere Spirit anzutreffen, wie an so vielen Orten in und um Barcelona. Die gesamte Gegend scheint ein spiritueller Großraum zu sein mit besonderen Schwerpunkten. Cadaqués ist einer dieser eigentümlich mystischen Kraftorte. Zweifellos gibt es diese besonderen Energieorte, denn auch die Erde ist ein lebender Organismus mit einem Chakrasystem und den Energieleitlinien, den Ley-Lines, den Lebensadern der Erde und eben gewissen Energiezentren.

Es gibt die Hauptchakren und viele Nebenchakren auf der Erde, ähnlich wie beim Menschen. Allerdings ist der Energiekörper der Erde natürlich ganz anders aufgebaut, als der des Menschen. An diesen Kraftorten kann man andere Wahrnehmungen erleben, indem man sich energetisch mit ihnen verbindet. Wie das funktioniert erzähle ich im 2. Teil des Buches.

Schon die alten Druiden der Kelten wussten viel über das Energiesystem der Erde und erkannten diese besonderen Orte, weil sie es verstanden mit der Natur zu kommunizieren, beziehungsweise sie waren imstande die Naturplätze zu schauen, sie zu lesen. Mehr noch, die Druiden konnten diese Energieplätze auch selbst initiieren, wie zum Beispiel in Stonehenge.

An vielen dieser Orte entstanden die heiligen Städte der Kelten, sakrale Orte, die später nicht selten von der Kirche mit ihren großen Kathedralen überbaut wurden.

Zurück zum Gaudi Park, der durch die gebauten Manifestationen des Künstlers eine ganz eigenwillige Aura entwickelt hat. Ich konnte gar nicht genug Fotos schießen und die Magie des Ortes durchströmte mich. In dieser Verfassung konnte ich mit den Augen des Künstlers sehen und seine Perspektiven erkunden. Es ist auch ein synchronistischer Vorgang, wenn man sich mit einem Ort oder Platz so verbindet, dass man nur noch in der Wahrnehmung des Ortes ist und alles andere ausblendet. In diesem Zustand zeigt der Ort seine Geheimnisse. Mir ist das an den verschiedensten Orten passiert.

Wie gesagt, lebte Rita in dem unscheinbaren Dorf Villassar de dalt, abseits vom bunten Treiben der katalanische Hauptstadt. Kaum ein Tourist würde sich je hierher verirren. Aber ich spürte bereits bei unserem Ankommen bei Ritas Wohnung, dass dieses Dörfchen etwas ganz Besonderes ausstrahlte. Bald schon hatte ich das Gefühl, als trüge dieser unscheinbare Platz ein eigenes Geheimnis. Die Geschichte, dich ich dazu erzählen will, scheint ganz unspektakulär, aber war für mich war all das Erlebte von einer ganz besonderen Intensität.

Während Rita arbeiten ging, durchstreifte ich die nahe Gegend und das Dorf. Auch hier in diesem kleinen Dorf erfuhr ich magische Momente, die einfach so aus dem Nichts kamen und auch wieder verschwanden. Ich habe dafür keine Erklärung, es war wie das Eintauchen in eine Welle, die mich mitnahm in einen anderen Bewusstseinszustand.

Diese Zustände oder das Erleben von Synchronizität, wie ich es damals erfuhr, geschahen niemals über längere Zeiträume. In meinem Gefühl heute, wenn ich zurückschaue, ist es als würde ich mich an ganz gewisse magische Momente erinnern. Momente von so tiefgreifender

Intensität, dass sie bis heute, über 20 Jahre später, klar in meinem Gedächtnis verankert sind. Manchmal war ich nur minutenlang in diesen Zuständen, manchmal erstreckten sie sich über Stunden. Es sind diese besonderen Zustände, in denen die Zeit anders verläuft, Momente können zu weit ausgeprägten Erlebnissen werden. Die Zeit scheint sich zu dehnen und mehr Raum zu verleihen für die Aufnahme der Eindrücke. Als wären plötzlich die Sinne ganz neu geschärft. Die Augen sehen mit anderer Intensität, Gerüche entführen mit Lichtgeschwindigkeit in andere Welten. Die Schritte wirken verlangsamt, als wäre es ein Pirschen der Zauberer. Die Berührung mehr als ein bloßes Abtasten, vielmehr ein bewusster Energieaustausch im Fühlen. Alles wird intensiver wahrgenommen. In dieser eigenwilligen, wundersamen Verfassung befand ich mich an diesem Tag.

Ich durchstreifte, die wunderschöne Umgebung des Dörfchens, hügelige mit Pinien bewaldete Landschaften, die ich kreuz und quer erkundete. Auf einem dieser Wege dachte ich, es wäre schön einen Stock zu haben. Einfach so kam mir der Gedanke und schon im selben Moment sah ich ein Stück Holz vor mir, vollkommen mit Schlamm und Dreck überzogen in einer Schlammpfütze liegen. Meine Intuition veranlasste mich dieses von Dreck strotzende Stück Holz aus der Pfütze herauszuziehen und mitzunehmen. Nachdem ich ihn gesäubert hatte war ich begeistert über die eigenwillige Schönheit des Stockes. Er war alt und hart und voller mysteriöser Muster, von Kleintieren über die Jahre in das Holz hineingefressen. Ich habe diesen Stock noch heute. Damals wusste ich noch nicht, dass dieser Stock mich bald auf meiner Wanderschaft nach Santiago de Compostella begleiten sollte. Dafür war er wohl gedacht.

Eine andere Begebenheit hatte ich, als ich mit meinem Fotoapparat durch das Dorf lief und ein paar Aufnahmen machte. Viele dieser Fotos habe ich noch und ich konnte einige dieser magischen Momente auf Bild festhalten. Das Dorf war menschenleer, wie es diese südländischen Dörfer in der Mittagszeit so an sich haben. Fast geisterhaft und ausgestorben wirken sie, so in ihrer Stille und Einsamkeit. Fast etwas beklemmend in der Stimmung, als würden sich die Menschen hinter ihren Türen vor einem drohenden Unheil verstecken. Nur gelegentlich sieht man jemandem am Fenster oder auf einer Bank sitzen. In sich gekehrte, beobachtende oder gar taxierende Blicke, ohne freundlichen Gruß, die einem das Gefühl eines Eindringlings vermittelt.

Bereits in meiner Kindheit, als wir in südländischen Gefilden Urlaub machten, empfand ich diese eigentümliche Atmosphäre. Eine verlassene Kulisse, Stille in der mittäglichen Hitze. Das Verschanzte und Leblose, ein entleertes Dasein. Alles wirkte Alt, verbraucht und abgenützt.

Kaum vorstellbar, dass diese Szenerien jemals jung und frisch und voller Leben waren. Es kam mir immer so vor, als hätte man das genau so gebaut. In diesem angerosteten Retro-Antik Stil. Da war eine versteckte Romantik, ein zeitloses Idyll, das den Blick auf sich zog und den Fokus auf zahllose Details lenkte. Die kunstvollen Eisenbeschläge an den Türen, aufwendig geschmiedet, aber verrostet in der Zeit, ebenso die Schlösser und Scharniere, alt und einzigartig. Jede Tür an den Häusern in einer kunstvollen Identität, sich einem Massenformat widersetzend. Alt und brüchig zwar, aber individuell und lebendig. Mit Hingabe gestaltet, erzählen diese Exponate eine Geschichte.

Daneben lieblich gestaltete Blumenkästen vor verwitterten, farblich verblassten Volieren. Aber dieses zeitlose Idyll erzeugte auch ein anderes Gefühl. Etwas beängstigendes war dahinter zu spüren, fast Unheilverkündigend. Eine apokalyptische Szenerie.

Als würden sich die Bewohner vor einer nahenden Katastrophe hinter ihren Mauern verschanzen. Dieses Dörfchen hatte eine Besonderheit, die mir auffiel und ich versuchte es mit meinem Fotoapparat festzuhalten.

Da war ein schmales Bäumchen, dessen Stamm zu einer Schlaufe gewunden war, ansonsten aber von akkuratem, geraden Wuchs. Dort eine einsame Rose, die mir etwas zuzuflüstern schien. Hier und da erkannte ich wundersame Details auf dem Weg durch die engen, verschlungenen Gassen. Vielleicht war das alles gar nichts Besonderes, aber in diesem Moment war ich von all dem auf eine Art verzaubert und ich ließ auf diesem Weg all die Eindrücke auf mich einwirken, wie eine jeweilige Momentaufnahme einer Fotografie. Ein Moment, leicht entrückt und verzaubert im Staunen. Ganz gemächlich lief ich die Gasse hinab und kam auf einen Vorplatz mit einer kleinen weißen Kirche. Der Platz, wie ein Lichtort, inmitten der gealterten Kulisse.

Die gewaltige Holztür der Kirche stand offen und wie von einem Magnet hineingezogen trat ich ein. In diesem Moment spürte ich eine Veränderung in mir. Der Anblick der sich mir bot, versetzte mich in fassungsloses Staunen. Sonnenlicht fiel durch die große Halle. Ich war allein, keine Menschenseele weit und breit. Zunächst nahm ich es gar nicht wahr, weil meine Augen sich erst an die Lichtverhältnisse gewöhnen mussten. Doch dann sah ich die zwei übermannsgroßen Gestalten, durch einfallendes Licht ganz merkwürdig golden und lebendig, als hätten sie auf mich gewartet um mich zu empfangen. Ich stand da wie angewurzelt und ich erkannte die Gestalten, sie waren nicht statisch und leer, sondern begannen zu leben, nicht in einer Art von Bewegung, sondern eher subtil, auf einer energetischen Ebene. Sie schienen zu schwingen, kaum merklich. Neben der zentralen Figur, die die Arme in geöffneter Haltung darbot, empfangend, stand daneben eine Frau, die mich sofort durch ihr Gesicht, Haare und Ausdruck an Rita erinnerte. Ob das nun Einbildung war, dachte ich sofort? Die Ähnlichkeit war da, da bin ich mir immer noch sicher.

Im selben Moment hatte ich den Eindruck, als würden mir Informationen übermittelt. Nichts, was ich verstehen oder übersetzen konnte. Ich spürte nur eine Energie auf mich einströmen. Keine sprachlichen Informationen, sondern etwas wie Codes oder Wellen, die mich erreichten und einhüllten. Die Kanzel, seitlich etwas weiter vorne, wirkte verlassen und klein. Die zwei Figuren beherrschten die gesamte Front, unglaublich präsent und mächtig. Dort war kein Christus am Kreuz in der Kirchenfront. Nirgendwo in der Kirche. Ausschließlich diese zwei Figuren in ihren steinernen, wallenden Gewänder als geheimnisvolle Verkünder. Ich hatte so etwas in einer christlichen Kirche noch nicht gesehen, die doch für gewöhnlich stereotypische Ausstattungen zeigen.

Sicher gibt es bestimmte Gründe, warum diese Kirche genauso gebaut und ausstaffiert wurde. Jedenfalls war dieser Moment von besonderer Kraft und Ausstrahlung. Es fällt mir schwer, die Gefühle die in mir aufkamen in Worte zu fassen und diese eigentümliche Magie des Moments, die mich von Kopf bis Fuß erfüllte, zu beschreiben. Aber da war etwas in meiner Wahrnehmung, dass ich nicht kannte. Mehr als ein Gefühl, es war die Magie des Heiligen, die ich vernahm. Etwas wahrhaftiges, das mich ergriffen machte, als wäre die Szenerie für mich gemacht – und alles authentisch und ohne einen Zweifel.

Dabei war und bin ich keiner, der religiösen Dogmen folgt oder einer bestimmten Glaubensgemeinschaft. Mein spiritueller Glaube ist in dieser Zeit und durch diese Ereignisse, von den ich hier berichte, erst geprägt worden. Ganz abgesehen davon habe ich bereits früh die Ausstrahlung und Kraft sakraler Orte gespürt und wo immer ich fühle ich mich zu diesen Plätzen hingezogen. Es ist diese Magie, die von diesen Orten ausgeht, die mich fasziniert und in ihren Bann zieht. Ganz egal, ob es nun Maya Pyramiden, christliche Kathedralen, oder ein keltischer Druidenberg ist. Die Kraft und Ausstrahlung sakraler Orte ist nicht gebunden an eine Glaubensvorstellung, sondern sie ist in ihrer eigenen Art in die Matrix eingeprägt und verzaubert den Beobachter mit ihrer eigenen Magie.

An einem Sonntag fuhr Rita mit mir nach Cadaqués – sie sagte, dies sei ein ganz besonderer Ort. Wir fuhren die gut 2 Stunden mit dem Auto in dieses Städtchen, das vor allem bekannt ist durch den Künstler Salvador Dalí, der hier einst lebte und wirkte. Ich sollte auf eine obskure Art kennenlernen, dass über diesem Ort ein gewisser Zauber liegt. Dazu später.

Auf den ersten Blick ist Cadaqués ein Städtchen, wie viele andere in Spanien. So, wie man sie eben kennt. An einem Berg gelegen, mit verschachtelten, viel zu engen Gassen, röhrenden Mopedfahrern, lieblich ausstaffierten Blumenkästen und manch kitschigem Detail in einer maroden, von der salzigen Meeresluft zerfressenen Kulisse. Die Küste, schroff und felsig und auf ihre Art einzigartig bizarr in ihrer Manifestation. Rita zeigte mir einen Platz auf den Felsen am Meer, eine Aushöhlung im Fels. Ich setzte mich auf einen Stein am Eingang der Höhle und alles kam mir plötzlich sonderbar vertraut vor. Als wäre ich schon einmal hier gewesen, vor langer Zeit.

Der Ausblick aufs Meer mit dieser kleinen vorgelagerten Insel, die Aura, die mich erfüllte. Ich war mir sicher, ich kenne diesen Ort – aus einer anderen Zeit. Ganz sicher war ich in diesem Leben niemals hier gewesen. Rita lächelte nur immer, als würde sie etwas wissen. Aber niemals sagte sie etwas. Immer nur dieses geheimnisvolle Lächeln, das voller Andeutungen war. Rita gab mir das Gefühl, dass es einen besonderen Grund gab, warum ich jetzt hier war. Und das Sie wusste was mit mir passierte, dass der Ort etwas in mir auslöste!

An den Abenden, auf denen wir auf dem Balkon saßen und etwas tranken, hatte ich mehr und mehr den Eindruck, dass Rita mir etwas verschweigt und eines Abends drängte ich Sie vehement mir zu sagen, was eigentlich los sei. Diesmal ließ ich nicht locker bis sie schließlich sagte: `Sie dürfe nichts verraten, dass würden **Sie** nicht erlauben´. So ziemlich genau war ihr Wortlaut. *„Sie würden es nicht erlauben"*. Aber wer sind *Die?* fragte ich, aber sie lächelte nur und schüttelte den Kopf. Mehr erfuhr ich nicht und ich ließ es schließlich dabei bewenden. Immerhin hatte ich erfahren, dass da irgendeine Fraktion noch im Spiel ist. Eine Episode fällt mir noch ein:

An einem der ersten Tage, drückte mir Rita ein Buch in die Hand, es war rot, in Din A4 und in Pappe eingefasst. Sie sagte mir, dass ein Freund oder Bekannter, dieses Buch geschrieben habe und das er nur ein paar Exemplare verteilt hat, es also nicht veröffentlicht ist. Es war natürlich auf Spanisch und ich dachte Ok, das schaue ich mir an. Kann ja nicht schaden. Zumindest eine Möglichkeit meine Spanisch-Kenntnisse zu verbessern. Ich kopierte mir das Buch und es hat mich lange begleitet. Ich weiß noch soviel, dass es eine phantastische Geschichte war.

Es handelte von einem Wesen namens Désper, der die Erde besuchte, um zu erfahren, wie die Menschen so sind. So machte er seine

Erfahrungen und erlebte auf der Erde das ein oder andere Abenteuer. Désper selbst, war nicht von dieser Welt, er kam von einem anderen Stern und sein Auftrag war die Menschen kennenzulernen und aus seiner Sicht zu beschreiben, so in etwa war die Handlung. Und schon sind wir wieder beim Thema der Synchronizität. Denn was sich nun in Folge abspielte, war wirklich außerirdisch.

Rita und ich verbrachten etwa 5 Tage zusammen, dann trennten sich unsere Wege. Ziemlich abrupt und aus heiterem Himmel, sagte sie mir, dass es besser ist, wenn ich jetzt gehen würde. Und so packte ich meine Tasche und ging. Ich kann nicht mehr rekonstruieren, warum ich dann direkt zum Busbahnhof gegangen bin, um eine Fahrt nach Cadaqués zu nehmen, anstatt meine Heimreise anzutreten. Ich folgte wohl einfach einem Gefühl.

Cadaqués hatte mich so beeindruckt, dass ich spontan noch einmal dort hinfahren wollte. Dies war einer dieser Eingebungen, der ich folgte, geleitet von einer inneren Stimme oder einer Intuition, die dringlich sagte: Du musst noch einmal nach Cadaqués!

Bereits auf dem Busbahnsteig war ich in einer eigentümlichen Verfassung. Es war mitten am Tag und urplötzlich war ich wieder in dieser veränderten Wahrnehmung. Wie damals in dem Dorf bei Bari mit Tara hatte ich das Gefühl, ich würde die Matrix durchschauen. Die

Menschen auf dem Bahnhof erschienen, wie an unsichtbaren Schnüren gezogen. Und ich war ein Zuschauer dieser Wirklichkeitsmatrix. Einerseits mit dieser Betrachterrolle von außen und anderseits, gleichzeitig ganz normal agierend in dieser Realität.

Ich weiß nicht, ob ich das jetzt verständlich wiedergebe, aber mich durchdrang eine Kraft, ein besonderer Geist, der diese Realität durchschaute, die wir herkömmlich als Normalität erleben. Auf der Busfahrt nach Cadaqués fiel ich plötzlich in eine Art Trance, war aber hellwach. Es war tatsächlich so als hätte ich pyschodelische Pilze genommen oder etwas ähnliches.

Wir fuhren mit bestimmt achtzig Stundenkilometern, vorbei an felsigen Formationen, die im normalen Zustand einfach vorbeirauschen. Ich dagegen sah alles wie in Zeitlupe. Die Formationen und Strukturen der Steinwände wurden zu Gesichtern und Gestalten. Obwohl der Bus mit hoher Geschwindigkeit fuhr, war es in meiner Wahrnehmung so, als könnte ich die Bilder in den Steinen anhalten und in aller Ruhe betrachten. Nicht der Bus gab die Geschwindigkeit vor, sondern meine Betrachtung. Überall konnte ich Gestalten und Gesichter erkennen. Als würden die Ahnen sich abbilden im vorbeifliegenden Gestein. Ich hatte so etwas wie einen visionären Blick, als hätte mein drittes Auge sich geöffnet. Ich konnte in diesem Moment mit erweiterten Sinnen wahrnehmen.

Ich hatte an diesem Vormittag reichlich Wasser intus und nicht mal etwas gegessen. Es war unglaublich, als hätte die Matrix Löcher und gewährte mir einen Blick in eine Phantasiewelt. Ich schaute eine andere Wirklichkeit, in eine Welt in der die Elemente mit mir kommunizierten. Und es ging weiter:

Am strahlend blauen Himmel waren überall weiße, runde Wolken wie aus Watte geformt. Es war Bewegung in der Luft und die Wolken veränderten ihre Gestalt. Sie gruppierten sich zusammen zu neuen Formen, es war ein gewaltiges Schauspiel am Himmel. Ich erkannte nun riesige Gestalten, Gestalten aus Disneyland. Ich traute meinen Augen nicht, da waren tatsächlich Abbildungen von Micky Maus und Goofy am Himmel, zumindest konnte ich sie erkennen. Das war natürlich komisch und seltsam zugleich. Raumschiffe zeigten sich in einer Wolkenmatrix, wie ein freudiger Gruß von außerirdischen Welten.

Unterdessen musste ich dringend Wasser lassen und urinierte notgedrungen während der Fahrt in meine 1,5 l Wasserflasche, die ich vollständig ausgetrunken hatte. Warum ich das erzähle, wird später noch klar. Das Ganze war wirklich unfassbar und fühlte sich an als wäre es ein Traum, aber das war kein Traum. Ganz real fuhr ich in diesem Bus nach Cadaqués. Der Bus war, wenn zwar nicht voll, so doch zur Hälfte besetzt. Ich befand mich also einerseits in der normalen Realität, des fahrenden mit Menschen besetzten Busses und auf der anderen Seite mit meiner Wahrnehmung in einer Parallelrealität.

Ich kann mir gut vorstellen, dass dies für den Leser völlig gesponnen klingt. Und noch ein paar Jahre zuvor, als Realo-Journalist hätte ich genauso gedacht: Der Typ spinnt komplett.

Damals als das geschah, nahm ich es einfach zur Kenntnis, ohne die Situation zu analysieren. Aus der heutigen Sicht, mit dem Abstand von über 20 Jahren, sehe ich die Geschehnisse als Folge meiner Absicht. Ich hatte mich bewusst entschieden, meine Weltsicht für das Unbekannte, das Paranormale zu öffnen. Ich habe viele unterschiedliche Erfahrungen gemacht und ich habe dabei gelernt, dass es viele Welten und Dimensionen gibt und nicht nur unsere dreidimensionale Realität. Deswegen hatte ich in dieser Situation im Bus auch überhaupt keine Panik, dass ich vielleicht psychotisch werde. Ich nahm die Situation einfach an, ohne sie zu hinterfragen. Es gelang mir mühelos, diese unterschiedlichen Wirklichkeitsebenen zu handhaben.

Es ist ganz ähnlich, wenn uns unsere Träume nachts entführen, hinaus in andere Zeiten und Welten und wir uns manchmal schütteln oder erschrecken, weil es sich so echt anfühlt. Oder wir etwas träumen, was wir erst später tatsächlich erleben, all das ist auch wirklich. Es spielt nur in einer parallelen Sphäre, die ebenso real ist. Dieses Erlebnis im Bus, war in dieser Phase für mich gar nicht mal so erstaunlich, wie es sich jetzt vielleicht liest.

Zu diesem spirituellen Erlebnis bin ich Schritt für Schritt geführt worden und es war schließlich die Folge meiner bewussten Entscheidung, alles zulassen und anzunehmen. In der Konsequenz hieß das, mich nicht nur darauf einzulassen, sondern auch den Zeichen zu folgen und die Wunder, die sich auftun für wahr zu halten. Erst durch die bewusste unverfälschte Annahme, dass alles was geschieht real ist, bekommen die Wunder eine Ausprägung in unserer Realität.

Es ist gleichsam der Grund, warum diese Wunder passieren, wenn der Himmel sich öffnet und man mit einem höheren Bewusstsein kommuniziert. Es ist der unerschütterliche Glaube daran, ein Glaube, der weiß und nicht vermutet. Der Glaube der Berge versetzt.

Wenn man diesen Zustand erreicht, dann sieht man das Paranormale als Gegebenheit. Es gibt keinen Trick dorthin zu gelangen. Der Glaube muss so authentisch sein, als sei es Gewissheit. Es ist wahr, dass es das Außer-Normale gibt. Tatsächlich existieren eine Vielzahl von Realitäten.

Aber wie geschieht diese Öffnung, wie kann man Sie herstellen? Ich möchte ein Beispiel geben. Es ist beschrieben in der Mystik des Tarot. In den großen Arkanen gibt es die Karte des Narren. Der Narr ist Ausgangspunkt der Reise ins Unbekannte. Er ist unvoreingenommen, unbekümmert und von Natur aus neugierig. Staunend wandelt er durch die Welt und seine naive, kindliche Neugier öffnet ihm die Türen. Der Narr bewertet nicht, sondern beobachtet und so wird er zum Wunderknaben.

Sie kennen vielleicht den Film `Forrest Gump´ mit Tom Hanks in der Hauptrolle? Es ist die Geschichte von dem etwas tollpatschigen, fast etwas dümmlich wirkenden Held, der wie ein Narr die Welt erobert. Nicht weil er es will, sondern weil er mit seinem Herzen jeden Zweifel im Keim erstickt und losgeht und rennt und gläubig ist. Nichts hält ihn auf, keine Gefahren. Sein Wesen ist unverdorben und er ist sich sicher in dem was er tut. Seine Reinheit erzeugt eine unverrückbare Moral, ohne moralistisch zu sein. Er ist nicht gläubig, weil er einem Götzen huldigt. Er ist beseelt mit Glauben, weil er in seinem Herzen, das Gute trägt und das Böse nicht verurteilt. Mit diesem Rüstzeug, schlicht und einfach, sprengt er alle Grenzen. Mit der Kraft seiner Liebe.

Nun möchte ich mich keineswegs mit einem Forrest Gump vergleichen, aber in dieser Zeit gab es Parallelen in der Art meines Handelns.

Wie Gump stürzte ich mich in ein Abenteuer, ohne Angst zu haben vor dem was kommen sollte. Für mich war dieses Erlebnis in dem Bus nur eines von vielen, die mir eine andere Wirklichkeit gezeigt hat.

Jeder Mensch kann außersinnliche Erfahrungen machen, beziehungsweise er wird sie im Laufe seines Lebens machen, so oder so. Im Grunde macht der Mensch es jeden Tag im Schlaf. Die Schamanen nutzen den Rhythmus der Trommel und den Tanz in die Trance, um Zustände veränderter Wahrnehmung zu erreichen. Andere Völker benutzen halluzinogene Pflanzen, um mit der Geistwelt zu kommunizieren. Ich erlebte die Ereignisse in Cadaqués in vollkommen nüchternem Zustand. Rita hatte mich nach Cadaqués geführt. Ich sollte dorthin kommen, um etwas zu erleben.

2.3.1 Eine unheimliche Begegnung

Es ist schon merkwürdig, welch magnetische Kraft besondere Orte auf Menschen haben können. Cadaqués war zweifellos so ein Ort für mich. Ich fühlte mich hingezogen und auf eine Art war da ein Gefühl der Erinnerung, ganz tief in mir.

Wer einmal diesen Ort besucht hat, wird von der Magie berührt sein. Kein Wunder, dass der Künstler Salvador Dali sich hier niederließ und an diesem Platz seine surrealistischen Visionen hatte. Seine außergewöhnlichen Gemälde sind eindeutig von diesem Ort inspiriert. Ich vermute, dass dieser Ort ein besonders hoch schwingendes Energieniveau besitzt. Aus meiner Sicht ist Cadaqués Teil eines größeren Portals, dass sich über dem Großraum Barcelona befindet. Dieses Energieportal, öffnet Pforten in andere Dimensionen.

War dieses Portal Auslöser für meine Erlebnisse in dem Bus? War ich tatsächlich in Kontakt mit einem höheren Bewusstsein, oder einer anderen Intelligenz, die mir diese Eindrücke übermittelt hat? Wie bin ich in diesen Bewusstseinszustand gekommen, ganz ohne bestimmte Substanzen oder der Trommel eines Schamanen? Die Frage kann ich nicht endgültig klären. Aber, es sollte schon bald noch etwas geschehen in Cadaqués.

2.3.2 Besuch von Zeta Reculi

Um die Mittagszeit erreichte ich Cadaqués und machte mich auf die Suche nach einer Unterkunft. Ich erinnere mich noch, dass ich vollkommen erschöpft war. In den vergangenen Stunden war so unendlich viel passiert. Mir blieb kaum Zeit all die Eindrücke zu verarbeiten. Auf der Busfahrt hatte sich ein Universum geöffnet. Es war großartig aber zugleich auch überwältigend. Alle Erlebnisse meines gesamten bisherigen Lebens schrumpften dagegen fast zur Bedeutungslosigkeit. Mein Geist war in Aufruhr und ich wollte nur noch schlafen.

Ich checkte in ein Hotel mitten in der Stadt und begab mich vollkommen erschöpft auf das Zimmer. Es war mehr eine Kammer mit einem alten Holzschrank und einem riesigen Bett. Vis-a-vis vom Bett befand sich die Tür zu einem winzigen Badezimmer mit Dusche. Alles wirkte rustikal, schwer und alt durch die alten Holzverkleidungen an den

Wänden und dem alten Dielenboden. Die Jahre hatten sich in das Holz eingeprägt und die Dielen antworteten den Schritten mit trägem Knarzen, als müsste der Boden wie unter Qual eine schwere Last ertragen.

Ich musste wohl eingenickt sein. Irgendetwas ließ mich aufschrecken. Ein Blitzgedanke, aber es war merkwürdig! Als käme der Gedanke von außerhalb meiner Selbst. Als hätte irgendeine Quelle mich wachgerufen. Sonderbar, dachte ich noch, was war das? Ich kenne diese Blitzgedanken, die mich nachts aus den Träumen holen und blitzschnell in einen Wachzustand versetzen. Irgendetwas was ich noch zu erledigen hatte, oder was mich innerlich beschäftigte. Aber dieses Mal war es anders. Da war eine Aufforderung etwas zu tun, was nicht von mir selber kam. Die Information lautete, ich soll duschen. Jetzt sofort!

Und, so merkwürdig das klingt, in meinem Kopf kursierte der Gedanke, ich müsse die Urinflasche, die ich immer noch bei mir hatte, über mir entleeren. Fast anderthalb Liter Urin sollte ich mir über den Kopf gießen. Und danach abduschen. Das war die Information. Keine Erklärung. Nichts dergleichen. Es war schlicht dieser Gedanke da: Mach es und überlege nicht lange, tu es einfach. Ich bin in der Tat noch nie in meinem Leben auf die Idee gekommen, mir mein Eigenurin über den Kopf zu leeren. Warum auch? Vollkommen crazy!

Nun, ich folgte dieser Eingebung. Auch wenn das sehr merkwürdig erschien, vielleicht hatte es einen Sinn. Und klar, die surrealen Erlebnisse des Tages hatten mich in einen besonderen Zustand versetzt.

Seit der Busfahrt befand ich mich in einem synchronistischen Zustand und nun kam diese Botschaft von irgendwoher. Ich dachte nicht weiter darüber nach, sondern folgte der Eingebung. Ich ging ins Badezimmer und schüttete mir den Inhalt der Urinflasche über den Kopf. Das war ziemlich ekelig. Aber es fühlte sich auch nicht falsch an oder abstrus. Ich hatte nur keine Ahnung, warum ich das tat. Was sollte der Sinn dahinter sein?

Erst Jahre später las ich in einem Buch über Schamanismus, dass das Überschütten mit Eigenurin ein Reinigungsritual mancher Naturvölker ist. Es ist die Vorbereitung auf ein Heilungsritual. Das Gift des Eigenurins hilft die Schlacken der Aura zu reinigen.

Sollte ich in dieser Nacht im Hotel eine Einweihung erleben? Ich fühlte, dass da etwas mit mir geschah. Da war eine Verbindung, eine Kraft, außerhalb von mir spürbar anwesend.

Ich duschte mich heiß ab und das war herrlich. Ohne weiter darüber nachzudenken, verschwand ich wieder im Bett. Ich war noch immer hundemüde!

Und dann geschah es: Mitten in der Nacht schreckte ich auf. Im Badezimmer war ein lautes Poltern zu hören. Irgendetwas schlug heftig gegen die Tür. Ich war blitzschnell wach. Merkwürdig dachte ich noch: Draußen war es mucksmäuschenstill und auch kein Wind oder dergleichen war zu vernehmen. Wer war da in meinem Badezimmer? Ein Einbrecher? Aber wie sollte das sein, im dritten Stockwerk?

Ich setzte mich in meinem Bett auf. Und plötzlich durchfuhr mich die Gewissheit: `Da ist tatsächlich jemand in meinem Badezimmer. Irgendwer oder irgendetwas ist da drin´. Es war stockdunkel und ich konnte nicht die Hand vor Augen sehen. Aber ich spürte das da etwas war und die Geräusche waren deutlich zu hören. Ich spürte eine Präsenz. Ich ging zur Badezimmertür, öffnete sie und machte das Licht an. Nichts. Nur, das kleine Fenster stand offen – ich konnte mich nicht erinnern, es geöffnet zu haben. Ich schaute nach draußen. Die Nacht war still und klar. Kein Wind. Gar nichts. Alles war friedlich. Aber ich hatte mir das doch nicht eingebildet! Der Schlag an die Tür war so kräftig und laut. Ich ging zurück ins Bett.

Und plötzlich sah ich es vor mir. Alles war dunkel, stockdunkel. Aber ich konnte eine Gestalt mit einem großen Kopf sehen, die mich mit großen Augen musterte.

Ich war wie erstarrt und verharrte regungslos in meinem Bett. Nach dem ersten Schreck, hatte ich das Gefühl, das mir das Wesen etwas sendete, kein Laut, keine Sprache. Eine Botschaft kam an: Ich müsse keine Angst haben. Das Wesen erklärte es komme von Zeta Reculi, einem Gestirn, weit entfernt von der Erde.

Später las ich über Zeta Reculi, dass es ein Planet war, ähnlich der Erde, mit einer Atmosphäre. Aber eine Katastrophe führte zum Untergang ihrer Sonne. Ganz wie die Menschen die Erde an den Rand der Zerstörung führen, waren die Zeta Reculi an dem Untergang ihrer Sonne mit Schuld. Seitdem leben sie unterirdisch. Sie sind technologisch weit entwickelt und klonen ihre Nachkommenschaft. Man kennt diese außerirdischen Wesen auch aus Filmen, wie ET beispielsweise. Nach meinen Informationen gibt es zwei unterschiedliche Stämme, die Grauen und die Weißen, die einen weniger freundlich gesinnt, als die anderen.

Dieses Wesen in meinem Zimmer war freundlich. Und ich nahm seine Präsens in einer gelben Farbe wahr. Ich nannte ihn Désper. So wie dieses Wesen, dass in dem Buch beschrieben war, dass ich von Rita bekommen hatte. In der Folgezeit hatte ich immer wieder Begegnungen mit Désper. Meistens erschien er nachts vor meinem geistigen Auge, als hätte er Zugang zu meinem Bewusstsein. Er kommunizierte mit mir auf einer Gedankenebene – das heißt rein geistig. Oft hatte ich das Gefühl, als würde er mein Gehirn neu formatieren, die Informationen kamen als multidimensionale Einheiten, in einer ungeheuren Geschwindigkeit. Ich wusste nicht, was mich da erreichte, aber ich hatte den Eindruck mein Gehirn lief auf Hochtouren und wurde mit Informationen gefüttert. Kein Zweifel, dieses Wesen war eine höhere Intelligenz und ließ mich teilhaben. Das war spannend, aber auch `strange´.

Ich hatte zwar keinen physischen Kontakt, aber dieses Wesen war zweifellos präsent. Er war freundlich und sogar lustig. Désper begleitete mich über einige Monate – auch noch als ich wieder zurück in meiner Stuttgarter Wohnung war und oft ist er in meinen Träumen aufgetaucht.

Ich erinnere mich noch daran, dass ich einmal mitten in der Nacht im Schlaf, einen Salto mortale im Bett erlebte. Etwas hatte mich hochgehoben und einfach einmal herumgewirbelt, mitten im Tiefschlaf. Ich bin zu Tode erschreckt. Das passierte natürlich nicht wirklich, sondern in meinem Bewusstseinsempfinden. Ich wusste sofort, dass es mit ihm zu tun hatte. Désper hatte einen zuweilen merkwürdigen Humor. Ich fand das weniger lustig, zumal ich mir seiner Übergriffigkeit bewusst wurde. Wie er das gemacht hat, ist mir ein Rätsel, aber das ging zu weit. Einige Zeit später habe ich die Verbindung zu Désper bewusst abgebrochen. Ich denke, dieser Kontakt zu ihm war der Grund all dieser Erlebnisse in Cadaqués. Ich habe erfahren, dass wir im Kosmos keineswegs alleine sind. Ich bin mir sicher, dass verschiedene außerirdische Wesenheiten auf der Erde (in Menschengestalt) präsent sind.

Als ich mich an Rita`s Ausspruch erinnerte, dass sie mir nichts erzählen dürfe, weil es ihr verboten war, passte das alles wieder zusammen. Vielleicht war Rita selbst eine jene dieser Abgesandten und hatte irgendeine Mission auf der Erde zu erfüllen. Das allerdings ist reine Spekulation. Dennoch die Ereignisse waren, wie auch immer man sie bewertet, äußerst mysteriös, um nicht zu sagen verstörend. Auch für mich, der diese Dinge kognitiv erlebt hat, klingen sie heute ungewöhnlich, unnormal und letztendlich unglaublich. Ich bin mir darüber bewusst, dass diese Vorkommnisse surreal anmuten, dennoch wollte ich sie nicht aussparen. Wenn man diese Geschichte bis zum Ende verfolgt, sortieren sich diese Ereignisse in Cadaqués in ein größeres Bild ein.

In diesen Tagen hatte ich das Gefühl aus der Zeit gefallen zu sein. Die Geschehnisse haben jede Vorstellung meiner bisherigen Realität gesprengt und große Irritation in mir bewirkt. Gleichsam hat sich ein neues Fester der Wirklichkeit geöffnet.

Ich kann für mich diese Erlebnisse als Realität annehmen. Damals wie heute. Es ist ein Teil einer Wirklichkeit, der normalerweise verborgen bleibt. Aber nur aus dem Grund, da die Wahrnehmungsfähigkeit des Menschen für gewöhnlich beschränkt ist oder blockiert. Ich bin der Auffassung, dass es unzählige Ebenen einer größeren Realität gibt. Es existieren Welten mit Wesenheiten in höheren Dimensionen, die weit höher entwickelt sind als wir Menschen. Der Kosmos ist voller Leben, nur eben aus unserer dreidimensionalen Perspektive nicht sichtbar. Die Herkunft des Menschen ist universeller Natur, nicht rein irdisch. Der Mensch ist nicht aus Erdendreck geformt, sondern aus Sternensaat geboren. Kosmisches Bewusstsein ist die Schöpfungsenergie von allem was existiert, eben auch des Menschen. Lange Zeit war der Mensch von dieser Quelle abgeschnitten, aber er wird dahin zurückfinden.

Wenn sich der Mensch spirituell öffnet, beziehungsweise wieder erwacht in seiner vollen Bewusstheit, wird er veränderte, komplexere Fähigkeiten bekommen und paranormale Erfahrungen werden zu der neuen Realität. Alles entspringt einer größeren Wirklichkeit. Und niemand wird bezweifeln, dass es außerirdische Realitäten gibt.

Unsere Wissenschaft hat ihre Grenzen und die Perspektive des wissenschaftlich erklärbaren verengt die Wahrnehmung. Erkenntnisse können auch durch Erlebnisse, jenseits rationaler Beweisführungen, erfolgen. Wir Menschen werden nur durch unsere spirituelle Öffnung an eine größere Wahrheit herankommen. Diese Öffnung ist unabdingbar und Teil unserer spirituellen Evolution.

Heute sind für mich Geschichten über paranormale Ereignisse oder geistige Wesen nichts Besonderes mehr. Es gehört alles zur größeren Realität. Aber damals, mit all dem was in so kurzer Zeit mit mir passierte, war ich höchst irritiert und konnte auch nicht immer erkennen, warum all dies mit mir passierte. Heute weiß ich, ich habe das Ganze selbst in Gang gesetzt. Mein freier Wille und meine Intention waren ausschlaggebend. Ich kreierte einen schöpferischen Impuls und öffnete meinen Geist. Ich ging immer weiter, das heißt ich war beharrlich und ließ mich nicht abbringen.

Koinzidenzen passieren ständig, aber erst wenn wir bereit sind sie anzunehmen, werden sie Teil unserer Realität. Alles was mit mir passierte, resultierte auf der Basis meiner Entscheidung. Ich war niemals Opfer irgendwelcher Ereignisse, ganz im Gegenteil: Ich war der Initiator all dessen. Ich wollte mit großer Entschlossenheit hinter den Vorhang sehen und sachte öffnete sich dieser ein ums andere Mal.

Dennoch fühlte ich mich immer wieder, wie ein Statist in einem Drehbuch, dass ich nicht kannte. Unwissend stolperte ich vorwärts in unbekannte Welten. Die Gesetzte unserer bekannten Realität begann zu verschwimmen.

Ich erwachte am nächsten Tag aus einem endlos tiefen Schlaf. Noch immer fühlte ich mich ganz benommen. Und ich hatte keine Ahnung, was ich nun tun sollte. Ich brauchte einen Kaffee, um einen klaren Kopf zu kriegen. Die Ereignisse der vergangenen Nacht schwirrten in meinem Kopf umher. Hatte ich mir das alles eingebildet? War ich auf dem Weg verrückt zu werden? Sicher, hatte ich diese Gedanken. Das ging doch alles nicht mit rechten Dingen zu. Mein rationaler Verstand suchte nach Erklärungen, die es nicht gab. Zweifel kamen hoch, aber sie verstrichen im sicheren Empfinden meiner Wahrnehmung.

Da war mein klares Gefühl und mein Gewahrsein, das jenseits des Erklärbaren ganz sicher war und mir sagte: Das ist alles so passiert und das ist alles wahr. Ich zweifelte nicht an dem was ich bewusst erlebt hatte. Aber klar, es erschütterte auch meine bisherige Vorstellungswelt.

Nicht weit vom Hotel fand in ich eine Bar. Der Kaffee weckte meine Lebensgeister auf. Gleich am Nebentisch hörte ich lautstark einen jungen Spanier erzählen. Er weckte meine Aufmerksamkeit. Er berichtete ganz aufgeregt einigen jungen Leuten von seinem Weg nach Santiago de Compostella. Begeistert sprach er von Paulo Coelho`s Buch über den Santiago Weg. In dem Moment war ich hellwach. Denn dieses Buch trug ich die ganze Zeit meiner Reise bei mir. Mir war sofort klar, da war sie wieder: die Synchronizität.

Eine Freundin hatte mir Coelho`s Buch vor der Reise zugesteckt. Ich solle doch da mal reinschauen. Das wäre sicher was für mich, meinte sie augenzwinkernd. Nun hatte ich bisher keine Muße zum Lesen gehabt und ich kannte damals weder Paulo Coelho, noch hatte ich mich jemals mit diesem Pilgerweg beschäftigt. Aber in diesem Moment ging es auch gar nicht ums lesen. Es war das Zusammentreffen in dieser Bar. Ich stand noch unter dem Eindruck der vergangenen Nacht und dachte darüber nach, was ich denn nun machen sollte, als ich dieses Gespräch aufschnappte.

Dieser Spanier und ich, wir hatten dasselbe Buch zur gleichen Zeit zur Hand. In diesem Moment in Cadaqués in einer kleinen Bar. Und der junge Spanier war ganz außer sich vor Begeisterung, über das Buch und den Weg.

Es passte so perfekt, dass mein Entschluss in dieser Sekunde feststand: Ich laufe den Weg nach Santiago de Compostella. Das ist die Bestimmung. Wieder war mir etwas *zugefallen* und ich folgte dem Plan. Zurück in Stuttgart, habe ich mir einen Herbergsausweis bestellt und bereits zwei Wochen später saß ich wieder im Zug auf dem Weg über Barcelona nach Léon. Dort sollte mein Weg nach Santiago de Compostella beginnen.

Ich hatte mir ausgerechnet, innerhalb von 12 Tagen von Léon nach Santiago de Compostella zu wandern. Es war September und es war im Jubiläumsjahr des heiligen Jakob, der Pilger. Ich war voller Vorfreude. Jeden Tag wandern und nichts anderes, um alles was ich erlebt hatte, ein wenig setzten zu lassen.

Kapitel 2.4 Der Santiago-Weg – eine magische Erfahrung

Es ist wohl unstrittig, dass der Pilgerweg nach Santiago de Compostella nicht nur irgendeine beliebige Wanderstrecke ist, sondern umgeben und erfüllt von einer Aura des Spirituellen. Dieses Phänomen, dass ein Weg eine besondere spirituelle Ausstrahlung hat und für manchen Wanderer magische Erfahrungen und Ereignisse bereithält, ist aus zahlreichen Erzählungen bekannt. Nicht zuletzt das Buch von Coelho ist voll davon. Aber wie ist das zu erklären? Meiner Meinung nach geschieht das dadurch: Ein Energiefeld wird durch die Absicht und Erwartung der Pilger implementiert. Die Pilger selbst erschaffen den heiligen Raum, beziehungsweise sie nähren ihn.

Ebenso spielt eine Rolle, wie es historisch zur Ausprägung dieses heiligen Feldes kam. All das was dort geschah und dazu führte, warum die Menschen begannen diesem Weg zu huldigen.

Wieder stoßen wir auf die Erkenntnis: Der Mensch selbst ist Schöpfer seiner Wirklichkeit. Dort wo viele Menschen beten und mit ihrem Glauben Gott, oder einem Heiligen gedenken, kreieren sie ein heiliges Feld. Das geschieht über Jahrhunderte an sakralen Orten. Das heilige

Feld wird immer wieder neu gespeist und manifestiert sich dadurch dauerhaft. Jeder Pilgerweg hat diese Besonderheit, jede Kathedrale oder Kirche.

Intention und zweifelsfreier Glaube sind die Parameter der Schöpferkraft des Menschen. Wenn beides entschlossen zusammenkommt geschieht Wundersames. Der Geist erhebt sich über die Materie und kreiert Wirklichkeit.

Zigtausende wandern Jahr für Jahr den Weg nach Santiago de Compostella und bestätigen mit ihrem Handeln, dass dieser Weg ein heiliger Weg ist. Damit wird das Bewusstseinsfeld des Pilgerweges gestärkt und ausgeprägt. Der Weg selbst wird zu einem lebendigen Bewusstsein.

Der Weg als heiliges Ereignis wird selbst zum Heiligtum. Aber nicht nur die Menschen prägen die Erde mit ihren Vorstellungen. Die Erde selbst ist ein eigenes autarkes, lebendiges Wesen, mit einem eigenen Energiesystem. Und es gibt diese hochfrequenten Orte qua natura. Es verändert unsere Welt, wenn wir die Erde als lebendige Wesenheit zu begreifen beginnen.

Oft nun kommen beide Phänomene zusammen und wirken autopoetisch miteinander und verstärken sich. Mensch und Natur interagieren immerzu.

Gewisse Orte haben auf den Menschen eine ganz besondere Anziehungskraft. Sie haben eine Magie, die tief in das Bewusstsein der Menschen wirkt. Sie können Gefühle hervorbringen, aufrühren, traurig stimmen oder erheitern.

Dies kann eine Stelle im Wald sein, vielleicht ein „besonderer" Baum oder eine Lichtung, die plötzlich den Wanderer innehalten lässt. Ganz subtil, ohne dass etwas erkennbar Besonders wäre, wirken die Energien des Platzes. Ich hatte Erlebnisse an scheinbar gewöhnlichen Naturorten, die mich zu Tränen gerührt haben, ohne dass ich hätte erklären können, was diese Stimmung verursacht hat.

Wie kann man erklären, dass ein Ort Gefühle auslösen kann? Es ist eine Schwingung oder besser eine bestimmte Frequenz in der Aura des Erdenergiefeldes. Wir können sie nicht sehen aber wir fühlen es in uns, in unserem Gemüt oder manchmal auch in unseren Herzen. Im Energiefeld der Erde sind Erinnerungen gespeichert. Vielleicht ist an einem Ort ein großes Unglück geschehen und Menschen sind gestorben, so dass der Ort eine Trauer ausstrahlt, auch nach vielen Jahrzehnten, gar Jahrhunderten. An anderen Orten wurden heilige Rituale abgehalten und deren Strahlkraft ist bis heute im Feld erhalten. Wir Menschen reagieren wie Sensoren auf diese irdischen Feldenergien, da wir mit der Erde energetisch verbunden sind.

Es entsteht eine besondere Resonanz, als würden sich Seelen berühren. Das irdische Seelenfeld berührt den Menschen auf der Gefühlsebene. Wie könnte ein unbeseeltes System so etwas jemals bewerkstelligen?

Auf dem Pilgerweg gibt es eine große Anzahl von Orten, die eine außergewöhnliche Anziehungskraft haben. Überall in der Natur zeigt sich die besondere Magie dieses Weges. Unzählige Male habe ich auf diesem Weg angehalten und tief in mir drinnen etwas gespürt, ohne erklären zu können was es war. Ein Gefühl, einmal erfüllt von Harmonie, erfrischend und freudig, ein anders Mal eher beklemmend, düster, als hätte dunkle Ereignisse den Ort heimgesucht. Manchmal war es eine magische Atmosphäre, als hätten Druiden den Platz eingeweiht. Ich war mir immer sicher: Es ist dieser bestimmte Ort, der mein Gefühl verursachte.

Mein Weg begann, wie gesagt in Leon, ca. 230 Km von Santiago de Compostella entfernt.

2.4.1 Die Wanderung

Im Zug von Barcelona nach Leon lernte ich einen jungen Katalanen kennen, der auch die Strecke laufen wollte und wir beschlossen uns zusammenzutun. Mein Spanisch war zu dieser Zeit noch sehr rudimentär, aber wir schafften es uns auszutauschen. Er mit seinen bescheidenen Englischkenntnissen und ich mit meinem `Spanisch für Anfänger´.

Ich hatte meinen Stock dabei, den ich in den Wäldern bei Ritas Dorf gefunden hatte und ich bekam eine Pilgermuschel bei meiner Anmeldung im Pilgerbüro von Leon. Ansonsten war ich nur mit einem kleinen Rucksack ausgerüstet. Nach der Ankunft in Leon machten wir uns auf, den Wegsteinen mit der Muschel zu folgen.

Es ist nicht immer leicht den richtigen Weg zu finden, schnell übersieht man den steinernen Hinweis. Nach über 6 Stunden Wanderung stellten wir fest, dass wir uns verlaufen hatten. Lange Zeit war kein Wegweiser mehr zu finden. Es blieb uns nichts anderes übrig als umzukehren. Der letzte Santiago – Stein lag bestimmt über eine Stunde zurück, das war frustrierend und vor allem anstrengend, denn ich war alles andere als ein geübter Wanderer.

Bereits nach diesen ersten Stunden begannen meine Füße zu schmerzen. Aber wir wollten unbedingt die Pilgerherberge erreichen, in der man den Stempel für die Etappe in den Pilgerausweis bekam. Der Ehrgeiz hielt uns auf dem Weg.

Schließlich waren wir an diesem ersten Tag über 9 Stunden auf den Beinen. Ich war total am Ende. Mir ist noch in Erinnerung wie wir am Eingang des Dorfes eine alte, kopfsteingepflasterte Brücke überqueren mussten, um zu der Herberge zu gelangen. Zu diesem Zeitpunkt konnte ich kaum noch laufen. Mein rechter Fuß war angeschwollen und jeder Tritt verursachte höllische Schmerzen. Die Steinbrücke war gewölbt gebaut. Für mich ein fast unbezwingbarer Berg. Bei jedem Auftreten auf einen dieser Pflastersteine durchfuhr mich ein blitzartiger Schmerz. Der Schweiß lief mir in Strömen herunter. Ich war restlos am Ende.

Die Herbergsmutter war ein Engel und mit mitfühlendem Blick, gab sie mir eine Schüssel mit Seifenlauge für den Fuß. Er war auf die doppelte Größe angeschwollen. Ich war deprimiert und dachte: `Das war es jetzt mit der Pilgerreise. Mit entzündetem Mittelfuß ist an ein Weiterlaufen nicht zu denken....!´

`Erst einmal ausruhen und einfach nur schlafen.´

Es war noch hell, als ich in dieses butterweiche Bett fiel und ich schlief wie ein Toter. Nach über 10 Stunden wachte ich auf und sah in das grinsende Gesicht meines Kompagnons, der mich fragte, wie es mit einem Kaffee wäre. Ich war hungrig wie ein Wolf und nach dem guten Frühstück und mehreren Tassen Kaffee fühlte ich mich besser. Der Fuß war auch etwas abgeschwollen, aber schmerzte nach wie vor unsäglich.

Dennoch, auf gutes Zureden meines Weggefährten, sagte ich: Ok, ich probiere es und schnürte die Stiefel. Anfänglich dachte ich: Nein,… das geht gar nicht mehr. Aber ich kämpfte. Ich wollte auf keinen Fall aufgeben. Ich quälte mich durch den Tag und während des Laufens liefen mir die Tränen über das Gesicht. So schmerzhaft war jeder Auftritt mit dem geschundenen Fuß. Ich erinnerte mich an die Wanderung auf La Gomera, als ich mir den Mittelfuß gebrochen hatte. Nur diesmal lagen noch weit über 200 Km vor mir. Wie in Trance lief ich weiter.

Ich ging im wahrsten Sinn des Wortes in den Schmerz hinein. Meine Sinne waren wie betäubt. Mit erweitertem Geist beobachtete ich die Szenerie von außerhalb. Wie ein Phänomen, das ich beobachte. Ich erkundete den Schmerz, wie er bei jedem Auftreten durch den Körper in den Kopf zuckt.

So begann ich den Schmerz anzunehmen und setzte einen Fuß vor den anderen. Nach drei, vier Tagen, glaube ich, war es vorüber. Ich weiß nicht, wie mir das gelungen ist, aber mit größter Willensanstrengung lernte ich den Schmerz zu kontrollieren. Diese Erfahrung hat mich von meinen spirituellen Höhenflügen radikal auf die Erde zurückgebracht.

Ich war froh, dass ich weiterlaufen konnte. Ab diesem Zeitpunkt, etwa dem dritten, vierten Tag, konnte ich den Weg genießen und meine Sinne mehr nach außen richten. All die Ereignisse, die ich in den Monaten zuvor erlebt hatte, reduzierten sich nun auf die Erfahrung Schritt für Schritt die Zeit zu durchmessen.

Es war heilsam, meine vollste Konzentration auf den rein mechanischen Vorgang des Gehens zu verlagern. Nichts anderes war mehr von Bedeutung, außer dem Weg. Immer mehr stellte sich ein meditatives Gehen ein, ganz bei mir. Schritt für Schritt, Moment für Moment.

Diese Erfahrung hatte etwas Besonderes. Ich fühlte mich leicht und unbeschwert. Keine abschweifenden Gedanken. Keine Sorgen oder Ängste. Nichts war mehr wichtig. Einfach nur dieser Moment des Auftretens und des sich Fortbewegens in einer Langsamkeit, die der Physis geschuldet ist. Ich verstand, jeder Schritt beinhaltet das Erreichen des Ziels.

Ich begann zu erkennen, dass ich auf einer inneren Reise bin, das Fortbewegen brachte meinen Geist zur Ruhe und ließ mich neu auf die Dinge schauen. Eine tiefe Ruhe durchströmte mich. Ich war tatsächlich bei mir. Zum ersten Mal in meinem Leben, so kam es mir vor. Es war wie ein langanhaltender meditativer Zustand.

Ich wollte nichts anderes mehr als laufen. Bester Laune stand ich morgens um 6 Uhr auf, trank einen Kaffee und los ging es. Es war eine Freude, mich zu spüren und den tiefen Zustand des Friedens in mir. Plötzlich erlebte ich, wie ich nur noch in diesem Gleichschritt existierte. Das allein war ein magischer Moment. Und die Aura dieses Weges, die spirituelle Kraft die überall zu spüren ist, erhebt den Geist in eine andere Sphäre. Deswegen ist Santiago-Weg eine ganz eigene Erfahrung.

Die Pilger sind wie eine große Gemeinschaft. Man grüßt sich auf dem Weg und kommt ins Gespräch, egal aus welchem Teil der Erde man kommt, egal welchen Glauben man hat. Hier auf dem Pilgerweg ist man Teil einer gemeinsamen Erfahrung. Man ist zusammengehörig und eingehüllt in die spirituelle Aura des Weges.

Letztendlich geht es bei dem Weg um das Erleben jedes Einzelnen. Jeder der den Weg läuft hat seine individuellen Beweggründe. Die einen sind auf der Sinnsuche und hoffen auf spirituelle Erkenntnis, die anderen laufen den Weg allein um Abstand von ihrem Alltag zu finden. Manchmal sieht man Paare jeden Alters zusammen laufen, aber auch viele sind in Gruppen unterwegs und genießen die Gemeinsamkeit des Erlebnisses.

Für mich war es ein stiller Weg – ein Weg zu mir selbst. Ich erfreute mich an meinen eigenen Beobachtungen, den nach innen gewandten, aber auch an der wundervollen Natur und den vielen Begegnungen mit Menschen, die das gleiche Ziel hatten: Einfach diesen Weg zu laufen. Es war schön ein Teil dieser gemeinsamen `*Bewegung*´ zu sein.

Ich dachte über die gesamte Strecke überhaupt nicht daran, irgendwann ans Ziel zu kommen. Ich fühlte mich einfach nur gut und hatte das Gefühl zehn Jahre jünger zu sein. All das, was ich mit Überschallgeschwindigkeit an spirituellen Erfahrungen erlebt hatte, fand jetzt seinen ruhenden Gegenpol und die Zeit verlangsamte sich wieder in meinem Empfinden. Der innere Aufruhr ausgelöst durch die Ereignisse konnte sich beruhigen und das war sehr heilsam für mein Gemüt.

Mein spiritueller Höhenflug war erst einmal abgebremst worden und ich war demütig auf der Erde angekommen. So gesehen war dieser Santiago Weg bereits eine spirituelle Erfahrung. Mir wurde bewusst, dass es sinnlos ist mit Sieben-Meilen-Stiefeln die Dimensionen durchmessen zu wollen. Der Weg zeigte mir deutlich und lehrte mich, dass jede Erfahrung seine Zeit braucht. Das gilt besonders für spirituelle Erfahrungen. Ich will kurz beschreiben, was ich damit meine.

Spirituelle Erfahrungen berühren für gewöhnlich Bereiche, die jenseits des Alltäglichen liegen. Die Sicherheiten, die das Verstandesdenken normalerweise bereithält, werden aufgebrochen, die bisherige Realität in Frage gestellt. Um derartige Erfahrungen verarbeiten zu können braucht es Zeit und Geduld. Körper, Geist und Seele versuchen diese Erfahrungen zu sortieren und in ein stabiles Gleichgewicht zu bringen. Es ist ein Prozess, der Geduld erfordert. Für die meisten Menschen der westlichen Welt sind geistige, spirituelle Erfahrungen Neuland. Ohne das nötige Verständnis oder die Anleitung eines Lehrers können sie mitunter gefährlich werden oder zumindest dysfunktional.

Ein Beispiel sind die viel angewendeten Licht-Meditationen. Viele Praktizierende richten sich beständig nach oben zu den göttlichen Lichtreichen. Dabei wird oft die Erdung vergessen. Nun existieren bei den meisten Menschen Blockaden im Energiekörper und den Chakren. Die Lichtenergien können also nicht ungehindert fließen. Es kommt zu Stauungen im Energiekörper. Die Menschen erscheinen sphärisch, etwas abgehoben. Tatsächlich steckt eine Gefahr dahinter: Wenn man nicht gut geerdet ist und der gesamte Energiekörper nicht in Balance ist, können spirituelle Erfahrungen gar zu psychischen Störungen und zu lang anhaltenden, seelischen Krisen führen. Ich komme zurück zum Pilgerweg.

Mehrere Male bin ich auf diesem Weg an meine physischen Grenzen gestoßen. Das ist nun nichts Außergewöhnliches, wenn man am Tag 8 Stunden oder länger auf den Beinen ist. Es kam der Tag an dem ich eine Pause einlegen musste, weil ich einfach nicht weiterkonnte. Ich verbrachte den Nachmittag mit der Pflege meiner Füße. Mein Weggefährte wollte weiter gehen und so trennten sich unsere Wege und wir verabredeten uns in ein paar Tagen in Santiago de Compostella wiederzusehen.

Die Gegend auf der Endstrecke im Baskenland ist fantastisch. Man läuft auf dieser Hochebene einem endlosen Horizont entgegen, als würde der Weg niemals enden. Kleine Bergdörfchen säumen die Strecke, Stätte aus vergangenen Jahrhunderten. Die Sonne im September ist immer noch stark und erlaubt mit freiem Oberkörper zu laufen. Ich genoss die wärmenden Strahlen und die feine, kühlende Luft auf meiner Haut. Wie ungeheuer belebend das textilfreie Laufen ist! Wie eine morgendliche Dusche. Das Wetter war perfekt.

Nach der Tageswanderung hatte ich am Abend das erfüllende Gefühl etwas geschafft zu haben, neue Grenzen in mir erkundet. Eine tiefe, befriedigte Ruhe konnte in mir Platz nehmen. Die Entspannung im Körper nach 8 Stunden auf den Beinen ist vollkommen und man schläft wie ein Stein.

Jeder Tag aufs Neue war eine Herausforderung, eine physische Grenzerfahrung. Die Schmerzen beginnen und es kommt ganz sicher der Punkt, wo du nicht mehr weiter kannst. An diesem Punkt beginnt die Reise ins Innere, eine Leere erfüllt dich. Das Laufen geschieht stoisch, fast mechanisch. Du läufst über den Schmerz hinaus und besiegst das Gefühl nicht weiter zu können. Ein Teil von dir will nur noch ausruhen, keinen Schritt weiter. Aber du weißt: Es ist es besser, einfach weiterzulaufen. Wenn man sich erst einmal hinsetzt, ist es sehr schwer wieder aufzustehen. Nur manchmal geht es einfach nicht anders.

So war es an diesem Tag, an dem ich eine ganz erstaunliche Entdeckung in einer kleinen Bergkirche machen sollte. Ich hatte das Dorf mit der Kirche schon hinter mir gelassen, als ich mich setzen musste. Meine Blasen quälten mich und ich musste die Schuhe ausziehen.

Als ich da etwas hilflos am Wegesrand saß, kam ein junger Pilger vorbei und fragte mich, ob er helfen könne. Ich schüttelte den Kopf und meinte noch, ich komme schon klar. Bevor er weiterzog, zeigte mit dem Arm in Richtung der Kirche und fragte, ob ich dort drin gewesen sei? Ich verstand zunächst nicht was meinte er? Was sollte denn so

Besonderes an dieser Kirche sein? Er sagte nur, das `solle ich mir anschauen!´ Und ging weiter.

Das machte mich neugierig. Ich versorgte die offenen Wunden so gut es eben ging und humpelte zurück. Was ich dort antraf, haute mich um.

Gleich seitlich neben dem Eingang war eine überlebensgroße Jesus - Darstellung am Kreuz. Das sakrale Kunstwerk war fein gearbeitet, aus Holz gezimmert, säuberlich bemalt und glasiert. Die Zeit hatte ihre Spuren in Farbe und Holz hinterlassen. Ich schätzte das Alter auf 100 Jahre oder mehr. Vielleicht war es auch viel älter, aber keinesfalls aus jüngerer Zeit. Das Kreuz war bestimmt drei Meter hoch. Das Besondere war, dass Jesus nur mit der linken Hand an das Kreuz genagelt war. Der rechte Arm zeigte nach unten Richtung Erde. Es wirkte es, als hätte Jesus seinen rechten Arm selbst befreit.

Jesus verbindet Himmel und Erde in dieser Kreuzdarstellung. Aber wie kann das sein? Wie kommt so ein Sakrileg in eine christliche Kirche? Ich war vollkommen durcheinander und konnte überhaupt nicht verstehen, wie eine derartige Kreuzdarstellung in einer offiziellen Kirche überhaupt sein konnte. Das stellte sämtliche Bibelinterpretationen auf den Kopf und grenzte förmlich an Blasphemie.

Ich bemerkte eine Bewegung hinter mir und der Pfarrer kam auf mich zu. Ich fragte mit meinen bescheidenen Spanischkenntnissen, was das zu bedeuten hätte. Er zuckte nur mit den Schultern und erklärte: Das Kreuz sei schon immer dagewesen. Mehr wüsste er nicht und wieder zuckte er mit den Schultern. Aber sein Gesichtsausdruck sprach eine andere Sprache. Ich meinte ein hintergründiges Lächeln zu sehen. Irgendetwas wusste er, das konnte ich spüren. Für mich war dieses Bildnis eine Sensation und er tat gerade so, als wäre da gar nichts Besonderes. Es musste doch dafür eine Erklärung geben. Mir war klar, von dem Pfarrer würde ich nichts weiter erfahren.

Lange Zeit hat mich diese Jesus-Darstellung beschäftigt und ich erkenne eine Botschaft darin, die Jesus uns Menschen übermittelt: Er verbinde Himmel und Erde für die Menschen. Die Kreuzigung selbst ist eine Illusion, die Jesus hier entlarvt. Und gleichsam sagt uns dieses Bildnis, dass es keine Trennung zu Gott gibt. Oder vielmehr: Es gab niemals eine Trennung. Die Geschichte das der Mensch Buße tun solle für seine Taten und erst zu Gott finden müsse ist eine Erfindung.

Aus der herkömmlichen, qualvollen Szenerie der Kreuzigung ist eine metaphorische Verbindung von Erde und Himmel entstanden. Diese Metapher überwindet Leben und Tod. Jesus ist mit seine Gesicht der Erde zugewandt. Er zeigt uns: Jeder einzelne ist mit dem Schöpfer verbunden und in jedem einzelnen ist der Keim, selbst zum Schöpfer zu werden. Das Unvorstellbare zu vollbringen.

Der Tod Jesu lässt sich als Metapher verstehen, die ich so deuten würde: Jesus ist nie wirklich gestorben, denn er war zugleich auf der Erde, als auch in einer himmlischen Dimension. Sein Tod war ein Schauspiel in der Gut-Böse-Matrix. Die Auferstehung ist die Metapher dafür. Sie zeigt dem Menschen die Illusion in der er selbst gefangen ist. In der Illusion von Leben und Tod.

So gesehen ist der Tod am Kreuz und die Auferstehung eine psychologische Parabel. Der Mensch soll erkennen, dass er selbst die Illusion auflösen und den Trennungsgedanken aufheben kann. Der Mensch ist immer mit dem Göttlichen verbunden gewesen. Allein der Glaube wurde anders vermittelt.

Mit der Überwindung der Dualität, der Gut-Böse-Matrix, erkennt der Mensch wieder seine Ganzheit. Die Zeit auf der Erde ist eine begrenzte Reise, begrenzt in Zeit und Raum. Die Unsterblichkeit liegt jenseits dieser Beschränkung. Unser Bewusstsein aber kann die Raum – Zeit – Matrix durchdringen. Dann ist der Mensch mit Allem was existiert verbunden.

Der Himmel ist nicht irgendwo da oben, er beginnt ein Zentimeter über der Erde. Die Geschichte der Menschheit ist viel mehr, als eine Chronologie von Krieg und Verderben, von Eroberung und technologischem Fortschritt. Ich kann daran nicht glauben. Für mich ist die

Geschichte des Menschen eine Reise in die Erweckung aus dem Trauma der Dualität. Der spirituell erweckte Mensch kennt kein Schwarz und Weiß, kein Gut und Böse – er erwacht und enttarnt dabei den falschen Zauber der Kulisse. Er erkennt das große Ganze und das alles zusammenhängt. Dieser Mensch hat seine Verbindung mit dem Ursprung wiedergefunden, seine Verbindung mit dem Göttlichen. Und darauf folgt ein neuer Weg.

Die Trennung ist eine Illusion, erzeugt in einer Matrix. Eine perfekte Inszenierung, wie die Computeranimation in einem virtuellen Kino. Alles wirkt scheinbar echt und real. Dabei ist es eine Täuschung. Eine Täuschung die funktioniert, weil wir sie für real halten.

Wie viele Menschen tragen ein Kreuz um den Hals? Es ist das Symbol der Kreuzigung. Der Sünde des Menschen am Sohn Gottes, Jesu Christi. Ein Symbol der Schändung und des Todes. Es macht uns schuldig, als Einzelnen und als Kollektiv. Es durchtrennt die Verbindung mit Gott, weil wir die Büßer sind. Das wird uns seit Jahrhunderten gepredigt.

Die Aussage der Kreuzigung auf dem Santiago Weg ist eine andere: Sie sagt: Es ist der Mensch, der mit seinem Bewusstsein, Himmel und Erde verbindet. Denn Jesus ist der Menschensohn Gottes.

Wenn der Mensch erkennt, dass es keine Schuld und keine Trennung gibt, wird dieser Glaube enden. Erkennen meint ein Wissen im Herzen,- wie eine innere Erkenntnis, die unumstößlich ist. Wenn dies eintritt, lösen sich die Schleier auf. Das Programm von Schuld und Sühne ist kirchengemacht. Aus reinem Machterhalt werden diese Postulate immer wiederholt. Die neue Zeit wird die Wahrheit ans Licht bringen. Alte Institutionen und ihre Glaubenspostulate werden verschwinden.

Wenn wir Menschen beginnen unsere wahre Spiritualität zu entdecken, wenn der Mensch aus dem Trauma erwacht und erkennt, dass er selbst das Zentrum der Göttlichkeit oder des allumfassenden Bewusstseins ist, dann werden Institutionen wie die Kirche ihre Berechtigung verlieren.

Ich konnte nie verstehen, warum unterschiedliche Glaubensvorstellungen zu Krieg, Gewalt und Terror führen. Nicht als Kind und auch als Erwachsener nicht. Warum verteidigt der Mensch seinen Glauben bis aufs Blut oder mordet Andersgläubige? Für mich gibt es dafür keine schlüssige Erklärung und auch keine Empfindung. Es ist eine Verirrung.

Wenn der Mensch aufhört, an einen Gott zu glauben der von ihm getrennt erscheint. Wenn er keine Götzen mehr benötigt und andere wie sich selbst erkennt. Erst wenn er diese Trennungen entlarvt, wird er seinen Frieden finden. Denn im Erwachen kann es nur eine Wahrheit geben. Der Glaube löst sich auf. In der spirituellen Erweckung existiert die Gewissheit das alles Eins ist.

Im Gebet steckt ungeheure Kraft. Das Gebet erschafft, denn der Mensch ist der Schöpfer seines Gebetes. Das Gebet für die gute Aussicht, für Dankbarkeit und Liebe dockt an die kraftvollsten Energiemuster an und bedeutet Heilung und nährt das Licht. Das Gebet gesprochen oder gedacht, ist aber nicht an eine ferne Gottheit gerichtet. Es richtet sich an das eigene Bewusstsein. Die innere Göttlichkeit eines jeden ist der Adressat des Gebetes und findet im großen Schöpfungsfeld Resonanz. Der gute Gott ist nicht irgendwo da draußen, er wohnt in einem Selbst. Wenn der Mensch erkennt: Ich bin Gott, wie Du mein/e Nächster/e….dann, wird er Frieden finden und bereit für eine Zeit ohne Glaubenskriege sein.

Wenn ich mit meinen Erfahrungen auf meinem Weg Berührungspunkte mit etwas Heiligem gemacht habe, wenn ich eine Verbundenheit mit Jesus gespürt habe und dies ganz besondere Momente waren, dann habe ich dies in mir selbst erweckt und dadurch ein Fenster im göttlichen Feld geöffnet.

Es ist kein Kontakt von außen gekommen und hat mich heimgesucht. In mir selbst habe ich hinter den Schleiern einen Zugang gefunden in mein Innerstes. Dort, wo sich die Verbindung mit Jesus oder Gott widerspiegelt. In mir selbst bin ich in Resonanz mit Gott gekommen.

Ich möchte hier nicht in Abrede stellen, dass es besondere, erwachte Menschen gibt. Auch in der Kirche und den Glaubensgemeinschaften, gibt es viele Menschen, die Gutes tun und wirklich helfen. Nur allzu oft aber sind Institutionen mehr an dem eigenen Machterhalt interessiert, oder gar korrupt in ihrer Ethik geworden. Aber zurück auf den Santiago Weg!

Kurz vor Santiago de Compostella traf ich meinen Weggefährten wieder. Wir lachten und umarmten uns. Es war schön, dass wir nun zusammen unser Ziel erreichen würden. Die Silhouette von Santiago de Compostella erschien plötzlich am Horizont. Nun könnte man annehmen, dass wir voller Freude und Stolz über das Geleistete erfüllt waren, aber da war eher ein wenig Wehmut. Das Ankommen war auch ein Ende des Weges, der mir soviel geschenkt hatte. Ich war erfüllt von einer inneren Klarheit und strotze nur so vor Energie und Tatendrang. Nie zuvor und auch danach wurde mir der Gehalt des Spruches so bewusst, wie am Ende dieser Reise: Der Weg ist das Ziel.

KAPITEL 3 DAS ENDE DES JAHRTAUSENDS

Zurück in Stuttgart wurde mir schnell etwas klar. Etwas wurde zu einer Gewissheit, das sich während meiner Wanderung ganz unterschwellig aufgebaut hatte. Ich wurde mir bewusst, dass ich nicht wie gewohnt meine alten Pfade wieder betreten konnte und einfach weitermachen wie bisher. Wieder zur Arbeit gehen, irgendwelche Projekte in Angriff nehmen, das Leben in Stuttgart...!

Mir wurde klar, meine Reise hatte erst begonnen. Obwohl es mir materiell und mit meinem Job sehr gut ging, war doch ein inneres Verlangen da, aufzubrechen. Da war etwas in mir, das mich bedrängte. Wie ein Druck auf dem Herzen, ein vager Schmerz, tief in mir. Ich kann nicht genau sagen, was es war. Eine innere Beklemmung, die mir die Freude am Leben nahm, oder besser gesagt: Es lag mir etwas auf der Seele. Ich fühlte den Wunsch aufzubrechen so stark, dass ich beschloss mich beim SDR für ein halbes Jahr beurlauben zu lassen. Mein

Redaktionsleiter war einverstanden und ich besorgte mir ein Ticket nach Mexiko mit einer flexiblen Rückreisezeit.

Ich wollte die Jahrtausendwende an einem ganz besonderen Ort verbringen. Und plante die Reise nach Mexiko zur magischen Mayastadt Palenque. Ich hatte diese bezaubernde antike Stätte in mitten des Dschungels bereits zweimal besucht. Das sollte mein Spot für Sylvester 2000 sein. Ich stellte mir vor auf der Maya-Pyramide des Königs Pakal zu sitzen und in die Weite des mit Sternen besetzten Himmels zu blicken. Das war der Plan. Was danach kommen sollte, war völlig offen. Ich wollte mich treiben lassen, wohin es mich eben führen sollte.

3.1 Maya Ruine Palenque, Mexiko Dezember 1999

Drei Tage vor Sylvester war ich in Palenque angekommen. Ich besuchte die Pyramidenstadt. Alles war mir schon bekannt von den früheren Reisen. Aber obgleich ich diesen Ort verehre, kam keine rechte Freude bei mir auf. Irgendetwas fehlte. Ich fühlte mich ein wenig lost. Ich hatte angenommen, dass sich hier zur Jahrtausendwende viele Menschen treffen und feiern. Immerhin ist

Palenque einer der bekanntesten Mayastätten und Schauplatz zahlloser Rituale und internationaler Festivals. Aber ganz entgegen meiner Vorstellung wirkte der Ort merkwürdig verlassen.

Ich dachte darüber nach, woanders hinzufahren. Aber wohin? Ich hatte keine Idee?

Genau in diesem Moment hatte ich eine bemerkenswerte Begegnung. Plötzlich stand eine junge Amerikanerin vor mir und fragte mich: Hi, what`s up?

Wir begegneten uns im schönen Innenhof der Hotelanlage, wie sie in Mexico so zahlreich zu finden sind. Es war eine äußerst flüchtige Begegnung, tatsächlich wechselten wir nur ein paar Worte.

Sie fragte mich was ich für Sylvester plane und ob ich den Lago Attitlán in Guatemala kennen würde. Ich solle doch da mal hinfahren, wenn ich noch Zeit hätte. Sie meinte noch, dass würde sich lohnen und erwähnte ein Dorf namens San Marcos La Laguna.

Wir hatten uns vielleicht ein paar Minuten unterhalten, dann war sie schon wieder weg. Wir hatten uns noch für den Abend verabredet, aber ich sollte Sie nie wiedersehen. Eine Begegnung von vielleicht 2, 3 Minuten, aber für mich sollte sie lebensverändernd werden. Am Abend wartete ich vergebens auf Sie. Sie kam nicht zu unserer Verabredung und ich saß im Innenhof des Ressorts und Fledermäuse flogen mir in der Abenddämmerung um die Ohren. Ich hatte genug.

Ich entschied kurzerhand am nächsten Tag aufzubrechen, um an den Lago Attitlán zu kommen. Ich hatte nur einen Tag und eine Nacht Zeit und nicht einmal eine Reisekarte. Aber ich ging das Risiko ein, möglicherweise irgendwo unterwegs Sylvester 2000 zu verbringen. Ich wollte weg von Palenque und der Tipp der Amerikanerin hatte mich neugierig gemacht.

Zu der Begegnung mit der Amerikanerin möchte ich noch etwas anfügen: In der Nachbetrachtung kam es so vor, als wäre dieses Treffen arrangiert worden, nur um mir einen Hinweis zu geben. Als käme ein Geist vorbei, der mir einen Zettel mit meinem nächsten Ziel überbringt.

Auf synchronistischer Ebene geschehen derartige Begebenheiten. Meine Frage an das Universum, wohin ich nun gehen könnte, wurde erhört und eine Information wurde mir überbracht. Die Botschafterin war die Amerikanerin.

Für den neutralen Betrachter ist es eine Situation wie sie jeden Tag millionenfach abläuft. Dennoch: Im großen Bewusstseinsfeld ist es keineswegs zufällig. Eine Botschaft wird hier übermittelt, die Begegnung selbst ist Nebensache. Der Akteur, oder die Akteurin ist austauschbar und nicht relevant.

Weder die Amerikanerin noch ich waren sich bewusst, dass hier eine (synchronistische) Botschaft überbracht wird. Es schien schlicht eine flüchtige Begegnung zu sein, ohne besondere Bedeutung. Aber es steckte mehr dahinter. Das Schicksal streckte die Fühler aus. Die Synchronizität geschah aus dem Feld heraus. Meine Frage, die ich an mich selbst gerichtet hatte: Wohin soll ich nun gehen, fand Resonanz fand Resonanz im universellen Feld.

Ich gehe davon aus, dass die Amerikanerin sich ihrer Botschafterfunktion nicht bewusst war. Wahrscheinlich folgte sie nur einer momentanen Eingebung. Ein Smalltalk, mehr nicht. Vielleicht hatte ich nachdenklich ausgesehen und sie wollte mich etwas aufmuntern. Das ist gut möglich. Also erzählt sie von diesem Ort. Was ich daraus mache und welche Konsequenzen daraus folgen, war für sie vollkommen unerheblich. Sie war nur die Botschafterin in diesem Augenblick.

Aus der Sicht der geistigen Welt, war sie die Überbringerin einer besonderen Information, die für mich bestimmt war – in diesem Moment. Das Bewusstseinsfeld, das alles umgibt, hatte mir geantwortet. Ein Zeichen. Genau an diesem Schnittpunkt des Moments entsteht die Synchronizität. Meine Frage stand im Raum: „Wohin sollte ich gehen?"

und im nächsten Moment erscheint Sie und erzählt von einem wundervollen Ort. Ich nahm dieses Zeichen wahr und folgte der Information. Damit wurde dieses Zeichen aktiv in eine bewusste Handlung umgesetzt. Das nenne ich Synchronizität.

Um ein synchronistisches Ereignis zu erzeugen, bedarf es einer Absicht und einer Aufmerksamkeit. Das Zeichen wird als Möglichkeit erkannt, als Wink des Schicksals. Damit gewinnt die Information an Bedeutung. Und plötzlich ist es viel mehr als ein oberflächlicher Austausch zwischen zwei Menschen. Es ist die sprichwörtliche Weggabelung die sich hier auftut. Ein Moment der Inspiration entsteht, der Wink aus dem Universum. Mit dem Erkennen, dem Gewahrsein wird es zu einem Handlungsimpuls. Ohne diese Wahrnehmung, die die Information festhält, ist es nur ein vorüberfliegender Moment. Das Zeichen ist die Information, darauf folgt die bewusste Wahrnehmung, das Erkennen des Zeichens.

Zu anfangs der Begegnung war ich mir keineswegs bewusst, dass ich ein synchronistisches Erlebnis hatte. In dem Moment war ich einfach froh, dass mir irgend jemand einen Tipp gegeben hat. Erst später wurde mir die Bedeutung der Situation klarer.

Auch dies ist ein Phänomen meiner spirituellen Entwicklung: Nach und nach schulte ich mein Gewahrsein und erlebte Begegnungen und

Ereignissen aus einer bewussteren Haltung. Meine Aufmerksamkeit erreichte ein anderes Niveau. Ich schaute die Ereignisse an und suchte nach den möglichen Bedeutungen. Das erhöhte meine Wahrnehmung weiter, berührte aber auch Bereiche, die nicht ganz unproblematisch waren. Wenn nichts mehr zufällig erscheint und potentiell alles einen Sinn beinhaltet, dann kann das auch in die Irre führen.

So kam ich in verschiedene Situationen, die ich nicht mehr zu bewerten wusste. Ich kam mir mehr als einmal vor wie in einem großangelegten Schauspiel, in dem das Universum die Regie übernahm und ich der einzige Unwissende war. Dieses Phänomen kann durchaus auftreten. Damals fühlte es sich für mich so an, als wären irgendwelche Mächte am Werk, die etwas für mich inszenierten.

Ein weiteres Phänomen kann in diesem Zusammenhang auftreten. Und zwar wenn man beginnt überall in den Dingen der Außenwelt Zeichen zu erkennen und den notwendigen Abstand verliert. Dann ist Vorsicht geboten. Potentiell kann alles was in die Wahrnehmung rückt als Zeichen gedeutet werden. Eine Information, die man exklusiv für sich bestimmt identifiziert. Das kann sein: Ein beschriebener Zettel, der auf der Straße liegt, der Blick eines vorübergehenden Menschen, ein Werbeplakat oder ein Spot im Fernsehen, ein Autokennzeichen, was auch immer. Hier entsteht ein Universum multipler

Bedeutungseinheiten. Wie lässt sich das überschauen, wie filtern? Die Psyche kreiert aus allem Möglichen eine Information, aber das ist nicht immer richtig und auch nicht relevant. Es bedarf eines festen Geistes und eines klaren Verstandes die „wirklichen" Zeichen zu deuten. Wenn dies ausbleibt, kann es zu Verirrungen und gar psychischen Störungen führen.

Wenn man beginnt alles zu interpretieren und jeder Kleinigkeit eine Bedeutung zuschreibt, entsteht Paranoia. Der Mensch verliert seine Mitte und sein Unterscheidungsvermögen löst sich auf. Es gibt keine Entscheidungssicherheit mehr. Jeder Blick, jede Geste, jede Begegnung, alles im Grunde rückt einen selbst in den Focus. Das kann bis zum Verfolgungswahn führen. Man beginnt alles auf sich bezogen wahrzunehmen und befindet sich ohne Unterlass im Mittelpunkt des Geschehens.

Wenn das geschieht, ist man am Rande einer spirituellen Krise oder gar Psychose. Das muss aber nicht passieren. Es gibt Möglichkeiten diese Erfahrungen zu regulieren. Dazu mehr in Teil 2 meines Buches.

3.2 Lago Attitlán, Guatemala

Ich hatte mich also entschlossen, meine Pläne zu ändern und mich aufzumachen, diesen Ort in Guatemala zu finden. Kurzum es war eine abenteuerliche Reise. So kurz vor Sylvester waren die Überlandbusse alle ausgebucht und gestopft voll. Ich trampte, fuhr mit alten vollgestopften VW-Bussen und den lokalen Linienbussen. Stück für Stück immer weiter: `direction guatemala´. Das war mein Standardspruch und daraufhin wurde ich von einem Gefährt ins andere geschubst. Ich hatte letztlich überhaupt keinen Überblick wohin ich gelost wurde, aber ich ließ mich führen. Einfach Richtung Grenze und dann, weitersehen. So ging das den ganzen Tag und die halbe Nacht.

In irgendeinem Ort übernachtete ich in einem Hotel, das den Namen nicht verdient hatte. Das Zimmer hatte eher den Charakter einer Gefängniszelle, aber Hauptsache ein Bett. Nach der langen Reise fühlte ich mich wie gerädert. Am frühen Morgen machte ich mich auf zur letzten Etappe zum Lago Attitlán – es waren nur noch wenige Kilometer. Das Ankommen mit dem `local bus´ werde ich nie mehr vergessen. Im Bus drängten sich die Mayas, vornehmlich Alte, mit ihren wettergegerbten Gesichtern in ihren bunten, fast schrillen traditionellen

Gewändern und musterten mich neugierig, aber auch sehr freundlich, fast belustigt. Ich habe wohl ziemlich abgekämpft ausgesehen. Man erreicht das Tal in dem sich der See erstreckt über ein Hochplateau, das über 1000 m über dem Meeresspiegel liegt.

Wie aus dem Nichts lag plötzlich diese ungewöhnliche Morphologie mit den drei Vulkanen und dem See vor mir. Der See ist ein ursprünglicher Vulkankrater, also hier waren ursprünglich mal 4 Vulkane nebeneinander gruppiert. Welch ungeheure Kraft dieser Ort einst ausgestrahlt haben mag? Aus ca. 200 Metern blickte ich hinunter auf dieses Naturschauspiel. Vor mir lag die Hauptstadt am Lago, Panajachel. Es war noch früh am Morgen und die Sonne war soeben über die den See umgebenden Vulkane gestiegen und tauchte den Blick in ein sanftes, gelb-rosa Licht.

Der Moment war umwerfend und ich spürte in mir ein fast unbekanntes Gefühl im Herzen, das sagt: Du bist angekommen. Es war ein tiefer Friede in mir, aber auch riesige Freude, als würden mir mehrere Gesteinslagen vom Herz genommen, ein Moment wie ich ihn nur ganz selten in meinem Leben erfahren hatte. Ich denke, es war so besonders weil ich intuitiv spürte: Hier bin ich richtig. Das ist mein Platz.

Der Zufall, oder besser die Synchronizität hatte mich also an einen Ort gebracht, den ich mir so hätte niemals vorstellen können. Ich hatte niemals vorher vom Lago Attitlán gehört. Und nun lag er vor mir in all seiner Pracht. Die Schönheit und Harmonie, die Aura des Ortes, die Menschen - alles war perfekt, in diesem Augenblick. Erst später erfuhr ich, dass von Humboldt auf einem seiner unzähligen Reisen hier Halt gemacht hatte und über diesen Ort schrieb: `Es ist wohl einer der schönsten Plätze der Welt´.

Auch wenn ich kein Weltreisender bin, wie Humboldt es war, kann ich doch bestätigen, dass der See und die Mayadörfer von einer ganz besonderen Magie beseelt sind. Hier leben die Mayas wie vor Hunderten von Jahren. Die alten Mayasprachen Ciché oder Cakchiquel sind hier noch lebendig und selbst der Maya-Kalender findet im alltäglichen Leben in einigen dieser Gemeinden noch Ausdruck. Das alte Kulturerbe der Mayas lebt hier immer noch, obwohl die Missionare mit ihren Kreuzen bewaffnet, viele der indigenen Traditionen eliminiert haben.

Um den See gruppieren sich Gebirge und drei weitere große Vulkane, zwei davon direkt am Ufer des Sees. Der See selbst ist das gigantische Kraterloch eines einstigen monumentalen Vulkans. Wenn man sich nur vorstellt: Was war das für ein Anblick, als hier einst 4 große Vulkane eine massive hochexplosive Formation ausprägten. Welch unglaubliche Power dieser Naturspot hat! Ich glaube nicht, dass es einen vergleichbaren Ort auf dieser Welt gibt. Das ganze Gelände liegt, wie gesagt, auf einem Hochplateau 1000 m über dem Meeresspiegel und der Pazifik ist nicht allzu weit entfernt. Daher findet man hier ein besonders gutes Klima vor, dass im Jahresdurchschnitt so um die 20 Grad hat und vielleicht vergleichbar mit dem Klima der kanarischen Inseln, nur etwas gemäßigter. Bei den Mayas gilt der See als heilig, das Wasser verehren sie als Heilwasser und in ihren Legenden wohnt am Grunde des Sees ein Drache.

In irgendeinem Buch habe ich vor langer Zeit gelesen, dass der Lago Attitlán, das Nabelchakra der Erde sei. Also war ich an einem der energetischen Hauptzentren der Erde gelandet. Ich kann zwar nicht sagen, ob das der Wahrheit entspricht. Aber ich war an vielen dieser besonderen Orte und kenne ein wenig die hohen Energieströme, die Chakra-Orte so auszeichnet. Für mich jedenfalls war und ist die Aussage absolut stimmig. Der Lago Attitlán hat die Energieschwingung eines der sieben Hauptchakren der Erde, da besteht für mich kein Zweifel. Nicht nur das der Kratersee mit seiner felsigen Umfestung tatsächlich so anmutet wie der Nabel der Erde, sondern vor allem die Magie dieses Kraftortes, dessen Energien weit in den Kosmos hinausstrahlen. Und wie eine energetische Nabelschnur den Planeten im Kosmos verankert. Mit großer Regelmäßigkeit kann man über dem See das

Naturschauspiel von Wetterleuchten erleben, ein sichtbarer Ausdruck dieses besonderen Energieortes.

Sollte hier ein synchronistischer Zusammenhang mit mir persönlich bestehen? Denn was das Nabelthema betrifft, habe ich meine ganz persönliche Erfahrung gemacht. Ich unterbreche hier meine Reisebeschreibung und gehe zurück in der Geschichte zu meiner Geburt. Denn diese, meine erste, Reise in das Leben war nicht nur traumatisch, sondern auch tief symbolträchtig.

3.3 Leben und Tod oder wie man als Gehängter zur Welt kommt

Ich wurde am 30. November 1962 an einem verregneten Abend in einer Hamburger Privatklinik geboren. Es begab sich, dass ich mir beim Versuch durch den Geburtskanal zu kommen, die Nabelschnur um den Hals gewickelt hatte. Jeder Versuch ans Licht der Welt zur kommen, war ein Kampf um Leben und Tod, die Nabelschnur zog sich immer fester um meinen Hals. Ich wollte raus, konnte aber nicht. So ging es vor und zurück. Die eigene Lebensschur schnürte mir unbarmherzig die Luft ab. Letztlich schaffte ich es und kam tiefblau im Gesicht auf die Welt – ein blaues Baby, wie es im Volksmund heißt.

Die Privatklinik in Hamburg-Altona hatte keine entsprechende medizinische Ausstattung für einen Problemfall wie mich, also ging die Odyssee meiner Geburt weiter. Ich musste sofort ins nächstgelegene Krankenhaus gebracht werden. Dort fand ich mich unter dem wenig freundlichen Ambiente einer Beatmungsmaschine samt Plastikkuppel wieder. Heute noch habe ich manchmal das Gefühl, als hörte ich noch weit entfernt die klopfenden und pochenden Geräusche der gleichmäßigen Mechanik. Das war mein Gegensatzprogramm zur mütterlichen Geborgenheit. Aber ich war am Leben.

Ich war mir mein halbes Leben lang überhaupt nicht bewusst darüber, welche Spuren dieses Geburtserlebnis bei mir hinterlassen hatte. Ich kam gar nicht darauf mir dahingehend Gedanken zu machen. Erst durch die Beschäftigung mit den spirituellen Themen, kam ich eine Art Selbstreflexion. Es war die Zeit gekommen, dass ich nachzuspüren begann, was in mir zerstörerisch angelegt war und ich war endlich bereit dort hinzuschauen.

Sechsunddreißig Jahre nach meiner Geburt erwog ich schließlich eine Rückführung zu machen. Es war das Jahr 1998, mein Vater war in diesem Jahr verstorben. Für mich war es ein Jahr der Veränderung, meine Lebensthemen drängten an die Oberfläche. Der Tod meines Vaters hatte mich tief aufgewühlt und ich dachte viel über meine Herkunft nach und über das Thema Urvertrauen. Es war naheliegend, dass meine Geburt mir viel über meine Geschichte verraten konnte. Dazu kam dieses in mir innewohnendes bedrückende Gefühl, als würde mir ständig ein großer Brocken auf dem Herz liegen. Ich kannte diesen Zustand seit frühester Jugend. Eine Schwere im Brustbereich, wie eine dauernde Beklemmung, ein Druck auf den Rippen, der es verhindert, dass ich frei atmen konnte. Etwas lag wie ein dunkler Schatten auf mir.

In diesen Tagen nun, im Frühjahr 1998, hatte ich mich viel mit Reinkarnationstherapie, Familienstellen, Rückführung und Schamanismus beschäftigt. Ich suchte einen Weg, mehr über mich zu erfahren. Und schließlich wuchs der Wunsch in mir noch einmal zurück zu gehen in meine Geburtssituation.

Ich suchte mir also eine Reinkarnationstherapeutin. Ich war mir darüber im Klaren, dass ich mit diesem Schritt eine Schwelle übertrete. Zurück zu gehen in die Geburt ist ein metaphysisches Abenteuer. Es ist ein Abenteuer, bei dem man die Kontrolle aufgibt und sich dem stellt was sich zeigt. Ich war mir in diesem Moment, als ich über die Türschwelle der Therapeutin trat darüber im Klaren, dass mein Leben danach ein anderes sein würde.

Die Sitzung begann ganz unspektakulär. Die Therapeutin forderte mich auf, mich hinzulegen und zu entspannen. Es gab nicht einmal ein Vorgespräch. Dann ging eine Musik an und ich hörte die Therapeutin mit leiser Stimme sagen, ich solle ruhig atmen und mich langsam in Gedanken in den Jahren zurück begeben. Zuerst in die Kinderjahre und dann weiter zurück bis zur Geburt.

Es dauerte nicht lange, dann passierte es – ganz von allein. Als hätte meine Seele nur darauf gewartet die tiefe Erfahrung meiner Geburt noch einmal zu durchleben. Plötzlich bekam ich Herzrasen und mein Atmen stockte. Es war dunkel und ich schwamm in einer Flüssigkeit und drehte mich. Gleichzeitig merkte ich, wie mein Körper überall anfing zu zittern. Und das wurde stärker und stärker. Ich hatte das Gefühl, dass jede meiner Zellen zu vibrieren begann. Es war viel intensiver als ein Zittern, wie man es vom Frieren kennt. Das Vibrieren kam von ganz tief Innen und füllte alles aus. Und dann kamen die Tränen. Es war ein Wasserfall an Tränen und ich spürte einen so unendlich tiefen Schmerz. Kein physischer Schmerz, ein Schmerz aus der Seele, wie ein stiller anhaltender Schrei. Ein Schmerz geboren aus Angst und Dunkelheit. Allein und hilflos in einer unendlichen Leere. Nirgendwo ein Haltepunkt oder Rettungsgriff, ein Dahindriften im dunklen Nichts. Ich ergab mich diesem Gefühl, konnte gar nicht anders, war willenlos und ohne Schutz. Das Vibrieren des Körpers wurde stärker und stärker. Dann nahm ich wahr, wie mein Körper sich zu krümmen begann. Irgendetwas zog mich zusammen, unaufhaltsam, gesteuert von höherer Macht. Ich krümmte mich bis zur Embryonalstellung. Die Hände verkrampften sich und die Handgelenke waren wie von Geisterhand geknickt – ich fühlte mich mit Gewalt in diese Stellung hineingezwängt. Es gab keine Möglichkeit der Gegenwehr.

War das die Todesstellung, war ich an der Barriere zwischen Leben und Tod? Panik, ein letzter Reflex des Lebens. Erlebte ich den letzten Augenblick vor der Schwelle? Ich sah nichts als Schwärze und erlebte meinen eigenen körperlichen Kampf, ohne dass ich etwas kontrollieren konnte. Reine körperliche Reaktion. Geist und Seele – jenseits von Worten und Denken. Für mich fühlte sich all das an wie eine Ewigkeit.

Plötzlich sah ich Bilder vor meinem inneren Auge. Da war ein Licht, erst unscharf, dann erkannte ich eine Deckenleuchte. Ich sah eine regennassen Glasscheibe. Ich war in einem Auto, es regnete. Und dann wurde ich getragen mit schnellen Schritten. Die Lichter über mir waren vorbeifliegende Neonleuchten in einem langen Gang. Ich sah ein Gesicht, eine weiße Haube auf dem Kopf. Es muss die Krankenschwester gewesen sein. Sie trug mich eilig. Die Bilder waren vollkommen real. Und dann lag ich unter dieser Glaskuppel. Ich erlebte dies aus einer neutralen Beobachtung, ohne eine Empfindung. Die körperliche Verfassung kann ich zu diesem Zeitpunkt gar nicht genau beschreiben. Ich erinnere mich vor allem an diese Bilder. Doch dann spürte ich plötzlich eine Erleichterung. Der Sauerstoff der Beatmungsmaschine strömte in meine Lungen. Ich konnte atmen, endlich. Der Überlebenskampf war zu Ende. Ich hörte das regelmäßige Pochen der Beatmungsmaschine, wie einen fremden Herzschlag. Ich kam in die Entspannung, beruhigte mich.

Diese Erfahrung war so rasend, heftig und tiefgehend realistisch, dass ich noch Tage und Wochen nach der Rückführung im Bann dieser Ereignisse stand. Auf wackeligen Beinen verließ ich die Praxis.

Merkwürdigerweise erinnere ich mich überhaupt nicht daran, was die Therapeutin noch gesagt hat oder daran wie wir uns verabschiedet haben. Es war nicht von Bedeutung und ich befand mich noch wie in einer Art Trance.

Mein Blick in die natürliche Welt war unsicher und verklärt. Ich stand an der Straße. Alles war gleißend hell, als wäre mein Sehsinn übersensibilisiert. Ich war förmlich geblendet von der Helligkeit des Tages und ich taumelte, war zunächst Orientierungslos. Es dauerte einige Momente bis ich überhaupt wusste wo ich war. Ich lief einige Schritte, einfach nur um den Boden unter meinen Füssen zu spüren und nach und nach kam ich mit meiner Seele zurück in die Gegenwart.

Niemals hätte ich angenommen, dass so etwas überhaupt möglich ist. Seine eigene Geburt nochmals zu erleben, mit derart präzisen Sinneseindrücken und all den körperlichen Empfindungen. Als wäre eine Schublade in meinem Unterbewusstsein geöffnet worden. Wie aber konnte es überhaupt sein, dass ich als Embryo visuelle Eindrücke hatte – ja, tatsächlich Situationen gesehen habe, obwohl die Augen geschlossen waren? Es ist ein mittlerweile auch von der Wissenschaft anerkanntes Phänomen, dass auch das ätherische Wesen, oder das Seelenwesen selbst sinnliche Eindrücke speichern kann. Selbst in alle Leben und Inkarnationen zurück.

Nun, war ich derjenige, oder besser meine Seele, die diese schwierige Geburt als Blaupause in mein Leben mitgebracht hat. Das Prägemuster das in mir wohnte, war karmische Bestimmung. Die Folge waren die Empfindungen, wie das Eingeschnürt-Fühlen, die Atemnot, der Schatten auf der Seele. Es ist ein Teil meines Lebens, meiner Bestimmung. Ich sollte die lebensbedrohlichen Gewalt in dem Zustand größtmöglicher Hilflosigkeit erleben. In dem Moment zu Beginn des irdischen Lebens hatte ich den Tod vor Augen. Es ist das Prägemuster eines spirituellen Kriegers.

Ein Bild fällt mir dazu noch ein, dass ich mehrfach in meinem Leben geträumt hatte. Ich sitze zusammengekauert in einer riesigen Wüste bei einem Sandsturm, den Gewalten schutzlos ausgeliefert. Ich bin gehäutet und der Wind peitscht um mich herum. Millionen von Sandkörnern prasseln auf mich ein, wie Nadelstiche in wundes Fleisch.

Ich träumte ein Trauma. Was aber sollte mir dieser Traum zeigen? Ich kam mir vor, wie der letzte Mensch auf Erden in der Gewalt brutaler Elemente. Was war die Bedeutung? Was hatte ich getan, um so etwas zu erleben? Und war es nicht erstaunlich, dass ich im Sturm überlebe? Ich finde bis heute darauf keine Antwort, aber vielleicht war es eine Interpretation des Unterbewusstseins auf meine Geburtssituation.

Ich fragte mich natürlich, was diese Grenzerfahrung bei der Geburt, bei mir ausgelöst hatte. Inwieweit sollte dies mein Leben bestimmen? War damit bereits festgeschrieben, dass ich niemals eine eigene Familie gründen werde, weil es mir an Urvertrauen mangelt. Und das ich niemals eigene Kinder haben würde? War es festgeschrieben, dass ich ausbrechen musste, ganz gleich ob ich nun einem tollen Job hatte und in einer schönen Wohnung lebte. War es meine Bestimmung, den Aufbruch zu unbekannten Ufern zu wagen, jenseits der materiellen Realität? War ich bereits zu Beginn meiner Geburt als Heimatloser abgestempelt? Ja, irgendwie fühlte sich so an.

Alles lief letztlich darauf hinaus, dass ich gar nicht anders konnte, als das Gewohnte zu verlassen. Nur hatte ich es nicht erkannt bis dato. Erst heute ergibt das einen Sinn und ich bin dankbar dafür, dass ich all das erleben durfte, auch wenn es mitunter nicht ganz einfach war. Aber es war und ist auch eine Gunst etwas Außergewöhnliches zu erleben. Das ist mir heute klar!

Nach diesen Beschreibungen über meine Geburt fällt es nicht ganz leicht an die Erzählung meiner Reise in Guatemala anzuknüpfen. Ich hoffe dem Leser gelingt es sich an die Bilder die ich am Vorabend zu dem Jahrtausendwechsel vor mir hatte, zurückzuerinnern.

Ich war am Lago Attitlán angekommen und von der Schönheit des Anblicks überwältigt. Momente voller Staunen, als ich auf den See und die Vulkanlandschaft hinunterblickte. Die Szenerie war in ein bezauberndes goldrosa Licht gehüllt. Ich spürte wie mein Herz aufging, ein Empfinden wie eine tiefe heilsame Befreiung. Ich hatte zum ersten Mal in meinem Leben das Gefühl angekommen zu sein.

War ich bereits am Ende einer Heldenreise, wie sie Hajo Banzhaf in seinem Buch über die mythologische Reise durch die Arkanen des Tarot beschreibt, angekommen? Ich, der Gehängte (Geburt), der loslief wie der Narr, um die Welt zu erkunden, letztlich auf der Suche seiner Herkunft und schließlich in die Heimat, an den Nabel der Welt, gelangte!

An diesem 31. Dezember 1999 war ich in zweifacher Hinsicht angekommen. Alles in mir signalisierte `Ja´ aus tiefstem Herzen, ein Zustand weitaus mehr als ein momentanes Glücksgefühl. Der Ort hatte mich in der Sekunde überwältigt und mich sogleich aufgenommen. Nie zuvor war ich von solcher Klarheit und Zuversicht erfüllt und niemals hatte ich diese Unbeschwertheit im Sein wie in den kommenden Wochen.

3.4 San Marcos La Laguna, Lago Attitlán

Mit diesem Gefühl begab ich mich in die beschauliche Hafenstadt Panajachél. Die Hauptstraße des Ortes ist bunt und immer belebt, mit den Geschäften, Saft-Bars und den vielfältigen Einkaufsmöglichkeiten. Überall an den Straßen verkaufen Mayas ihre Kunstartikel an die vorbei schlendernden Touristen, meist bunt gestickte Stoffe und andere Handarbeiten mit ihren traditionell bunten Farben. Ich begab direkt zum Anlegesteg, wo die Boote in der leichten Brise auf dem Wasser schaukeln. Ich wollte auf direktem Weg nach San Marcos La Laguna, diesem Ort den mir die Amerikanerin genannt hatte.

Die blauweißen Transportboote werden von emsigen, jugendlichen Mayas gesteuert. Sie managen den gesamten Personen und Warenverkehr um den See. Von Panajachél aus geht es zu den einzelnen Dörfern rings um den See, denn es gibt keine durchgängige Straße. Der gesamte Verkehr geht über die Boote, die im regelmäßigen Turnus, die Anlegepunkte um den See abfahren.

Der See ist belebt von einer eigentümlichen Dynamik, als würde ein Drache tief unten in seiner Launenhaftigkeit die Wellen diktieren.

Tatsächlich gibt es bei den ansässigen Mayas die Sage, dass ein Drache im See lebt. Manchmal meint man auf offener See zu sein, so stark ist der Wellengang, als würde der Drache mürrisch das Wasser aufwühlen. Die Boote kommen nur mühsam über den meterhohen Wellenkamm. Und manchmal ist der See ganz smooth und ruhig, sanft und melancholisch, dann wenn der Drache schläft oder einfach seinen guten Tag hat.

Die Überfahrt von `Pana´, wie man es hier abgekürzt nennt, nach San Marcos dauert bei ruhiger See knapp eine halbe Stunde. Das erste Ankommen in San Marcos war für mich, als würde ich in einem Traum wandeln. Die Romantik war wie in eine Bildergalerie eingefangen. Der aus alten Brettern zusammen gezimmerten Anlegestelle, die wacker die Jahre überdauert hat und dem See brüchig entgegen trotzte. Die schmalen, staubigen Pfade gesäumt von riesigen Bougainvillea und vereinzelten Kaffeebäumchen. Hier und da Bananenstauden und Palmen. Vorbei an den ersten fantasievollen Posadas und dem spirituellen Zentrum `Las pyramidas´.

Dann weiter entlang an Blumengärten, in der Luft der entfernte Geruch nach Maistortillas und Frijoles. Ein Pfad inmitten der Schönheit der Blüte von Kaffeebäumchen, sanft nach oben führend auf den staubigen Dorfplatz, mit den zwei kleinen Maya Tiendas, der Kirche und dem Fußballplatz. Ein Idyll, in der die Zeit eine andere Taktung hat und den Betrachter sogleich verzaubert, ihn innehalten lässt und in eine einzigartige Atmosphäre einhüllt. Eine Ruhe geht von diesem Ort aus, die zunächst, ganz ungewohnt, ein wenig irritiert und die Farben und Vielfalt der Natur erscheinen wie aus einem impressionistischen Gemälde.

Ein Meer aus Blumen und Farben, massive Vulkane ringsherum, der in Blautönen schimmernde See, wie von Künstlerhand gemalt. Hier leben die Mayas in ihren traditionellen Lehmhütten, dicht an dicht gedrängt. Untereinander Schutz gebend. Nicht unten am See haben sie ihre Siedlung gebaut, sondern etwas nach hinten versetzt an den Hängen der umgebenden Berge. Nie würden die Mayas direkt am See ihr Haus bauen, wie es die Hinzugereisten bevorzugen. Nach einer alten Mayalegende wird eine gewaltige Überschwemmung kommen, wenn der Drache sich über die Menschen erzürnt und grollend aus den Tiefen des Sees an die Oberfläche kommt. Dann steht die Apokalypse bevor.

Nahe dem Seeufer hat sich eine kleine internationale Gemeinde aus Amerikanern, Italienern, Franzosen und einigen Deutschen formiert, die ersten sind Mitte der 80 er Jahre hier gestrandet. Ihre Häuser, Posadas und Restaurants säumen die Wege zum See. Es ist keine feste

Community, wie man vielleicht denken könnte. Nein jeder ist hier irgendwann angekommen und hängengeblieben und macht sein persönliches Ding.

Es war der letzte Tag des 2. Jahrtausends und schnell lernte ich Leute kennen, war auf den Sylvester-Partys eingeladen. Es fühlte sich alles perfekt an. In diesen Tagen und Zeiten waren viele Backpackers hier in San Marcos und die Stimmung war von dem neuen beginnenden Jahrtausend beseelt. Viele der in San Marcos angeschwemmten Rucksacktouristen wollten einfach hier bleiben, an diesem Ort und einige entschieden sich spontan ein Stück Land zu kaufen, um ein Haus zu bauen.

Es war geradezu eine Welle. Fast jede/r wollte hier bleiben. Und alles schien so einfach und problemlos. Es gab genug Land zu kaufen, die Preise waren erschwinglich und bauen konnte man wie man wollte. Auch ich geriet in diesen euphorischen Strudel und schon bald schaute ich mich nach einem Stück Land um. Die folgenden Wochen und Monate waren wunderschön. Ich hatte eine fantastische Zeit. Schon nach ein paar Tagen hatte ich ein kleines Haus gemietet und schon bald war für mich klar: An diesem Ort will ich leben. Ich sollte drei Monate am Lago verbringen. Bereits nach 6 Wochen hatte ich ein kleines Haus mit 2000 qm Gartengrundstück gekauft.

Wie sich der Leser denken kann, hatte ich eine Reihe von Erlebnissen in dieser bewegten Anfangszeit, aber ich will an dieser Stelle nur von denen berichten, die zur Thematik der Synchronizität passen oder für mich wegweisend sein sollten. Denn auch wenn ich an ein Ziel angekommen war, ein Ort gefunden hatte, der mich so sehr in seinen Bann gezogen hatte, bedeutete es auf der anderen Seite, mein komplettes Leben in Deutschland hinter mir zu lassen. Und das hieß, meinen Beruf als Fernsehjournalist, den ich über 10 Jahre durchaus erfolgreich ausgeübt hatte und alle damit verbundenen materiellen Sicherheiten aufzugeben. Darüber hinaus bedeutete es auch von meiner Familie, meiner Mutter und Schwester, samt deren Familie weg zu ziehen. Das war kein leichter Schritt.

Dennoch mein Wusch nach Freiheit und ein Leben jenseits der Konvention war so groß, dass ich bereit war auch die Ungewissheit der vor mir liegenden Zukunft in Kauf zu nehmen. Und obwohl ich nun einen Platz gefunden hatte, blieb ich in vielerlei Hinsicht immer noch ein Suchender – auf der Suche nach meiner Bestimmung und der Frage: Wer bin ich und warum bin ich hier? Ich war also noch lange nicht am Ziel angekommen.

3.4.1 Aumrak, Ajpúu und Mr. Chip

Schnell lernte ich die Leute kennen, die hier in San Marcos La Laguna lebten und auf irgendeine Art ihr Leben gestalteten. Seitdem ich am Lago war, hatte ich das Gefühl wieder in einer ganz speziellen spirituellen Aura zu sein. Einerseits fühlte ich mich zentriert und in mir klar und fest. Aber andererseits war da etwas Subtiles, was mich herausforderte, was ich aber nicht greifen konnte.

Eine eigentümliche Aura beherrschte diesen Ort, als wäre dieser See in einem eigenen, festen Energiefeld, das an die Außenwelt zwar angekoppelt war, aber in sich eine autarke Dimension hatte, die einen einfing wie ein Aphrodisaikum.

Nun, da ich beschlossen hatte hier zu leben, musste ich mir darüber Gedanken machen, was ich hier eigentlich tun wollte. Wie sollte mein Leben aussehen? Nun war ich auf der Suche nach meiner Vision. Eine Vision, die mir Klarheit über mein Dasein und mein weiteres Tun geben konnte. Aus diesem Grund verabredete ich mich mit der Schamanin Aumrak zu einer schamanischen Sitzung. Vielleicht erfuhr ich auf diesem Weg etwas über meine Bestimmung. Aumrak und ihr Freund André lebten bereits seit einigen Jahren hier in San Marcos. Beide sollten dafür sorgen, dass ich in diesen Tagen am Lago Attitlán den

Mayanamen „Ajpúu" (gesprochen: Achpuu) bekommen sollte. Aumrak, als Schamanin und André als IT-Spezialist aus Frankreich, der ein eigenes Programm für die Interpretation des Maya-Kalenders entwickelt hatte und damals Tag und Nacht, Zigaretten rauchend, an seiner Software arbeitete. Ich werde dieses Bild nie mehr vergessen: Da saß André mit seinen langen graumelierten Haaren in seiner baufälligen Hütte vor einem Computer, rauchte eine Selbstgedrehte nach der anderen und bastelte an dieser hochkomplexen Software, in diesem Bild trafen förmlich Welten aufeinander.

In der schamanischen Sitzung bei Aumrak sollte ich die Pakal-Haltung einnehmen. Pakal hieß der Herrscher von Palenqué, dessen Grab man gefunden hatte, mit dieser außergewöhnlichen Grabplatte. Darauf ist abgebildet, wie er, Pakal, wie in einer Art Raumgefährt sitzt. So zumindest hat es Wolfgang von Däniken und andere interpretiert.

Die Pakal-Haltung geht folgendermaßen. Man liegt auf dem Rücken und winkelt beide Beine zu einem 45 Grad Winkel an. Am besten mit den Füssen gegen eine Wand gestützt. Dann folgt der langsame Trommelschlag. Ich vernahm eines leises Lied von der Schamanin gesummt. Aumrak forderte mich auf ganz tief zu atmen und dabei schneller zu werden. Immer tiefer und immer schneller, bis nah an das

Hyperventilieren. Das tat ich, ich atmete und atmete, immer tiefer, bis ich nur noch einen grenzenlosen dunklen Raum wahrnahm.

Ich war gefühlt im Nirgendwo und erinnere mich noch: wieder flossen die Tränen ganz ungehindert aus mir heraus. Ich kann mich zwar an keine Bilder oder Empfindungen in dieser Tiefenmeditation erinnern, aber dieses extreme Vibrieren meiner Zellen, wie damals bei der Rückführung war wieder da. Als würde ein Hochfrequenzmotor in meinem Körper alle meine Zellen in Vibration versetzen. Es ist ein Zustand nahe der Panik, weil er völlig ungesteuert und ungebremst abläuft. Das Vibrieren steigert sich nahe ans kollabieren. Das war der Zeitpunkt als Aumrak die Sitzung abbrach.

Von weit entfernt hörte ich Aumrak`s Stimme. Sie rief mich zurück ins Bewusstsein. Benommen erwachte ich aus der Trance und setzte mich auf. Aumrak schaute mich an und sagte:

„Du bist Ajpúu – das habe ich gesehen"!

Im Maya-Kalender gibt es 20 Hauptzeichen, oder Götterzeichen, ähnlich wie unser Horoskop 12 Sternzeichen hat. Im Maya-Kalender sind dies kosmische Zeichen und jeder Mensch trägt die Energie eines dieser Hauptzeichen. Ich hatte mich zuvor schon etwas mit dem Maya-Kalender befasst und einige Bücher verschlungen. Das letztlich irritierende bei meinen Studien war, dass es in der Wissenschaft offensichtlich eine Vielzahl unterschiedlicher Interpretationen des Kalenders gab und immer noch gibt – bis heute existiert keine einheitliche wissenschaftliche Darstellung.

Anders gesagt, die Wissenschaft hat bis heute den Maya-Kalender noch nicht eindeutig erforscht, auch wenn sich die westliche Schule mehr oder weniger auf eine Interpretation geeinigt hat! Nun war ich also in einer schamanischen Sitzung zum Ajpúu geworden. Im Maya-Kalender bedeutet das Zeichen Herr oder Fürst und steht für den Sonnengott. Interessant, dachte ich. Zuletzt war ich noch der `Warrior´, also der Krieger, nach der Interpretation von José Argüelles. Das Mayazeichen kann sich jeder anhand des Geburtsdatums, und des Geburtsortes errechnen, ähnlich wie beim Horoskop.

Nun war es wohl einer dieser berühmten Zufälle (!), dass André, dieser geniale IT-Spezialist ein eigenes Programm entwickelt hat, um den Maya-Kalender zu dechiffrieren. Seine ganz eigene Interpretation des Maya-Kalenders. Woher er seine Informationen bezogen hatte, habe ich nie erfahren. Ich vermute aber, dass es über die Schamanen am Lago gelaufen ist. Hier am Lago Attitlán, im Nirgendwo Zentralamerikas, so weit entfernt von der technischen Zivilisation und

Wissenschaft, sind die mündlichen Überlieferungen noch am Leben und sie werden immer noch im Geheimen behandelt.

André schien einen Schlüssel gefunden zu haben, jenseits der Forschung der herkömmlichen Schulen. Ich hatte alle Mainstream – Interpretationen und Rechnungen ausprobiert. Bei keiner dieser Zählungen kam Ajpúu oder Ahau als mein Hauptzeichen heraus. Nur bei Andrés Kalkulation. Er war an der Quelle, bei den Mayas und viele Schamanen am See lehren und praktizieren den Kalender wie die Vorväter.

Hier haben die mündlichen Überlieferungen, der aufoktroyierten `Zivilisierung´ der indigenen Bevölkerung getrotzt und sind nach wie vor am Leben geblieben. An diesem doch überschaubaren kleinen Fleck, existiert noch die Tradition der alten Mayas in vielen Lebensbereichen und in den Dörfern sprechen sie noch die unterschiedlichen Mayadialekte Cakchiquel und Chiché. Es gibt wohl keinen vergleichbaren Ort, wo die alte Mayakultur sich auf so engem Raum in ihren verschiedenen Ausprägungen erhalten hat, wie am Lago Attitlán in Guatemala!

Und genau hierhin hat es den IT-Spezialisten André getrieben, der sich zur Aufgabe gemacht hat, den Maya-Kalender zu entschlüsseln. So ganz abgeschieden für sich und ohne auf die Publizität in der Welt zu achten. Es war einfach sein Herzensprojekt und intuitiv wusste ich:

Sein Kalender ist der Richtige. Nachdem ich jahrelang so gut wie die komplette Literatur über den Stand der Forschung gelesen hatte, bin ich nach San Marcos La Laguna gekommen, um in einer schlichten Holzhütte André dem IT-Spezialisten zu begegnen, der mir schmunzelnd mein Mayazeichen bestimmte. Das war: Wow!

André war ein lustiger, immer freundlicher und etwas verschrobener liebenswerter Mensch, der mich ein wenig an Einstein erinnerte. – Immer den Schalk im Nacken. Er zeigte mir seine Arbeit am PC und ich war schwer beeindruckt über die Komplexität seines selbstentwickelten Programms. André ging mit den Figuren aus dem Kalender sehr liebevoll und auch irgendwie kindlich naiv um, fast spielerisch und gleichzeitig entwickelte er dieses hochkomplexe Software-Rechenprogramm über die Zählung des Kalenders. Man musste nur den Tag der Geburt und den Geburtsort eingeben und schon kam das Ergebnis. André fügte mein Geburtsdatum ein und sofort spuckte der Drucker mein Profil auf zwei Seiten aus. Dargestellt ist nicht nur das Hauptzeichen mit der individuelle Zahl, sondern eine vielschichtige Analyse mit diversen Nebenzeichen, Tonagen und Querverbindungen. Ein Charakterbild erscheint, mit all den komplexen Aspekten, die jeder Mensch hat.

Mein Ausdruck ergab: Ich bin Ajpúu, im Ton: 6, tatsächlich.

Das war die Bestätigung, die die schamanische Sitzung mit Aumrak erbracht hatte. Ich dachte nur: Das gibt es nicht! Ich war gerade mal vielleicht 2 oder 3 Wochen in San Marcos und schon hatte ich einen Mayanamen bekommen. Es fühlte sich wieder wie eine Bestimmung an. Das Besondere war, dass mein Name bald im ganzen Dorf bekannt war und selbst die kleinen Mayakinder auf der Straße riefen bald laut: „Ajpúu", wenn ich vorbei lief. Das war etwas so Besonderes und noch heute, wenn ich darüber schreibe, bekomme ich eine Gänsehaut. Das die Mayas selbst mich nach so kurzer Zeit auf diese Art und Weise willkommen hießen, war unbeschreiblich und erfüllte mich mit Stolz.

Selbst die Alten in den Tiendas begrüßten mich mit meinem neuen Namen und meine jungen Mayaarbeiter, die mir beim Ausbau meines Grundstücks halfen, riefen ständig: Ajpúu. Diese Wochen und Monate waren die glücklichste Zeit meines Lebens. Ich fühlte mich aufgenommen und heimisch, an diesem bezaubernden Platz.

Ich fühlte mich bestätigt, am richtigen Ort zu sein. Schon bald begann ich mir Gedanken zu machen, wie ich hier in San Marcos mein Leben aufbauen könnte. Denn auch hier, braucht man ein wenig Geld zum Überleben.

San Marcos ist ein Ort mit besonderer Anziehungskraft und mit dem spirituellen Zentrum `Las pyramidas´ kamen von Jahr zu Jahr mehr

Backpacker aus der ganzen Welt, um hier ein Retreat zu machen. Ich hatte die Vision ein Zentrum zu eröffnen, um mit Menschen zu arbeiten und meine Heilarbeit zu praktizieren. Ich sprach mit den Leuten, die hier schon lange lebten.

Einer von ihnen, wiederum ein Franzose, Michelle lebte schon seit über 10 Jahren zu diesem Zeitpunkt am See. Er war mit einer Mayafrau verheiratet und hatte 2 Kinder. Michelle organisierte alles ums Bauen und Konstruieren herum und führte um 20 bis 30 jungen Mayas an, die fleißig und kreativ alles umsetzten und bei Michelle ihr Geld verdienten. Man konnte bauen, wie man wollte und seiner Phantasie freien Lauf lassen, zumindest im kleinen Maßstab. Ganz ohne Bauvorschriften, Regeln und Beschränkungen.

Michelle half mir beim Landkauf. Er vermittelte mir Kontakte zu den Einheimischen. Und fast täglich kamen ältere Mayas zu mir, um mir ihr Land zu zeigen, dass sie verkaufen wollten. Für sie war es ein lukratives Geschäft mit den Touristen und so mancher konnte sich sein Zähne vergolden mit dem Landverkauf. Die Formalitäten waren auch schnell erledigt, natürlich musste man einiges beachten, zum Beispiel ob man einen eigenen Weg zu seinem Grundstück hat, oder ob eine Wasserleitung vorhanden ist. Natürlich wurde auch eine Reihe von Ausländern von findigen Mayas über den Tisch gezogen und falsche

Grundstückspapiere kursierten in dieser Zeit recht häufig. So recherchierte ich alles Notwendige in den nächsten Wochen. Michelle war mir ein guter Berater. Alles schien recht einfach machbar. Nur eben der Faktor Geld war noch offen.

An dieser Stelle will ich eine Episode erzählen, die sich in diesen Tagen abspielte. Meist bin ich am Morgen zu den Felsen am See gegangen, die die kleine Bucht von San Marcos säumen. Die riesigen Gesteinsbrocken sind tolle Liegeplätze man hat einen grandiosen Blick auf den Vulkan am anderen Ufer. Gewaltig türmt er sich über hunderte Meter in die Höhe, dazwischen das kühlende, tiefe Wasser des Sees, ein einzigartiges Naturspot.

Wenn ich mich heute zurückerinnere, wie ich so oft durch die dichtbewachsene Bucht am See wanderte, um zu den Felsen zu gehen, kommen mir all die Gerüche und Sinneswahrnehmungen in Erinnerung. Ich liebte diese Wege und diese märchenhafte Idylle. Die Gärten und Häuser der internationalen Gemeinde, inmitten von Maya Adobehäusern. Die blühende Pracht exotischer Pflanzen, überall Palmen, Avocadobäume, höher als jedes Haus. Kaffeeplantagen und Bananenstauden sprießten überall aus der fruchtbaren Erde. Mich ergreift eine tiefe Melancholie, gemischt mit einer freudigen Erinnerung, aber überwiegend auch eine Sehnsucht nach den vergangenen Tagen.

Ich spazierte an diesem späten Vormittag wieder einmal zu den Felsen, um zu schwimmen und im Anblick der großen Vulkane zu meditieren. Immer wieder dachte ich: Was für ein Panorama, es ist einfach wundervoll. Die am anderen Ufer gelegenen Natur-Pyramiden erheben sich hunderte Meter in einer gewaltigen Kulisse in den Himmel als könnte man sie anfassen, nur getrennt durch die tiefblaue sanfte immer in Bewegung befindliche Transzendenz des Wassers. Ich spüre jetzt, ich bin dort, auf dem Felsen, die Sonne wärmt die Haut, ich bin in einem Traum.

An diesem Tag sollte ich meine Brille im See verlieren, als ich von den Felsen, etwa aus knapp 3 Meter Höhe in den See sprang. Ich hatte einfach vergessen, dass ich die Brille noch aufhatte. Jetzt hatte sie der See geschluckt. Warum mir das passieren sollte? Gute Frage, vermutlich ein Aufmerksamkeitsdefizitproblem, jedenfalls konnte ich keinen tieferen Sinn erkennen. Ohne Brille war ich nahezu aufgeschmissen, soviel war sicher. Nicht so sehr in San Marcos, da hier alles sehr übersichtlich ist. Aber allein die Gesichter auf den Straßen auf kurze Distanz nicht zu erkennen, war sehr unangenehm. Und wenn es mal nach Panajachel ging zum Einkaufen musste ich blinzelnd die Geschäfte suchen.

Ich schlug mich also ohne Brille die nächste Zeit durch, da ich auch kein Geld hatte mir eine Brille nachmachen zu lassen. Und dann traf ich Mr. Chip. Tatsächlich, das ist kein Witz. An diesem entfernten Spot, mitten in Guatemala lernte ich den Menschen kennen, der den ersten PC-Chip entwickelt hat und in die Geschichte als Mr. Chip eingegangen ist.

Das erzählte er mir so ganz beiläufig, als wir uns in San Marcos beim Orangensaft in einer Bar kennenlernten. Er erzählte mir auch, dass er irgendwann aus allem ausgestiegen sei, nachdem seine Beziehung gescheitert war und er ein neues Leben begonnen hat. Wenn ich mich recht erinnere, hat er erzählt, dass er Kindererzieher geworden ist. Er, Mr. Chip ein Multimillionär wollte etwas Sinnvolles machen!

Das Scheitern seiner Beziehung, habe ihm seine Augen geöffnet, für das was wirklich wichtig im Leben ist. Der ganze Ruhm und das ganze Geld, hatte ihn seine Liebe gekostet. Aus diesem Grund hat er alles hingeschmissen, um als Kindererzieher zu arbeiten. Was für ein Mensch.

Er war ein sehr sportlich wirkender Mann, mit einem immensen Brustkorb und einem Glatzkopf. Als ich ihm von meinem Mischgeschick mit meiner Brille erzählte, bot er sich an danach zu tauchen, denn Mr. Chip war auch Hobby- Freitaucher! – Welch ein Zufall!!! Daher der immense Brustkorb, dachte ich noch. Ich hatte tatsächlich keine große Hoffnung meine Brille je wieder zu finden. Aber ich dachte, was soll´s – ein Versuch ist es wert.

So verabredeten wir uns für den nächsten Tag am See. Ich zeigte ihm die Stelle auf dem Felsen, der zu einem vorgelagerten kleinen Berg gehörte und auf der einen Seite die Bucht von San Marcos markiert. Der See ist sehr tief und dunkel und es ist fast unmöglich nach 1 Meter Tiefe noch etwas zu erkennen. Und aufgrund des Kraters, fällt der See abrupt tief ab – also kein leichtes Gefälle, wie an anderen Stellen vorne am Strand. Da ich von oben abgesprungen war, deutete ich so ungefähr auf die Stelle im See, in die ich eingetaucht war. Ich dachte nur, oje, das ist ein Ding der Unmöglichkeit. Der Seegrund liegt wahrscheinlich mehr als 10 Meter tief und es ist stockdunkel da unten.

Egal, Mr. Chip war guter Dinge und sprang – und tauchte ins dunkle Gewässer. Er tauchte und tauchte und nach einiger Zeit dachte ich, er muss doch langsam wieder hochkommen. Schließlich tauchte er mit einem tiefen Luftholen an die Oberfläche. Als er nach Luft schnappte, war er hochrot im Gesicht und winkte ab. Dann meinte er: Er wäre sehr tief gewesen, aber er sähe nicht die Hand vor Augen. Also mission impossible – wie ich schon dachte. Da kann man nichts machen. Aber nicht so Mr. Chip - er versuchte es noch einmal und nahm einen gewaltigen Atemzug. Wieder verging die Zeit im Schneckentempo – er hatte wirklich ein unglaubliches Lungenvolumen und ich weiß nicht wie lange er unten geblieben ist, für mich war es eine gefühlte Ewigkeit.

Und dann kam er an die Oberfläche. Zuerst kam die Brille in seiner Hand an die Oberfläche und dann Mr. Chip. Das gibt es nicht!!! Das kann nicht sein. Dieser Typ hat tatsächlich meine Brille in der Hand. Dieses Bild werde ich nie vergessen. Der nach oben gestreckte Arm mit der Brille in der Hand und Mr. Chip, grinsend von einem Ohr bis zum anderen, hochrot im Gesicht und nach Luft schnappend wie ein Walross. Wenn das keine Magie war! Er erzählte mir, dass er rein gar nichts gesehen habe und gerade noch genug Luft hatte, um an den Seegrund zu kommen. So ist er unten angekommen und hat mit der Hand einmal zugegriffen. Tatsächlich: **Einmal** – in völliger Finsternis. Mehr Luft hatte er nicht….Und er hatte die Brille in der Hand. Das grenzte an ein Wunder! Ich hatte sie nur etwa 1 Woche zuvor verloren.

Mr. Chip wollte nicht als Finanzhelfer für mein Heilzentrum einspringen. Er meinte unter Freunden solle es nicht um Geld gehen. Aber Mr. Chip hat mir meine Brille wiedergebracht – ich konnte wieder scharf sehen!

Klare Sache, Botschaft angekommen. Danke!

Nach nur 6 Wochen am See, hatte ich ein kleines, blaues Häuschen, mit einigen Muscheln verziert, von einer Amerikanerin gekauft, die hier schon seit 2 Jahren lebte. Es war ein Traum…! Das Grundstück war nur ein paar Minuten vom Dorfplatz Richtung Hinterland. 2000 Quadratmeter Grundstück mit 8 riesigen Avocadobäumen, Bananenstauden und nahe beim Haus ein angelegter Garten mit vielen Pflanzen. Das Ganze umsäumt von einem hohen Bambuszaun. Das war das beste Angebot was ich finden konnte, zumal alles schon da war was man so braucht.

Ich kann mich nicht erinnern jemals so glücklich gewesen zu sein. Vielleicht als Kind an Weihnachten. Aber niemals mehr in späteren Jahren. Das war jetzt mein Haus am See. Es war verrückt und fast zu schön um wahr zu sein. Das besondere war: ich hatte eine eigene Wasserleitung aus den Bergen und konnte pflanzen was ich wollte. Die kommenden Wochen verbrachte ich auf Wolke 7. Und das erste was ich tat, war den Bambuszaun abzureißen. Als ich den Auftrag Michelle und seinen Maya-Jungs gab, sah ich nur erstaunte Gesichter und ungläubige Blicke. Für die meisten Ausländer war der Zaun das wichtigste. Es gab zahlreiche Räubereien in San Marcos. Manch einer wurde durch das ständige Ausrauben seines Hauses geradezu aus San Marcos vertrieben. Eine Räuberbande von Maya-Jugendlichen war in diesen Tagen äußert aktiv. Aber mich kümmerte das nicht. Ich sagte zu Michelle: Ich bin nicht hierhergekommen, um mich selbst einzuzäunen. Das macht doch alles kaputt. Nun hatte ich endgültig einen besonderen Nimbus in San Marcos La Laguna.

Meine Aktion machte natürlich überall die Runde. Und das Ergebnis war, ich wurde respektiert und geachtet selbst von der Maya-Bande. In der ganzen Zeit, die ich am See lebte, bin ich nicht einmal ausgeraubt worden. Währenddessen andere, trotz höchster Sicherheitsmaßnahmen, keine Ruhe fanden. Immer wieder kam es zu Einbrüchen.

So war das. Auch die Mayas verstanden meine Haltung offenbar und begegneten mir mit Respekt. Ich begann etwas Geld zu investieren und ließ schöne Schieferwege im Garten anlegen und die Mayas bauten mir ein mit Schieferplatten gekacheltes Badezimmer. Das ganze Gelände wurde von Mal zu Mal schöner. Ständig kamen junge Musiker und Gruppen zu mir aufs Gelände, machten Musik und feierten mit mir. Unvergessene Momente durfte ich in diesen Tagen erleben. Voller Glück und Seligkeit mit diesem unermesslichen Gefühl von Freiheit.

An einem Morgen saß ein kleiner brauner Hund vor meiner Tür und fixierte mich mit einem Blick der sagte: `Was hälst du davon, wenn wir Freunde werden´? Dieser Hund hatte etwas ganz Besonderes, das spürte ich sofort. Es war dieser besondere Blick, in dem soviel Weisheit steckte. Und er schaute mir direkt in die Augen, was für einen Hund eher ungewöhnlich ist. San Marcos ist voller wilder Hunde, die sich eine Heimat suchen. Meiner sah aus wie ein kleiner Wolf und ich nannte sie `Shewolf´. Von diesem Tag an, ging sie mir nicht mehr von der Seite. Egal wohin ich ging, Shewolf war immer dabei.

Die sechs Monate meiner geplanten Reise gingen dem Ende zu. Als dann mein Rückflug anstand, war der Abschied schwer. Aber selbst nach den vielen Monaten in Deutschland war Shewolf, die erste die mich begrüßte als ich zurückkam. Jeden Tag hat sie am Pier gewartet. Über Monate. Das hat man mir bei meiner Ankunft erzählt. Mein Rückflug nach Deutschland stand bevor. Ich musste nach Costa Rica reisen, da San José mein Abflugflughafen war. Ich hatte ein paar Jahre zuvor bei einer Reise nach Costa Rica, ein nettes Paar aus Italien an der südkaribischen Küste von Costa Rica kennengelernt, die ich noch vorher besuchen wollte. Dieses Pärchen lebte in Manzanillo, das letzte Dorf vor der Grenze nach Panama. Sie hießen Luigi und Monica und hatten sich eine kleine Posada hier am Ende der Welt gebaut. Ich verbrachte einige Tage bei Ihnen und genoss das karibische Flair, endlose Strände und ein mächtiger Dschungel direkt am Meer. Luigi brauchte etwas Geld, um nach Italien zu reisen, weil sein Vater im Sterben lag und ich lieh ihm ein paar hundert Dollar. Ich erzähle das an dieser Stelle, weil ich knapp drei Jahre später noch einmal nach Manzanillo kommen sollte und ich diese Geschichte später erzähle werde. Zunächst bin ich nach Deutschland zurück geflogen, um mein altes Leben endgültig abzuschließen.

3.5 Glastonbury und der doppelte Regenbogen

Die Abwicklung meiner Angelegenheiten in Deutschland brauchten etwas Zeit. Ich plante einer Einladung nach London zu folgen, um noch einmal einen Abstecher nach Glastonbury zu machen. Diesen magischen Ort, der ebenso wie der Lago Attitlán ein Erdchakra ist. Ich hatte Valerie aus London in Guatemala kennengelernt und wir hatten uns verabredet, dass ich sie besuchen komme, sobald ich wieder in Deutschland war. Valerie plante zu dieser Zeit nach Glastonbury zu ziehen. Sie hatte einige Freunde dort.

Ich erinnere mich noch an die verregnete Autofahrt nach Glastonbury und das Ankommen in der Dunkelheit. Valerie war auf eine Party bei Freunden eingeladen und nahm mich mit. Was sich dort für mich ereignete war die extremste Form der Synchronizität, die ich bislang erlebt hatte und ich versuche hier nur wiederzugeben, was mir in voller Wahrheit noch in der Erinnerung ist. Wir waren in einem dieser kleinen Landhäuser in Glastonbury und es waren viele Leute dort. Ich kannte nur Valerie. Mit dem Eintreten in dieses Cottage befand ich mich in einer anderen Welt, die Leute verhielten sich wie Darsteller in einer mittelmäßigen Theatervorstellung.

Da war ein junges Paar, die sich so taten als wären sie irgendwelche Abgesandte von einem fernen Planeten. Sie schauspielerten aufgesetzt irgendwelche Handlungen, die ich nicht verstand, waren seltsam verkleidet. Ich konnte keinen Sinn hinter dem merkwürdigen Gebaren erkennen. Was sollte das? Eine Uraufführung von Außerirdischen, eine rituelle Vereinigung? Das Ganze lief wortlos ab und ich stand da und konnte nur staunen, was da um mich herum passierte.

Ich hatte das Gefühl, dass ich wie ein Zuschauer in der Kulisse einer Inszenierung stand. War ich wieder in diesem Zwischenbereich – irgendwo zwischen Realität und Fiktion?

In der Küche begegnete mir eine neue Szene. Das besonders merkwürdige daran war, dass ich einen Ausschnitt aus meinem privaten Leben wieder gespiegelt erlebte. Dabei war ich selbst anwesend, in der Jetztzeit, mitten drin im Schauspiel. Ich erlebte also eine Situation aus der Vergangenheit im Hier und Jetzt, also würde ein perfektes Hologramm in den Raum projiziert.

Die Szene spielte vor etwa 15 Jahren und hatte im Grunde überhaupt keine Bedeutung. Ich erkannte meinen alten Freund Frank wieder, wie er auf dem Küchenboden liegt. Frank, den ich seit dieser Zeit nicht mehr gesehen hatte. Die Szene aus der Vergangenheit war absolut authentisch und ebenso banal. Ich hatte sie mehr als einmal erlebt.

Ich sah Frank mit seiner schwarzen Lederhose bekleidet, wie er auf dem Küchenboden lag, nachdem er zu viel Bier getrunken hatte. Dieses Bild sah ich nun hier in Glastonbury auf dieser Party. Kein Zweifel, das war Frank, haargenau wie er vor 15 Jahren ausgesehen hatte und auch dieselbe Kleidung, die Haltung, die er immer eingenommen hatte, um zu schlafen.

Ich war perplex. Diese Szene war absolut privat. Niemand je hat sie gesehen oder erlebt, außer mir und Frank.

Nun waren 15 Jahre vergangen und vor mir sehe Frank, genauso wie er damals ausgesehen hatte, mit seiner geliebten schwarzen Lederhose, das Hemd unordentlich und halb heraushängend. Genauso war es immer gewesen. Nach fünf oder sechs Bier, legte er sich einfach hin, wortlos und schlief an Ort und Stelle. Ich hatte das mehr als einmal erlebt.

Ich kannte Frank in all seinen Gesten und seinem Habitus, wir waren die engsten Freunde.

Vielleicht können Sie sich vorstellen, wie seltsam diese Situation mir erscheinen musste. Ich kann mich nicht daran erinnern, was ich in diesen Momenten dachte oder fühlte, ich war einfach platt. Ich glaube, dass mich ein Schwindel überfiel und ich mich auf eine Treppe setzte. Es gab keine Erklärung für diese Szene.

Alle anderen Menschen waren mir vollkommen unbekannt in dem Haus. Und ich sah mich selbst und meinen Freund in der Zeit um 15 Jahre zurückversetzt. Aber warum? Und wie kann das sein? Hat da jemand meine Erinnerungen gescannt und holographisch abgebildet. So echt, dass ich es nicht von der Wirklichkeit unterscheiden konnte. War so etwas möglich? Ich finde bis heute keine andere Erklärung dafür. Wenn es denn so war, stellt sich natürlich die Frage, wer das veranstaltet hat. War hier tatsächliche ein außerirdische Intelligenz im Spiel? Nun will ich nicht spekulieren, aber der Gedanke ist keineswegs abwegig.

Das ich mir alles eingebildet habe, schließe ich aus. Warum sollte ich mir genau diese Szene einbilden und reproduzieren, die im Grunde vollkommen bedeutungslos ist. Eben die Banalität der Situation ist das

Besondere. Da war nur jemand der angetrunken auf dem Boden liegt. Nichts von besonderem Gehalt. Nur eine Bild, eine Projektion.

Gegen die Einbildung spricht auch das ganze merkwürdige Drum-Herum. Die Leute, die sich so seltsam verhielten, irgendetwas war merkwürdig. Als wäre unsere bekannte Realität mit einem anderen Raum, einer anderen Dimension gekoppelt.

Es war gefühlt eine Situation wie in einem Traum und doch war alles vollkommen real. Das merkwürdige Pärchen vollführte irgendwelche obskuren Handlungen, als wären sie Schauspieler, die eine besondere Zeremonie darboten. Ihre Bewegungen waren gestelzt und das Gebaren seltsam aufgesetzt und künstlich, als wären nur ihre körperlichen Hüllen menschlicher Natur.

Ich verstand überhaupt nicht was das sollte. Und andererseits fühlte es sich so an, als wäre das ganze Theater nur für mich gemacht. Da war ein Typ mit Bart, ziemlich angetrunken. Er sprach mich an, lallend und er war unangenehm, laut und schimpfend. Ich erkannte mich selbst in ihm, wenn ich zu viel Wein getrunken hatte. War das wieder eine Botschaft, oder zumindest eine Andeutung. Er hatte ganz und gar keine Ähnlichkeit mit mir, also sah ich hier keine Projektion, aber etwas wurde mir gezeigt. In dem Fall – nur das alkoholische Verhalten.

Waren das alles Szenen meines Unterbewusstseins, die sich holographisch abbildeten. Szenen, die mir auf der Seele lagen und sich hier in Glastonbury darboten. Mit meinem Freund Frank hatte ich einen Bruch erlebt, der mich lange Zeit belastet hat. Aber wie sollte ich Menschenabbilder erfinden, die ich nie zuvor gesehen hatte und dieses Schauspiel des obskuren Pärchens hatte keinen sinnhaften Bezug zu mir.

Ich fand keinen Schlaf in dieser Nacht und ich erlebte die ganze Gesellschaft immer aus der Distanz eines Betrachters. Selbst Valerie, die mich hergebracht hatte, war zwar sichtbar für mich, aber irgendwie auch unerreichbar. Ich steckte in einem traumähnlichen Kokon. War das ein Test?

Am nächsten Morgen ging ich nach draußen in den Garten. Da war ein kleiner Junge, woher er immer auch gekommen sein mag. Er hatte einen Ball und wir spielten Fußball. Auch das war ein entrückter Moment. Alles lief wortlos ab. Da war nur ich und der kleine Junge. Eine Situation, vertraulich und selbstverständlich, aber auch wie aus einem Traum.

Alle anderen schliefen noch. Dann bemerkte ich am Himmel einen doppelten Regenbogen. Das hatte ich noch nie im Leben gesehen. Nicht ein Regenbogen, nein zwei nebeneinander, die sich wie eine doppelte

Brücke über den gesamte Horizont erstreckten. Als hätte jemand ein Zeichen in den Himmel gemalt. Die Regenbögen waren riesig und erfüllten den himmlischen Horizont in der ganzen Breite. Ein kleines Cottage, ein Mann und ein Kind und ein doppelter Regenbogen am Horizont. Ein Bild wie aus einem Märchenbuch und ein einmaliges Naturschauspiel.

Ansonsten weiß ich nicht mehr viel von dieser Reise, außer das ich an diesem Tag einen jungen Engländer, der auch auf der Party gewesen war, getroffen hatte. Wir kamen ins Gespräch und irgendwann meinte er zu mir: `Du bist im Dreamspell´. Der Dreamspell ist ein Begriff, den José Argüelles bei seiner Interpretation des Maya-Kalenders geprägt hat.

Ich gebe hier eine Definition weiter:

"Dreamspell" is a door to the infinite; a tool for galactic synchronization; the primary tool kit of fourth dimensional time; a harmonic set of codes which not only describe Earth as a living whole-system, but which also offers profound principles for social reorganization; a storehouse of the interstellar, interplanetary cosmological history of the Earth; the complete codes and cosmology for establishing "galactic culture;" an antidote to the memory virus known as "cosmic amnesia;" all in all, a multi-dimensional tool for the human being

in the modern world to reconnect to nature and the sacred mathematical synchronic order of the Universe.[8]

Das war das erste Mal, dass ich einen Hinweis bekam, was mit mir passierte. Dieser junge Engländer erklärte mir, dass ich in einer anderen Realität gewesen sei, wie in einer Traumzeit in der sich die Matrix der dreidimensionalen Realität auflöst. Oder zumindest durchlässig wird. Man kann es sich wie ein Schweizer Käse vorstellen, die Löcher sind interdimensionale Durchgänge und ermöglichen paranormale Erfahrungen. Es sind Erfahrungen aus der vierten und fünften Dimension, bei der sich Zeit und Raum verschieben!

Erlebte ich hier einen Blick in die Zukunft, in der die Vorhänge der Matrix fallen? War der doppelte Regenbogen ein Symbol dafür? Sollte es das Ende der Dualität und den Beginn des Neuen Zeitalters anzeigen? Die Szene hatte tatsächlich etwas von einem Gleichnis oder einer Verkündung.

Aber Ungereimtheiten blieben. Wie kam dieser junge Engländer dazu zu sagen, ich sei im Dreamspell? Wenn dem tatsächlich so war, woher

---

[8] Quelle aus: https://www.karin-haider.at/post/der-maya-energie-kalender-tzolkin

wusste er davon? Ich hatte ihm nichts von meinen phantastischen Erlebnissen in der Nacht erzählt. Warum also wusste er mehr als ich?

Obwohl mir diese Fragen durch den Kopf gingen, stellte ich sie in der aktuellen Situation nicht. Alles fühlte sich ja für mich wie eine Einweihung in eine andere, erweiterte Welt dar. Obwohl es sonderbar war, war es doch einfach etwas Besonderes. Ich wagte nicht die Frage nach rationalen Erklärungen. Ich war dankbar dafür, diese phantastischen Einblicke zu bekommen. Hätte ich Fragen gestellt mit meinem auf die dreidimensionale Realität beschränkten Verstand, hätte ich vielleicht den besonderen Moment entzaubert!?

Es war ein merkwürdiger Zustand. Ich kam mir vor wie ein Eingeweihter, der aber mit Blindheit geschlagen war. Definitiv wurden mir Pforten geöffnet und Dinge gezeigt, die normalerweise bei bewusstem Verstand nicht zugänglich waren. Aber diejenigen, die dabei eine Rolle spielten, mussten Bescheid wissen. Gab und gibt es also Menschen, die hier und heute auf der Erde agieren und solche Szenarien ermöglichen.

Ich denke heute, ja …die gibt es. Auf die Frage: Wer sind die, gibt es wohl mannigfaltige Antworten. Schlüssig für mich ist die Annahme, dass es eine Vielzahl von Wesen auf der Erde gibt, die nicht irdischen Ursprungs sind. Sie haben die Menschengestalt angenommen, um auf der Erde zu interagieren. Darüber hinaus stehen außerirdische Welten mit der Erde im Kontakt. Der Aufstieg der Erde steht unter besonderer Beobachtung, denn es betrifft die gesamte Galaxie. Das ganze Sonnensystem steht in einer Transformation und diese Wandlung in ein höheres Niveau hat wiederum Auswirkungen auf andere universale Systeme, wenn nicht sogar auf das gesamte Universum. Es beschreibt eine kosmische Evolution, in dessen Zentrum dieser kleine Planet Erde steht.

Ich bin davon überzeugt, dass außerirdische Kulturen, seit Anbeginn der Menschheit und noch davor mit der Erde in Kontakt waren und noch immer sind.

Jedenfalls habe nun schon mehrfach Situationen erlebt, die daraufhin deuten. Angeblich soll es schon bald zu einer direkten Kontaktaufnahme Außerirdischer mit den Menschen kommen. Dann, wenn die Menschen dazu bereit sind.

Für mich steht fest, dass es in dieser außergewöhnlichen Zeit wichtig ist, sich auf eine höheres Energieniveau einzustellen. Und es ist ebenso wichtig, in Betracht zu ziehen, dass wir Menschen nicht alleine diese Transformation durchleben. Es ist ein universales Schauspiel.

Jeder Mensch, der in diesen Tagen auf der Welt ist, ist auch bestimmt dazu, in irgendeiner Art und Weise ein Teil dieser Evolution zu sein. Was auch immer das im Einzelnen bedeuten mag. Wichtig ist, dass es einen besonderen Grund gibt für jede/n, der in diesen Zeiten auf dem Planeten inkarniert ist.

Ich versuche die Erlebnisse in Glastonbury aus einer synchronistischen Sichtweise zu beschreiben:

Meine Wahrnehmung war durch die verschiedenen Ereignisse für Ausschnitte in andere Felder des multidimensionalen Raumes geöffnet. Ich war an Energieorten und Erd-Chakren, an denen die Matrix aufgrund der hochschwingenden Erdenergien durchlässiger ist, als anderswo.

Hier öffneten sich für mich Parallelwirklichkeiten, in denen das normale Zeit-Raum-Empfinden außer Kraft gesetzt ist und sich Wirklichkeitsebenen überlappen können. Daher konnte ich in ein Szenario blicken, in dem ich auf einer Ebene in der Jetztzeit mit realen Personen agiere und zugleich ein Ereignis aus der Vergangenheit erlebte, wie es in der Szene mit Frank sichtbar wurde.

Aber was sollten diese obskuren Schauspiele mit dem Sternenpärchen, oder dem Betrunkenen, der mich imitierte? War das ein kosmisch komisches Theater. Was wurde mir hier demonstriert? Mir war als würde ich durch ein Kaleidoskop schauen und sich verschiedene

Versatzteile aus unterschiedlicher Zeit und vollkommen neuen Zusammenhängen offenbaren, sich vermischen. Sollte ich damit die Illusion der Zeit erkennen?

Ich nahm die Ereignisse so wie sie kamen. Ich verzichtete darauf, Erklärungen zu suchen und befragte auch nicht das jeweils vorhandene Umfeld. Ich ließ einfach geschehen und erzählte niemandem von meinen Erlebnissen. Ich bewahrte es als mein Geheimnis – ich wollte diese Verschwiegenheit. Diese Art der Integrität, meinte ich leisten zu müssen. Das war in diesen Momenten mein Gefühl und ich folgte ihm. Alles geschah wie es geschehen sollte. Was auch immer geschah. Und das was paranormal erschien und den rationalen Geist aus der Bahn warf, nahm ich hin als Ereignis, als wäre es nichts Außergewöhnliches. Alles was sich zeigte, war Teil einer alles umfassenden Realität, die ich nur noch nicht verstand.

Das war die Herausforderung. Alle Zweifel beiseite zu lassen und das herkömmliche Denken als nur eine Variable zu verstehen. Eine Variable unter unzählbar vielen anderen. Daher war es auch nichts Besonderes, dass ich Valerie an diesem Wochenende einfach aus den Augen verlor. Fast so als wäre ihr Job getan, mich nach Glastonbury zu bringen in diese Spiegelrealität. Und dann war sie einfach weg und wir haben uns nie wiedergesehen.

Bald schon war ich wieder zuhause und kümmerte mich um meine Aufgaben, die anstanden. An dieser Stelle mache ich einen Zeitsprung denn es geht nicht darum der chronologischen Abfolge der Ereignisse zu folgen. Nach einigen Monaten war ich zurück in San Marcos und erfreute mich an meinen neuen Leben. Ich hatte damals eine Partnerin an meiner Seite und auch etwas Geld um das Grundstück auszubauen. Es war eine grandiose Zeit in der ich ein ganz anderes Leben kennenlernen durfte, jenseits der Erfahrungen von Geschäftigkeit, Stress, Lärm und Konsum. Wir lebten im Takt mit der Natur, ohne Zeitungen, Fernsehen und Autolärm. Das waren ganz neue Erfahrungen für mich, die ich aber hier nicht wiedergeben will. Natürlich kehrt auch in einem paradiesischen Ambiente irgendwann ein Alltagsempfinden ein und wir mussten die Erfahrung machen, dass es Zeiten des Mangels und der Entbehrungen gab. Das Paradies zeigte seine rauen Seiten und ich musste erfahren, dass diese wunderbare „Insel des Daseins" auch eine beengende Komponente trug. Wir hatten schlicht über längere Zeit kein Geld und mussten Dinge verkaufen, um zu überleben. Und es kam der Zeitpunkt an dem nichts mehr ging. Und nun will ich wieder den synchronistischen Ereignissen folgen.

3.6 Porto Viéjo und der Voodoo-Clan

Nach ein paar Jahren musste ich mein Haus in San Marcos verkaufen. Es war sehr schwer Geld zu verdienen und allein für das Nötigste den Lebensunterhalt zu sichern. Nach dem 11. September 2001 hatte sich die wirtschaftliche Lage am Lago Attitlán merklich verschlechtert. Der Tourismus ging rasant zurück und alle spürten das dramatisch und viele wanderten ab. Ich fand einen Käufer für mein Grundstück und besorgte mir ein Flugticket nach Deutschland. Wieder sollte der Abflughafen San José in Costa Rica sein. Der Abschied von San Marcos war sehr schmerzhaft, vor allem Shewolf zurücklassen zu müssen, war unendlich traurig. Shewolf spürte das ich sie verlassen würde schon Tage vor meiner Abreise. Sie war apathisch und traurig. Noch heute zerreißt es mir das Herz, wenn ich nur daran denke, oder auch jetzt da ich diese Zeilen schreibe. Ich hatte keine Option damals, leider. Und das Rückticket lag bereit. Ich plante vor meinem Abflug nach Deutschland noch einmal Luigi und Monica in Costa Rica zu besuchen. Luigi schuldete mir noch ein paar hundert Dollar und ich machte mich auf die Reise.

Ich wollte nur ein, zwei Tage in Manzanillo verbringen und dann direkt nach Deutschland fliegen. Aber es sollte alles anders kommen.

Das Leben in Manzanillo ist eintönig und kaum ein Tourist verirrt sich an diesen entlegenen Ort. Hier kann man kilometerweit an endlosen Stränden spazieren gehen, ohne einer Menschenseele zu begegnen. Die gewaltige grüne, undurchdringliche Wucht des Dschungels bietet das Äquivalent zu den verlassenen Stränden und der Endlosigkeit des Meeres. Das klingt traumhaft im ersten Moment, ist aber auch durch die Ereignislosigkeit zwischen Sonnen Auf- und Untergang ermüdend und lähmend. Die Dominanz der Natur durch den Dschungel einerseits und die unausweichliche Weite des Meeres andererseits, lässt einen fast schwindeln. Man kann sich in dieser Welt verirren.

Wie es an Orten wie diesem oft geschieht, spielen Drogen eine große Rolle. Es ist gleichermaßen Einnahmequelle und Ablenkung von dem öden Lebenseinerlei. Es gibt kaum Arbeit für die Einheimischen und es herrscht Armut und Langeweile.

Die nahegelegene Stadt Puerto Viejo ist das Zentrum dieser Rasta-Szenerie und Umschlagplatz für Marihuana und Kokain, Crack und anderem Teufelszeug. Als ich in Manzanillo ankam, fand ich das Haus von Monica und Luigi verlassen vor. Niemand da. Nur Dulce, das Hausmädchen traf ich an und erfuhr das beide in Italien seien, aber bald schon wieder zurückkämen. Da ich sonst niemand kannte, nahm ich das Angebot von Dulce an, bei ihr zu übernachten und das sollte der Anbeginn einer horrorhaften Geschichte werden.

Ich hatte in meinem Leben bereits von Voodoo gehört, aber so richtig verstanden, was das bedeutet und wie das überhaupt funktioniert habe ich nicht. Was ich wusste ist, dass es zwei Arten von Voodoo gibt. Den weißen und den schwarzen. Und dass dieser schwarze Voodoo dazu führen kann, Menschen die Seele zu rauben, so dass sie wie in der Serie `Deadman Walking´ zu lebenden Toten werden und nur noch mit leerem Blick dahinvegetieren. Warum ich nun Bekanntschaft mit diesem schwarz-magischen Horror machen sollte, entzieht sich meiner Kenntnis. Aber es passierte und das ziemlich drastisch.

Tatsächlich gab es im Vorfeld Hinweise darauf, bereits noch bevor ich meine Mittelamerikareise angetreten hatte. Ein Bekannter hatte mir mithilfe dem Kartensetz `Symbolon´ eine ausführliche Person- und Schicksalsbeschreibung erstellt. In diesem Profil tauchte die schwarze Messe auf. Das heißt, mein Kontakt mit der Unterwelt sollte ebenso bevorstehen, wie meine lichten Reisen in die oberen Welten.

Jedenfalls wurde ich Opfer dieser schwarz-magischen Praktiken. Ich vermute heute, das Dulce das Hausmädchen ein Mitglied des Clans war und ich geriet in ihren Focus. Warum kann ich mir nicht erklären und spielt letztlich auch keine Rolle.

Es begaben sich in den folgenden Wochen für den menschlichen Verstand kaum nachvollziehbare Vorgänge. Einzelne Begebenheiten sind kaum zu glauben, das ist mir bewusst. Der rationale Verstand wird sie in den Bereich der Verwirrung und der Psychose einordnen. Tatsächlich waren diese Geschehnisse allzu real. Der Voodoo ist eine Zauberei und er wirkt todsicher. Im Übrigen auch bei Menschen, die daran nicht glauben.

Es ist eine schwarze Magie, der auf der Übertragung von Manipulationen und üblen Schwüren beruht. Es genügt ein Haar vom Opfer oder eine Fotografie, um es mit einem bösen Zauber zu belegen.

Dieser Zauber wird mit Ritualen bestärkt und mündet in ein Verwünschungs-Szenario, das unerbittlich die Seele des Betroffenen angreift.

Nach einigen Tagen tauchten Luigi und Monica wieder in Manzanillo auf. Dulce behauptete, ich hätte afrikanischen Masken, die an der Hauswand hingen, an irgendjemand verkauft. Tatsächlich hatte ich Luigi Geld geliehen, ich hatte davon berichtet. Um an mein Geld zu kommen, so also die Behauptung von Dulce, habe ich die Masken verkauft. Leider glaubten ihr Luigi und Monica, obwohl ich ihnen versicherte, dass das nicht stimmte. Dulce hatte offensichtlich die Masken selbst genommen! Später sollte ich erfahren, dass eine ganze Clique von Leuten zu diesem schwarzmagischen Voodoo-Kreis gehörte, der hier sein Unwesen trieb und auch die Einheimischen in Angst und Bann hielt.

Ich bewegte mich in dieser Zeit zwischen Manzanillo und dem Küstenstreifen nach Puerto Viejo, wo sich einzelne Posada-Anlagen und kleine Hotels, meist eher verlassen und unbelebt, aneinanderreihen. Ich fand eine billige Anlage wo ich eine Zeitlang unterkam, bei irgendwelchen Rasta Brüdern, unweit von Puerto Viejo.

Es fällt mir schwer eine Chronologie der Ereignisse abzurufen, daher will ich einzelne Begebenheiten hier herausstellen. Dieser Küstenstreifen kurz vor der Grenze zu Panama vermittelt eine ganz eigentümliche Atmosphäre, als würde über dem gesamten Bereich an dieser Karibikküste eine sphärische Glocke liegen, die den Ort in einer bestimmten Aura, einem geschlossenen Feld festhält.

Dieses Feld beeinflusste mich nach und nach immer mehr. Ich verstand überhaupt nicht was vor sich ging, spürte aber das mich irgendetwas in seinen Bann zog. Mein Zustand erreichte bald eine Art Trance. Es fällt mir schwer mein damaliges Befinden zu beschreiben. Ziellos streifte ich in diesen Tagen umher, war in Bars oder irgendwo.

Ich war vollkommen orientierungslos, ging die Straße von Manzanillo nach Puerto Viejo entlang und konnte kaum einen klaren Gedanken fassen. Alles war wie in einem Nebel, meine Willenskräfte wurden schwächer und schwächer.

Ich konnte auch nicht weg, mich einfach in den nächsten Bus setzten und raus aus diesem Schlamassel. Als würde ich magnetisch an diesem Ort festgehalten. Selbst dieser letzte Fluchtinstinkt war außer Kraft gesetzt. Ich war von irgendetwas gefangen, ohne dies begreifen zu können. Natürlich hatte ich hier und da noch den klaren Gedanken daran, dass ich einfach hier weg musste, aber es fehlte mir die Kraft und irgendwann auch das Geld dafür.

An einem Abend lernte ich in einer Bar einen Ausländer kennen, der hier schon längere Zeit lebte. Er lud mich zu sich in sein Haus ein, um dort zu übernachten. Am nächsten Tag, als ich aufwachte war niemand mehr da.

Da war eine Tischtennisplatte auf der großen Veranda (in meiner Jugend hatte ich Tischtennis als Leistungssport betrieben, und sofort suggerierte mir das Bild der Tischtennisplatte, das dieses Arrangement für mich gemacht war!) und an der Wand hing ein gemaltes Bild vom Lago Atittlán! In Öl gemalt – eher in einem kindlichen Stil, abstrakt, aber voller heller Farben: Der See und die beiden Vulkane, schauten mir entgegen – hier am Südende von Costa Rica, in diesem verlassenen Haus. Gibt es so einen Zufall?

War ich wieder im Zustand vom `Dreamspell´, wie ich es in Glastonbury erlebt hatte? Ein synchronistisches Erlebnis, das die Dimensionen ineinander verschob. Anders ist es kaum zu erklären. Ich befand mich wohl offensichtlich in einem energetischen Portal, das direkt mit dem Energiefeld vom Lago Attitlán verbunden war. Das Bild war für mich eine Botschaft – ein Zusammenhang, der sich mir offenbarte. Mein erster Impuls war: `Alles ist verbunden in einem multidimensionalem Raum´.

Meine Lage wurde mit der Zeit immer verzweifelter. Ich hatte mein ganzes Geld aufgebraucht. In meiner kleinen Reisetasche befand sich nur noch das Buch: Die Schlüssel des Enoch, von James J. Hurtak[9], und ein paar Klamotten. Ich war vollkommen auf mich allein gestellt, an diesem nicht sehr einladenden, um nicht zu sagen verfluchten Ort.

Ich hatte lange nichts gegessen und wurde immer kraftloser. Ich war nur noch ein Schatten meiner Selbst. Ich erinnere mich noch wie ich eines Nachmittags am Strand saß und furchtbar durstig und

---

[9] James J. Hurtak: Das Buch des Wissens. Die Schüssel des Enoch. Akademie für die Wissenschaft der Zukunft in Europa, 3. Edition. 2001.

verzweifelt war. Ich hatte nicht einmal Geld, mir eine Flasche Wasser zu kaufen.

Da kamen 2 Einheimische auf mich zu und bedeuteten mir ich solle mitkommen. Im Dschungel gäbe es Wasser, meinten sie und ich folgte ihnen. Die beiden waren nicht gerade vertrauenserweckend, sahen ärmlich und verschlagen aus. Einer von Ihnen war einarmig und sie benahmen sich recht merkwürdig, tauschten verstohlene Blicke miteinander aus. Aber ich wusste nicht mehr ein noch aus und so ging mit Ihnen. Wir kamen tatsächlich zu einer Wasserstelle im Dschungel und ich trank, obwohl ich nicht wusste ob das Wasser sauber war.

Danach führte sie mich zu einer Bar. Es war Sonntag und die Bar war geschlossen, aber wir konnten auf der Veranda sitzen. Ich kannte den Besitzer, ein Deutscher. Einer der beiden reichte mir eine Zeitung, die dort herumlag. Als ich sie öffnete sah ich auf einer Doppelseite ein großformatiges Bild von Sting, wie er auf dem Boden an einer Wand in einer lässigen Pose mit abgetragenem T-Shirt und Schuhen saß. Verblüfft starrte ich auf das Foto, wieder hatte ich ein Zeichen bekommen.

Dazu muss ich erzählen, dass ich in dieser Zeit eine enge emotionale Verbindung zu Sting entwickelt hatte. Ständig hörte ich seine Musik, aber es war viel mehr als das. Es gab eine metaphysische, geistige Verbindung zwischen uns. Das will nun kurz beschreiben.

3.6.1 Sting

Als ich in mein Haus in Guatemala gezogen war, hatte ich an einem Tag eine Vision. Ich saß draußen am frühen Morgen und trank meinen Kaffee, als ich plötzlich Sting neben mir sitzen sah. Er saß leibhaftig in meinem Schaukelstuhl und sah mich an. Er war physisch da, aber zugleich erschien es, als wäre er ein Hologramm. Ätherisch, aber durchaus physisch als Erscheinung erkennbar. Er war wie aus dem Nichts erschienen. Und ich dachte noch: Klar…"I`ll be watching you"…..! Ich sah den Musiker Sting am helllichten Tag in San Marcos.

Zwischen Sting und mir bestand eine eigentümliche tiefe Verbundenheit entstanden. Zumindest war das mein Gefühl. Wie eine Bruderschaft im Geiste oder gar ein seelischer Kontakt. Ich hatte den Eindruck das wir auf irgendeiner Ebene, die nicht sichtbar ist, miteinander in Kontakt waren.

Ich hatte niemals zuvor diese Art der Verbindung mit einem Menschen. Zumal ich Sting nie persönlich kennengelernt hatte. Ich hatte mit ihm nicht ein Wort gewechselt oder seine Hand geschüttelt.

Und ganz plötzlich war er wieder da. Hier, an diesem Tag in Costa Rica, als ich sein großformatiges Bild in den Händen hielt. Ich war halb verdurstet und mental am Ende. Zu diesem Zeitpunkt wusste ich nicht mehr ein und aus – alles erschien nur noch hoffnungslos. Und in genau diesem Moment bekomme ich das Bild von Sting.

In mir passierte etwas. Ein kurzer, aber besonderer Moment. Etwas rüttelte mich wach, ein Lichtblick erfüllte mich. Ich fühlte, ich bin nicht allein. Es war ein Funke Hoffnung, der mir geschenkt worden war. Und das reichte, um wieder ein wenig Mut zu fassen.

Ich glaube mich zu erinnern, wie mir in diesem Moment der Song von Sting durch den Kopf ging: „Every breath you take, I´ll be watching you".

3.6.2 Voodoo-Zauber oder `Wenn Holz blutet´

In Porto Viejo gab es einen kleinen Tattoo Shop. Ich war mit dem Ladenbesitzer, einem Amerikaner, ganz zu Beginn meines Aufenthaltes, ins Gespräch gekommen. Es war eine nette Plauderei - er machte einen freundlichen Eindruck.

Viele Tage später, kam ich wieder an seinem kleinen Laden vorbei. Als ich ihn ansprach, dachte ich sofort: Das ist seltsam. Der Mann hatte sich vollkommen verändert, als wäre er ein anderer. Aber schnell wurde mir klar, dass es tatsächlich derselbe Mann war, den ich kennengelernt hatte, nur er hatte sich vollkommen verändert. Seine ganzen Tätowierungen waren plötzlich ganz andere als die, die ich beim ersten Mal gesehen hatte. Auch optisch war er kaum wiederzuerkennen. Er wirkte ungepflegt, die Haare zerzaust und irgendwie unterschwellig aggressiv. Welch merkwürdige Verwandlung war hier vorgefallen? Noch war ich unsicher. Hatte ich ihn vielleicht einfach anders in Erinnerung gehabt? Wir hatten uns schließlich nur einmal für ein paar Minuten gesehen. Aber ich war mir sicher, dass er ganz andere Tattoos hatte. Sollte ich an meinem Verstand zweifeln? Jedenfalls, was dann geschah war jenseits meiner Vorstellungskraft.

Der Amerikaner kam mit einer Kettensäge aus seinem Laden. Er fixierte mich mit einem bedrohlichen Blick. Dann setzte er die Säge in Gang und funkelte mich weiter an. Ich weiß nicht mehr, ob er irgendetwas sagte, aber alles war extrem unheimlich. Er sägte mit der Kettensäge in einen Baumstamm und was ich dann sah war verrückt. Aus dem Stamm floss Blut – tiefrot ergoss es sich über das gespaltene Holz. Es war am helllichten Tag.

Ich weiß noch wie ich zurückschreckte und überhaupt nicht verstand was da vor sich ging. Ich stand einfach nur da und war wie unter Schock. Ich konnte mich nicht bewegen. Keine Ahnung, wie lange ich dort stand und keiner Regung fähig war. Sicher war das eine Täuschung, aber in diesem Moment war es absolut real. Es war die Horror-Realität des Voodoo-Zaubers, der immer stärker und tiefer auf mich einwirkte.

Dann kamen zwei Mopedfahrer in Uniform und hielten direkt neben mir. Der Gestank der Abgase ließ mich zurückweichen. Es war fast so als würden mich die Abgase aus meiner Trance reißen. Irgendwie hatte ich später das Gefühl, dass die Mopedfahrer mich aus der Situation befreit haben.

Zu dieser Zeit hatte ich bereits an die 10 Kilo verloren, ich kann mich überhaupt nicht daran erinnern, in diesen Wochen überhaupt etwas gegessen zu haben. Meine Kräfte waren am Ende und ich verlor mehr und mehr mein Gefühl zu mir selbst. Es war, als würde ich innerlich abstumpfen, stoisch werden.

An einem dieser Tage saß ich am Strand und war der Bewusstlosigkeit nahe. Ich war körperlich und mental am Ende. Dann bekam ich Hilfe. Kinder kamen zu mir, drei oder vier Jungs tollten um mich herum und stießen mich an. Als ich kaum reagierte, sprangen sie mit Anlauf gegen meinen Rücken. Das war kein Spiel. Sie wussten, dass ich dabei war aufzugeben und meine Seele verlieren würde, wenn nicht etwas passierte. Die Kinder haben mich in diesem Moment zurückgeholt, besser gesagt meine Seele. Aber nur für den Moment - alles spritze sich mehr und mehr zu. Ich war gefangen an diesem Ort, hatte kein Geld und auch keine Kraft mehr.

Es gab nur eine Straße nach draußen und an einem Tag hatte ich auch versucht mich am Strand entlang mit meiner Umhängetasche zu Fuß auf den Weg nach San José zu machen. Nur weg hier dachte ich, aber ich kam nicht weit. Nach nur wenigen Kilometern sah ich vor mir eine Gruppe Einheimischer die mich taxierten und mir bedeuteten: `Hier kommst du nicht weiter´.

Ich war halbverdurstet und meine Umhängetasche hatte sich tief in das Fleisch meiner Schulter gegraben. Noch monatelang trug ich diesen tiefen Striemen an der Schulter. Und dann geschah folgendes: Es war in der Abenddämmerung und ich war am Strand von Puerto Viejo. Ich war restlos verzweifelt.

Ich stand nahe am Meer und der Mond war aufgegangen und einer Eingebung folgend sang ich das Mantra: Kodoish, Kodoish, Kodoish, Adonay Tsebayoth.

Ich spürte das irgendjemand hinter mir war. Aber ich drehte mich nicht um. Ich wiederholte einfach das Mantra und sang. Ich weiß nicht mehr wie lange ich das tat. Jedenfalls sehr lange. Ich muss dann erschöpft eingeschlafen sein. Ich hatte dieses Mantra am Sylvesterabend zu 2000 am Lago Attitlán kennengelernt. Irgendjemand hatte mich damals zu einem Tipi mitgenommen, wo ein paar Leute dieses Mantra sangen und wir sangen über Stunden.

Ich bin heute der Meinung, dass mir dieses Mantra übermittelt wurde und mir letztendlich in Costa Rica das Leben gerettet hat. Als ich am nächsten Morgen im Morgengrauen durch Puerto Viejo lief, erlebte ich eine Geisterszenerie.

Überall waren schwarze Raben auf den Straßen, einige Häuser war mit tiefen Rissen gezeichnet, als wäre ein Tsunami über das Dorf gefegt und massenweise waren die Häuser demoliert. Aber ich bin mir sicher, da war kein Unwetter in der Nacht. War mein Mantra Auslöser dieser Zerstörung?

Alles wirkte verlassen, wie ausgestorben. Dann öffnete sich eine Tür und ein alter Mann trat auf die Türschwelle, mich gar nicht beachtend. Aber es war verrückt. Ich kannte diesen Mann. Hatte ihn vorher mehrmals im Dorf und in den Bars gesehen – doch jetzt war er vollkommen verändert. Er war mindestens um 20 Jahre gealtert – in nur einer Nacht.

Ich versichere, dass ich dies alles aus meiner damaligen Wahrnehmung beschreibe. Ich habe in dieser Nacht die lichten Heerscharen mit meinem Mantra angerufen. Ich hatte mir dies nicht vorher überlegt, es passierte einfach. In letzter Not. Ich hatte noch einen Funken Intuition, es geschah im letzten Moment.

Denn ich dachte an diesem Abend, dass ich die Nacht nicht überleben werde. Und ich wehrte mich nicht dagegen, ich akzeptierte meinen Zustand. Es gab für mich nichts anderes zu tun. Und ich sang möglicherweise die halbe Nacht hindurch. Ich weiß es nicht mehr. Am nächsten Tag war der schwarze Bann über der Stadt gebrochen. Ich kann das daher sagen, weil ich einen Beweis erhielt.

Am frühen Morgen kam der Rasta Typ aus meinem Hotel mit dem Moped vorbei. Er hielt bei mir an und forderte mich freudestrahlend auf mitzukommen. Noch vor ein paar Tagen hatte er mich mit einem Knüppel bedroht, weil ich die Unterkunft nicht bezahlen konnte. Ich musste ihm als Pfand meine Videokamera geben. Und nun war er plötzlich da, wie aus dem Nichts und lud mich ein mitzufahren. Er sagte noch, ich könne meine Kamera wieder zurückhaben. Ich müsse nichts mehr bezahlen, sagte er und lächelte. Aber ich frage mich heute noch, wie er darauf kam mich zu suchen. Sein Hostel lag einige Kilometer entfernt. Woher wusste er, was passiert war? Vieles von diesen Ereignissen bleibt im Dunkeln.

Ich habe noch in Erinnerung, dass ganz zu Anfang, als ich in das Hostel eincheckte, seine Schwester ihn beschwor, er solle mir nichts antun, weil ich einer sei, der ihnen helfen könne. Ich hatte das zufällig mitgehört, als ich auf der Veranda saß und beide in der Küche redeten. Aber wie kam sie darauf? Was hatte sie in mir gesehen? Ich hatte nur einmal kurz mit Ihr geredet, das war alles. Nun, wenn ich spekuliere, dann hatte dies alles vielleicht eine Bestimmung. Etwas war am Werke, etwas das größer war. In dieser Zeit hatte ich mich sehr stark mit den Lichtreichen verbunden. Ja, man könnte sagen, dass ich mich als ein Krieger des Lichts gefühlt hatte. Das bestimmte schon eine längere Zeit mein Empfinden.

Sicher ist, dass ich das tief in mir gefühlt habe und ich eine ungeheure Nähe zu der Bruderschaft des Lichtes in dieser Zeit empfand. Ich hatte mich mit meinem Bewusstsein diesen Reichen geöffnet und mich mit meiner Intention den Heerscharen des Lichts in Dienst gestellt. Ich denke heute, ich hatte mich mit einer höhere Sphäre verbunden und die Kräfte haben durch mich gewirkt. Vielleicht hat das Mantra das ich in meiner Ausweglosigkeit aus tiefster Seele gesungen habe, in dieser speziellen Situation eine Pforte geöffnet und vielleicht habe ich tatsächlich Hilfe bekommen von den lichten Reichen. Wie anders wäre all das zu erklären?

Für mich steht auch heute, nach 20 Jahren noch fest, dass damals in diesem karibischen Dorf etwas ganz Außergewöhnliches geschehen ist. Ausgangspunkt war die kompromisslose Bereitschaft mich zu öffnen und all dem zu begegnen, was da kommen sollte. Nun hatte ich hier die dunkle Seite erfahren. Auf irgendeine Art bin ich vermutlich meiner eigenen dunklen Seite begegnet, diesem Schattenanteil, den jeder Mensch in sich trägt.

Aus heutiger Sicht, jenseits des Schreckens dieser Geschehnisse, verstehe ich, dass mir auch eine Gunst erwiesen wurde. Ich hatte den Eindruck das mir eine geheime Welt offenbart wird.

Die Konfrontation mit dem Voodoo war gleichsam eine Einweihung in das Universum der Magie. Ich kann das mit dem heutigen Abstand erkennen. Zumal ich immer beschützt wurde. So gesehen war das Abenteuer in die dunkle Welt, auch eine mir geschenkte Offenbarung.

In der kurzen Zeitspanne von wenigen Jahren erlebte ich heilige Momente, aber auch die Erfahrung mit der Dunkelheit. All das hat mich tief geprägt.

Wie oft habe ich Altare gebaut, zu Ehren von Erzengel Michael und Jesus Christus. Ich konnte Stunden damit verbringen, meine Sammlung aus Kristallen, Bilder und anderen Objekten anzuordnen und immer neue Altare zu kreieren. Unzählige Male bin ich mit Jesus oder Michael in tiefen Kontakt getreten. Ich habe mich bei all dem fast irdisch abgelöst und bin in höhere Welten geflogen. Ich habe Seelenaustritte erlebt und suchte voller Verlangen den Zugang in die lichten Reiche. Und wie in einem Gegensatzprogramm bin ich aus den luftigen Höhen in die dunkle Unterwelt geführt worden.

Als spiritueller Krieger musste ich das vielleicht erleben. Ich sollte diese Erfahrung machen, um andere Wirklichkeitsaspekte kennenzulernen. Nur der, der auch der (eigenen) Dunkelheit begegnet, kann das helle Licht in Wahrheit kennen. Ich denke, das trifft auch auf jeden Menschen zu.

An diesem Tag in Puerto Viejo ist ein Teil von mir gestorben und etwas ist erweckt worden. Kräfte, die ich mir nie hätte vorstellen können haben sich mir offenbart. Ich habe erfahren, wie ich unterstützt wurde von den lichten Heerscharen. Ein Mantra hat mich gerettet.

In diesem Moment am Strand von Puerto Viejo ist eine Lichtbrücke entstanden und die Kräfte des Lichts haben diesen dunklen Ort verwandelt. Für mich war das ein Moment voller Gnade und ich bin unendlich dankbar, dass ich erhört worden bin. Ich werde das Bild nie vergessen. Dieser verlassene Ort im Morgengrauen mit den vielen Raben auf der Straße. Eine apokalyptische Szene und ein Sieg des Lichts über die Dunkelheit.

In der Mythologie sind die Raben Überbringer aus dem Jenseits. Sie sind mit der Geister- und Totenwelt verbunden. Die Raben sind Botschafter aus der Anderswelt. Zum damaligen Zeitpunkt habe ich mir darüber keine Gedanken gemacht. Auch in den Jahren danach blieb mir das Bild dieser Straße in Porto Viejo tief in mein Gedächtnis eingeprägt.

Es lag eine merkwürdige Stille über dem Ort, als wäre ein Tornado über das Dorf hinweggefegt und als würde die Natur danach im Stillstand verharren, lautlos. Ein Bild aus Apokalypse. Raben staksten auf der staubigen Straße ziellos umher. Ansonsten keine Menschenseele, keine Bewegung. Die Szene hätte aus einem dystopischen Film stammen können, aber alles war real. Puerto Viejo, ein Ort der schwarzen Magie war enttarnt worden, der dunkle Zauber verflogen.

An diesem Morgen wollte ich nirgendwohin. Ich war ganz im Eindruck dieser Ereignisse der vorangegangenen Nacht und den frühen Morgenstunden. Vielleicht können Sie sich vorstellen, dass ich einerseits völlig erstaunt und andererseits auch neugierig war, was nun noch folgen sollte. Ein Stimme in mir sagte jedenfalls, dass ich einfach hier bleiben sollte, an dem Ort des Geschehens. Was dann folgte war wiederum vollkommen überraschend. Als würde sich plötzlich die Magie des Momentes verabschieden und die Realität auf den Plan treten,

kam ein Bus mit Militär nach Puerto Viejo. Ein Dutzend Soldaten stiegen aus. Ich befand mich auf dem Dorfplatz und war noch erstaunt hier zum ersten Mal Militärpolizei zu sehen. Ich dachte, dass es sicher um Drogen gehen müssen und das Militär eine Razzia veranstaltet. Aber weit gefehlt – sie haben mich gesucht!

Zielstrebig kam einer der Beamten auf mich zu und bedeutete mir in den Bus zu steigen. Ich habe bis heute keine Ahnung, wie es dazu gekommen ist. Es ist einfach passiert. Vielleicht wurden Sie von einem der Ladenbesitzer gerufen. Es war jedenfalls nicht so, dass ich festgenommen wurde. Vielmehr wurde ich eskortiert, mit einem ganzen Bus voller Soldaten. Ein Glück, ich bekam ausreichend Wasser zu trinken. Sie brachten mich in die Hauptstadt nach San José und ließen mich einfach irgendwo aussteigen. Mitten in der Stadt.

Ich war ausgezehrt und durch die Ereignisse noch immer etwas benommen und in einem fast tranceartigen Zustand. Ich irrte durch San José und fühlte mich verfolgt. Ich hatte tatsächlich richtig Paranoia und suchte Zuflucht in einer Kirche, um mich auszuruhen. Irgendwie, ich weiß nicht mehr wie, schaffte ich es die deutsche Botschaft zu erreichen.

Mein Flugticket hatte ich noch und ich konnte auf Abruf jederzeit nach Deutschland fliegen. Die Botschaft hatte mir etwas Geld gegeben. Am Flughafen informierte ich mich über eine Verbindung nach Deutschland. Ein paar Nächte musste ich noch in irgendeiner Mission verbringen und ich war immer noch sehr durcheinander und wie in einem psychotischen Zustand.

Der Voodoo-Zauber hatte seine Spuren hinterlassen und ich war schon drauf und dran in irgendeinen Bus zu steigen, um irgendwohin zu fahren – einfach so. Tatsächlich hätte ich um ein Haar meinen Flug einfach sausen lassen. Das Geld von der Botschaft war auch schon wieder aufgebraucht.

Am Flughafen angekommen, war ich kaum noch fähig irgendetwas zu managen. Ich flehte förmlich den Airline Officer an, mich auszufliegen, irgendwie musste es einen Weg geben. Ich sagte ihm, dass es um Leben und Tod ginge. Und es war nicht gelogen. Ich musste raus aus diesem Land. Der Officer musste es mir angesehen haben, dass ich tatsächlich in einer sehr bedrohlichen Lage war und nach langem hin und her, arrangierte er eine Verbindung für mich. Allerdings, so sagte er, ich müsse 20 Dollar Flughafengebühr bezahlen.

Das Problem: Ich hatte keine 20 Dollar und auch nicht mehr viel Zeit, denn der Flieger sollte in einer halbe Stunde abfliegen. Ich war verzweifelt und nun kam es zu einer weiteren unglaublichen Begebenheit. Was konnte ich tun? Ich sah mich schon verloren in Costa Rica und ich erinnere mich, wie ich an der Ausgangstür stand und eine Reihe von Leuten an mir vorbeiströmte. Wahrscheinlich waren es angekommene Passagiere und ich nahm nur wahr wie ein Mann mir ohne ein Wort zu sagen, 20 Dollar in die Hand gab und einfach weiterging. Ich kam nicht einmal dazu mich zu bedanken und ich kann mich auch an sein Gesicht erinnern. Er war einfach da, gab 20 Dollar und war weg. Und ich konnte in letzter Minute in meinen Flug einchecken.

Die Vorkommnisse in Costa Rica haben viele Jahre in mir nachgewirkt und ich hatte noch lange mit Schwindelanfällen und

Wahrnehmungsstörungen zu kämpfen. Ein Neurologe hat mir eine drogeninduzierte Psychose attestiert und ich sollte irgendein Pharmazeug nehmen. Die psychischen Auswirkungen von Voodoo-Zauber hatte er nicht auf seiner Agenda. Nach ein paar Wochen habe ich die Medikamente abgesetzt.

Allein das Ankommen auf dem riesigen Frankfurter Flughafen war riesiger Stress für mich und halbtot, mit gerade mal 48 Kilogramm Körpergewicht bin ich bei meinem Elternhaus angekommen. Meine Mutter wäre beinahe bei meinem Anblick aus ihren Schuhen gekippt.

3.7 Die Indianer und der Geist der Toten

Diese Geschichte, die ganz zentral für mein Leben ist, zieht sich, wenn man in der irdisch, linearen Zeit denkt, über einen Zeitraum von über 20 Jahren. Da dies aber auch mit meinen Vorleben zu tun hat, dürfte es eher einen Zeitraum von 200 oder noch viel mehr Jahren sein. Denn es hat mit Karma zu tun.

Es hatte auf dem schamanischen Seminar von Ilse Korte begonnen, von dem ich bereits erzählt hatte. Wir haben dort so allerlei experimentiert und unter anderem waren wir auch aufgefordert in 2 er Teams eine Rückführungsreise zu machen. Die Rückführung mit meiner Seminarpartnerin vollzog sich für mich wie von alleine. Wir waren ja alles Laien und Schüler, die so etwas zum ersten Mal ausprobierten. Und dennoch funktionierte es fast automatisch.

Wir hatten eine kurze Anleitung von Ilse bekommen. Der Text ging in etwa so: `Stell dir vor du liegst nachts in deinem wunderschönen Haus, ganz wohlig in deinem Bett. Es ist Vollmond und du wachst von seinem Licht auf. Du gehst auf das Dach und stehst sicher auf dem Giebel in der Nacht, die Sterne leuchten über dir. Und dann fliegst du los´. Man landet an einem Ort seines früheren Lebens….! So geht es auf die Reise in das Unterbewusste.

Meine Rückführung war äußerst schmerzvoll. Hier folgte meine Geschichte aus einem früheren Leben. Ich sah alles ganz deutlich in Bildern vor mir:

Ich war ein Krieger eines Indianerstammes und ich bin der Meinung, es war der Sioux Stamm, ich bin aber nicht sicher. Ich war der Sohn des Häuptlings. Das wurde natürlich im traumhaften Erleben nicht eindeutig klar und ist eher eine intuitive Wahrheit. Jedenfalls waren ein paar Krieger und ich auf der Jagd und als wir zurück zu unserem Lager kamen, war dort ein grausamer Überfall von einem feindlichen Stamm im Gange. Ich glaube, dass es die Apachen waren, aber das ist wieder nur eine Annahme. Jedenfalls begegneten wir einem unbeschreiblichen Massaker. Die feindlichen Krieger töteten alle meine Stammesmitglieder, die Alten, Frauen und Kinder und wir waren zahlenmäßig unterlegen. Als wir eintrafen, waren schon viele tot und wir versuchten die feindlichen Krieger zu vertreiben. Ich selbst bekam bei den Kampfhandlungen einen Pfeil in die linke Brust nur knapp oberhalb des Herzens.

Dann war Dunkelheit.

Aber ich war nicht tot.

Ich lebte und wollte leben, denn ich war voller Hass. Und dieser Hass war größer als die Schmerzen. In diesem sehr realistischen Traum, schaffte ich es mich an die Nähe des kleinen Baches zu schleppen, denn ich brauchte Wasser und Zeit. Als Krieger lernten wir mit Schmerzen umzugehen und in eine Art von Trance zu gehen, in der man am Leben bleibt. Der Herzschlag wird gedrosselt, die Atmung wird ganz flach. Mit mentaler Kraft stoppte ich die Blutung und schickte Heilung in meinen verwundeten Körper.

Ich schaffte es mir den Pfeil zu entfernen und konnte mit geistiger Kraft die Blutstillung weiter in Gang halten. Nachdem der Pfeil draußen war, fiel ich in Ohnmacht. Aber ein kleiner Teil von mir war noch im Wachzustand. Ganz merkwürdig, dass so etwas funktioniert. Ich halluzinierte über Tage in einem Art komatösen Zustand, aber ich überwand die Todesschwelle und langsam, über viele Tage, ich weiß nicht wie lange, konnte ich mich regenerieren. All das erlebte ich sehr realistisch in dieser Rückführung. Dann, als ich mich kräftiger fühlte, war ich von Rachegedanken erfüllt. Ich wollte Vergeltung üben für das Leid das die Krieger uns angetan hatten.

Als ich mich kräftig genug fühlte, nahm ich die Fährte auf. Ich wusste, wo ich suchen musste, ich konnte sie förmlich riechen und folgte ihren Spuren. Und ich fand sie.

Ich sah ein Lager, es war nachts. Ein Feuer inmitten einer Lichtung, ich konnte nahe gelegene Felswände erkennen. Es waren vielleicht 15 oder mehr Krieger und sie hatten getrunken und schliefen fest. Ich beobachtete die Krieger und alleine nur mit einem Messer bewaffnet, plante ich mein Massaker an dem feindlichen Stamm. Ich wusste genau, welchen Krieger ich zuerst ausschalten musste. Ich tötete lautlos. Bewegte mich nahe am Boden und war blitzschnell. Mit einer Hand den Mund verschließen, mit der anderen Hand die Kehle durchschneiden. Grauenvoll präzise, leise und totsicher. Ich ermordete alle.

Als ich dann mit meinem Bewusstsein in den Seminarraum zurückkam, hatte ich das Gefühl, als würde meine Brust von einer ungeheureren Energieentladung gesprengt. Etwas war aus mir herausgetreten. Ilse stand neben mir und bemerkte auf ihre trockene Art und Weise: „Das sind die Toten, die noch bei dir waren". Das also war diese schwere Platte auf meiner Brust, die ich Zeit meines Lebens immer so gespürt hatte. Jetzt waren die Seelen frei und von mir gegangen. So dachte ich jedenfalls, aber das sollte es keineswegs gewesen sein.

Etwa 8 Jahre später...!

Ich war bei den Extern-Steinen, unweit des Yoga Vidya Zentrum, in dem ich schon seit fast 1 Jahr wohnte und arbeitete. Immer wieder zog es mich an diesen magischen Ort. Ich spürte diese gewaltigen Energien der monumentalen Steinkolosse. Ich traf viele Leute, manch einer verbrachte ein paar Nächte auf dem Parkplatz mit seinem Zelt. Ich fühlte mich fantastisch, begann wieder zu rauchen, trank Meth und all das fing wieder an, nachdem ich ein Jahr im Yoga-Zentrum vollkommen abstinent gewesen war.

Man sollte wissen, die Extern-Steine haben eine sehr lange Geschichte und hier wurden heilige Stätte missbraucht und geschändet. So sind hier Energien und Geistwesen präsent, die nicht nur gut sind und sensiblen Menschen auch gefährlich werden können.

Die Extern-Steine sind aber auch ein Portal. Und eine Drachenpforte. Das wurde mir gezeigt oder besser, ich durfte das erfahren. Hier an diesem Ort berühren sich Dimensionen und die Übergänge sind durchlässiger als andern Ortes.

Man sollte vorsichtig sein. Vor allem bei viel Alkohol oder Grass Konsum können niedere Wesenheiten andocken und sich festsetzen. Auch das ist mir passiert. Aber auch eine unglaublich lichte Energieform habe ich hier gespürt, eine ganz deutliche Präsenz von Christusenergie.

An den Extern-Steinen wohnt ein Drache in den Felsen....diese Geschichte will ich zunächst erzählen, bevor ich wieder zu den Indianerseelen komme.

3.8 Der Ritt auf dem weißen Drachen.....!

Wer die Extern-Steine sieht und sich in die Muster der Felsen vertieft, erkennt überall Gesichter in den Formationen. Geisterhafte Gestalten, als wären sie lebendig in den Stein hineingeprägt worden.

Es begab sich an einem schönen Sommer Vormittag. Ich war auf einer der vorgelagerten Wiesen, als ich über den Steinen, diese außergewöhnliche Wolkenformation sah. Es war strahlend blauer Himmel, nur über den Steinen, war diese eine riesige Wolke, die sich ausformte zu einer Drachengestalt. Für mich war es sofort viel mehr als eine zufällige Wolkenerscheinung. Für mich war es eindeutig: Der Drache der Extern-Steine hat sich mir gezeigt.[10]

Einige Zeit später....

Ich hatte eine Frau aus Köln kennengelernt und sie fragte mich, ob wir eine Heilmeditation für den Kölner Dom machen könnten. Besser gesagt es sollte eine Reinigung sein, denn so ihre Aussage, der Dom sei

---

[10] Zum näheren Verständnis: Die Drachen existieren, ebenso wie die Einhörner, in einer höheren Dimension. Sie sind Wächter und Helfer der Menschheit. In der spirituellen Literatur wird davon geschrieben, dass die Drachen und die Einhörner wieder sichtbar werden, wenn das neue Zeitalter anbricht.

unterirdisch von satanischen Energien besetzt. Ich versprach ihr mich darum zu kümmern und fragte meine Freunde im Yogazentrum, wer da mitmachen wollte. Ich stellte eine Gruppe zusammen und wir verabredeten uns an einem bestimmten Datum, um ein Fernritual zu machen.

Wir waren so um die 10 Leute, die sich an diesem Tag auf den Weg machten zu einer nahe gelegenen Anhöhe. Es war der geeignete Platz für unser Vorhaben. Jeder war sich bewusst darüber, dass es nicht ungefährlich sein würde, da mächtige schwarze Energien uns entgegenstanden. So herrschte in der Gruppe eine stille, angespannte Atmosphäre, als wir begannen uns darauf vorzubereiten. Ein Mädchen brach in Tränen aus und konnte schließlich nicht mitmachen. Wir waren aber immer noch genügend Leute und es war wirklich außerordentlich mutig von allen Beteiligten. Denn diese Reise sollte recht beängstigend werden.

Ich hatte einen Text vorbereitet und eine Lichtmediation. Wir benützen die Kraft der Drachen, beziehungsweise wir luden die Drachen ein, uns zu helfen.

Mit den Drachen wollten wir in die Domstätte fliegen und mithilfe ihrer mächtigen Lichtkräfte die dunklen Elemente vertreiben. Nach der

Einführung und Anrufung der Drachen, blieben wir still in der Meditation. Jeder war für sich und hatte seine Imagination.

Vor meinem geistigen Auge sah ich mich selbst auf dem weißen Drachen in Richtung Köln fliegen. Ich sah auch die Drachen der anderen und bald erreichten wir den Dom. Ich flog voraus und direkt hinein in das mächtige Bauwerk und es war, wie wir erwartet hatten. Überall im Dom erwarteten uns die dunklen Kräfte, alles war voll dunkler Gestalten, schemenhaft, wie böse dunkle Geister. Ich wirbelte durch den Dom mit großer Geschwindigkeit. So konnte ich den Wesen ausweichen. Gleichzeitig strahlte ich hohe Lichtfelder in die Räume, aber ein Großteil wurde sofort absorbiert. Mit mir waren zwei oder drei meiner Freunde in den Dom geflogen, die anderen waren draußen geblieben und gaben uns Kraft von dort.

Ich erinnere mich noch daran, wie ich mit Lichtkraft den Boden des Domes öffnete und hineinflog. Es gibt im Zentrum vor der Kanzel einen unterirdischen Eingang. Was ich dort sah war unbeschreiblich. Alles unter dem Dom war schwarz angefüllt. Wie eine riesige schwarze Krake war der gesamte Untergrund von satanischer Energie besetzt. Einzelne Kanäle führten unterirdisch in alle Richtungen der Stadt. Ich folg in diese Dunkelheit, aber es war nichts zu machen. Zu stark und zu groß war die dunkle Präsenz. Ich musste abbrechen und zurück.

Wir erreichten unseren Ausgangspunkt und die Reise in die satanische Unterwelt war beendet. Alle in der Runde kamen zugleich aus ihrer Meditation zurück. Keiner sagte ein Wort. Wir alle standen noch unter dem Eindruck dieses erschreckenden Erlebnis. Einige verließen die Runde schweigsam, gingen zu Bäumen und versuchten ihre Kräfte wiederzufinden. Ich blieb in der Runde, ein Freund von mir schaute mich an und sagte: „Verrückt, wie du da reingeflogen bist, nur drei konnten dir folgen. Wie kann das nur sein, dass dieser heilige Ort so verpestet ist?" Ja, sagte ich, dass sollte man nicht annehmen. Aber erstaunlich war: Zumindest einige von uns, hatten ähnliche Erlebnisse und Bilder in der Meditation gehabt. Das Fliegen auf den Drachen und die schwarze Verseuchung des Domes. Wir konnten es sehen, besiegen konnten wir es nicht.

Nun zurück zur Seelenreise.

3.9 Die Indianer melden sich zurück

Eines Tages war ich mal wieder bei den Extern-Steinen, um zu zelten.

Ich traf ein Paar, das irgendwo jenseits des kleinen Sees ein Feuer gemacht hatte und ich setzte mich einfach dazu. Ich kann mich nicht mehr an eine Unterhaltung erinnern. Wir saßen einfach still am Feuer. Und plötzlich aus heiterem Himmel, hat mich etwas ergriffen, eine Energie, ein Geist, ich weiß es nicht. Ich bekam eine Eingebung. Eine Stimme in mir forderte mich auf, ich solle ein Feuerritual machen. Ich nahm einen glühenden armdicken Ast aus dem Feuer und setzte ihn mir auf die linke Brust oberhalb des Herzens. Genau da, wo mich in meinem Vorleben, der Pfeil durchbohrt hatte.

Ich wiederholte also die Handlung, die ich damals praktiziert hatte, um die Wunde zu verschließen - in diesem anderem Leben. Niemand hat mich dazu aufgefordert. Es kam mir einfach in den Sinn – in diesem Moment am Feuer bei den Extern-Steinen. Ich brandmarkte meine karmische Wunde.

In dieser Zeit tauchte bei den Extern-Steinen ein junger Typ mit einem VW Bus auf. Ich war in dieser Zeit nur noch selten im Yoga

Zentrum, immer mehr fühlte ich mich dort einengt. Das Leben im Ashram war für eine Zeit lang heilsam und gut gewesen. Aber ich empfand das Leben dort auch sehr beschränkt und von der Außenwelt abgeschnitten. So empfand ich es jedenfalls.

Als mich der junge Mann einlud mit zu einem Open-Air Konzert zu kommen, willigte ich freudig ein. Er, dessen Name ich vergessen habe, hatte vom Aussehen her Ähnlichkeit mit einem jungen Indianer. Lange dunkle Haare und ein bronzefarbener Teint. Für mich war das Treffen ein genialer Zufall!! Endlich mal raus den Zirkeln des Yoga Vidya Umfeldes. Ich hatte schon gar keine Idee mehr davon, wie das Leben außerhalb davon ablief. Mir kam dieses Angebot also mehr als genehm. Und ich war bester Dinge, als wir aufbrachen. Ich ahnte nicht, dass mir eine traumatische Geschichte bevorstand.

Wir packten ein paar Klamotten und fuhren los. Es war ein tolles Gefühl in diesem VW Bus zu sitzen und einfach loszufahren. Ich spürte etwas in mir erwachen, was ich lange Zeit nicht mehr gefühlt hatte. Ein Gefühl der Freiheit erfüllte mich. Ich hätte einfach ewig so weiterfahren können, von mir aus bis ans Ende der Welt. Tatsächliche landete ich in meinen eigenen Abgründen. Wir übernachteten im Nirgendwo, auf einer Wiese. Ich hatte einfach neben dem Auto mit einer Decke geschlafen, als ich morgens in aller Frühe plötzlich aufwachte. Ich dachte im ersten Moment: Ich traue meinen Augen nicht. So unwirklich war die Szenerie:

Ich sah diesen jungen Mann, nur mit Unterhose bekleidet, wie er über die Wiese sprang und genau das imitierte, was ich in meiner Rückführung viele Jahre zuvor erlebt hatte. Er sah nicht nur aus wie ein junger Indianer, er bewegte sich auch so….katzengleich und blitzschnell bewegte er sich nah am Boden, sprang von hier nach dort und ich erkannte sofort: Er imitierte meinen Traum aus der Rückführung. Er imitierte mich, wie ich in dem Indianerlager, einen nach dem anderen feindlichen Krieger ermordete. Er imitierte in seiner Gestik das Durscheiden von Kehlen, sprang weiter, das Messer zwischen den Zähnen, von Ort zu Ort, und tötete wie eine Maschine.

Wie kann das nur sein?, dachte ich. Wir kannten uns kaum, er wusste nahezu nichts über mich und dennoch, spielte er hier vor meinen Augen die Szenen meines Indianervorlebens nach. Ich hatte ihm kein Wort davon erzählt. Wie ist das möglich? Das Ganze dauerte nicht lange, vielleicht 2 Minuten, nicht länger…und dann kam er einfach auf mich zu und tat so als wäre nichts gewesen. Kein Wort dazu, nichts.

Ich war völlig konsterniert und sprachlos und in diesem Moment nicht fähig darauf zu reagieren. Ich sprach ihn auch nicht darauf an. Was hätte ich auch fragen sollen. Ob er mein Vorleben kenne? Um es noch einmal klarzustellen, es war früh am Morgen und wir waren vollkommen nüchtern. Wer war dieser Typ? Warum wusste er etwas von mir? War dann unser Treffen also nicht zufällig? Äh, beziehungsweise ja doch, gerade, im Sinne, das war alles geplant?! Aber woher wusste er etwas von meiner Geschichte. Im Yoga Vidya Zentrum hatte ich niemandem von meiner Indianergeschichte erzählt. Ich bin nicht jemand der mit seinen Erlebnissen hausieren geht.

Tatsächlich hatte ich bis dato niemandem davon erzählt, außer Ilse Korte und meiner Partnerin bei der Rückführung, die damals dabei waren. Wie kann es also sein, dass jemand vollkommen Fremdes, Jahre später, in meinem Leben auftaucht und etwas von meinem Vorleben wissen konnte. Und mehr noch: Mir wohl offensichtlich eine Botschaft zu überbringen hat.

Wer waren dann die Auftraggeber? Und was sollte die Botschaft bedeuten? Klar war, es ging um mein Karma, mein Vorleben bei den Indianern. Wie in einem Theater wurde mir die Szenerie meiner Taten aus dem Vorleben im Jetzt vor Augen geführt. Aber warum, konnte ich mir nicht erklären und vor allem nicht, wie das überhaupt funktionierte? Alles spielte sich ja jenseits nachvollziehbarer, rationaler Erklärungen ab.

Heute, aus der Rückschau, stellen sich für mich die Zusammenhänge folgendermaßen dar: An den Extern-Steinen bekam ich unmittelbaren Kontakt zu den Ahnen der Indianer. Mein Karma, dass aus dem Vorleben kommt, führte zu einem Ereignis im diesseitigen Leben. Vermutlich ist die Energie an den Extern-Steinen derart hoch, dass die geistige Welt, respektive die verstorbenen Indianer, einen direkten Zugriff auf mich hatten.

Ich hatte mir dieses Branding zugefügt, aus einer Eingebung heraus. Aber es war mehr als eine intuitive Handlung. Es war auch ein Ritual, das heraufbeschworen wurde. Und es wurde nicht von mir heraufbeschworen, da bin ich mir heute sicher. Ich stand damals und auch später unter einer Manipulation aus der geistigen Welt, mit einer derartigen Wirkungskraft.

Ich habe die Wunde des Pfeiles, der mich getroffen hatte, ein zweites Mal ausgebrannt. Es gibt viele Berichte aus der Reinkarnationstherapie, in dem auch die Wunden aus dem Vorleben besprochen werden. Tatsächlich ist es so, dass auch physische Verletzungen aus einem Vorleben sich im jetzigen Leben abbilden. In meinem Fall habe ich das durch das Branding selbst manifestiert. Aber tatsächlich, hatte ich Zeit meines Lebens an genau dieser Stelle immer das Gefühl, als wäre dort eine Schwachstelle. Wie ein Loch in meinem Energiekörper. Das hatte ich übrigens auch an noch anderen Stellen, die ich mittlerweile heilen konnte. Ich will damit sagen, dass diese prägnanten Erlebnisse aus den Vorleben, sich im Energiekörper abbilden und tatsächlich im gegenwärtigen Leben weiter physische Auswirkungen haben können.

Aber zurück zu der Geschichte mit dem jungen Mann, der plötzlich irgendwie auftauchte (für mich in diesem Moment, wie gerufen!). Es gibt nur eine Erklärung: er wurde geführt durch die geistige Welt. Es gibt für mich keine andere. Dieser junge Mann hatte einen Auftrag – und sein Auftraggeber waren die Ahnen der Indianer. Selbst wenn das sehr ungewöhnlich klingt, aber ich bleibe bei dieser Auffassung. Er sollte mir eine Botschaft überbringen. Nicht nur eine Botschaft, es war eine klare Bedrohung oder auch Warnung. Als würden die Indianergeister Rache nehmen wollen. Hatte ich solch große Schuld auf mich geladen, das ich noch etwas zu büßen hätte? Sollte mir das klarwerden? Aber was genau war der Grund?

Ich hatte Rache genommen, ja stimmt, aber auch von meinem Stamm wurde Leben genommen und brutal gemordet. Warum nun sollte ich der Büßer sein, der mit seiner Seele noch im nächsten Leben dafür einstehen sollte?

Das überaus erstaunliche aber ist, dass es offensichtlich möglich ist, dass die geistige Welt, direkt in die lebendige Wirklichkeit einzugreifen vermag. Nicht als Spuk, Zauber oder Geist-Erscheinung. Nein vielmehr: Indem real existierende Personen erscheinen und Botschaften aus der geistigen Welt in die unsere bringen. Das klingt erst mal aberwitzig, ich selbst habe das noch nirgendwo gehört oder gelesen – aber, warten sie ab, die Geschichte geht weiter.

Ich sollte erst 15 Jahre später verstehen, was es damit auf sich hat. Um ehrlich zu sein, habe ich es in Gänze bis heute nicht vollständig verstanden, aber Zusammenhänge wurden klarer, als ich 2018 begann mit 2 Schamaninnen zu arbeiten, um diese Dinge zu klären. Aber der Reihe nach.

3.10 Stimmen im Kopf

Auf dem Konzert bot mein Begleiter mir etwas zu rauchen an. Ich ging davon aus, dass es ein wenig Gras ist, aber das war es nicht – jedenfalls nicht nur. Irgendetwas war beigemischt, vermutlich Crack, was mich in einen angsterfüllten, psychotischen Zustand versetzte. Ich begann Stimmen zu hören. Stundenlang. Ich lag die ganze Nacht wach und hörte diese Stimmen. Das war der reinste Horror. Tatsächlich ist dies ein Zustand bei dem man nahezu verrückt werden kann. Ich habe es zweimal in meinem Leben erlebt und es ist grausam. Denn man findet keine Ruhe. Es geht ohne Unterlass. Stimmen, die einen verurteilen, beschimpfen, Angst machen. Diese Stimmen kennen dich…sie wissen wer du bist und sie wollen nur eins: deinen Geist brechen, dich irre machen. Es gibt Stimmen, die manchmal vollkommen fremd sind, man hat sie niemals vorher gehört, zumindest kann man sie nicht einer Person zuordnen. Dennoch sind die Stimmen real, als würde eine Person irgendwo versteckt mit einem Mikrophon direkt in deinen Gehirn senden. Nur ist da niemand.

Manchmal meint man eine Stimme wieder zu erkennen, eine Person aus der Vergangenheit, die zu einem spricht…Es gibt die unterschiedlichsten Varianten. Es ist kaum zu beschreiben, wie grausam dieser

Zustand ist, wenn er stundenlang, Tag und Nacht anhält. Es ist wie eine Folter, wie ein beständiger manipulativer Beschuss von Worten, die nur dazu dienen, einen fertig zu machen.

Selbst wenn man es schafft zeitweise zu kontrollieren, das heißt etwas Raum zu schaffen in seinem Geist, um es ein wenig auszublenden, kommt es doch immer wieder. Es ist unglaublich anstrengend so etwas zu regulieren. Man benötigt eine immense Geisteskraft und Willensstärke. Und irgendwann reicht auch die nicht mehr aus. Es gibt viele Geschichten, dass Menschen, die Stimmen hören, im Selbstmord gelandet sind oder dauerhaft geistesgestört wurden.

Ich kann es nur noch einmal sagen: Selbst dann, wenn einem mit äußerster Willenskraft gelingt, seinen Verstand dagegen zu halten und sich zu sagen: `Das ist nicht real´, ist es auf Dauer kaum zu schaffen die Stimmen in Schach zu halten. Denn die Stimmen hören niemals auf, auch wenn man es zeitweise schafft sie in den Hintergrund zu drängen. Es geht unaufhörlich weiter, pausenlos, Tag und Nacht, man findet keinen Schlaf und die Stimmen terrorisieren mit mechanischer Sicherheit.

In diesen Situationen hörte ich Stimmen von mir bekannten Menschen. Da war die Stimme von einem Freund und seiner Freundin, die ich jahrelang nicht gesehen hatte. Die Stimmen waren wie mit einem Schall versehen, als würden Sie über den Äther gesendet. Ganz weit weg und auch nur undeutlich zu vernehmen, aber doch den ganzen Raum um mich herum ausfüllend. Es fühlte sich nicht so an, als wäre die Stimme in meinem Kopf.

Ich kam ins Krankenhaus, auf irgendeine Station. Nicht lange und ich hörte wieder eine Stimme, sie war ganz deutlich in diesem Krankenzimmer, laut und vernehmlich. Diese Stimme war mir völlig unbekannt, sie sprach unablässig auf mich ein. Genauer gesagt, sie malträtierte mich. Sie erklärte mich für schuldig und beschimpfte mich unablässig. Es war die tiefe und dunkle Baritonstimme eines erwachsenen Mannes, so um die 40 Jahre, schätze ich, gut artikuliert, wie ein Sprecher einer Fernsehsendung, die in mechanischer Art und Weise auf mich eindrang.

Aus neurologischer Sicht befand ich mich in einer handfesten Psychose. Zumindest würde die Wissenschaft es so beschreiben. Jedenfalls war in dieser Situation im Krankenzimmer etwas verändert. Die Stimme kam aus dem Raum. Ich konnte die Ecke oben an der Decke genau lokalisieren. Als wäre dort ein geheimer unsichtbarer Lautsprecher verborgen. Die Stimme war bedrohlich und terrorisierte mich unablässig. Ansonsten war ich allein in dem Zimmer und auch keine Ärzte oder Schwestern waren in der Nähe. Es kam mir so vor, als hätte sich die ganze Welt gegen mich verschworen und selbst die

Krankenpfleger missachteten mich und ließen mich einfach liegen. Das war ein grauenvoll einsames Gefühl und immer diese tiefe Stimme, die mich bombardierte. Schließlich wurde in eine psychiatrische Klinik eingeliefert und auf Medikamente gesetzt.

Der Horrorfilm ging aber erst einmal weiter. Auf der Station begann ich meinen Begleiter wieder zu spüren. Ich halluzinierte, aber es fühlte sich echt an. Ich spürte ihn. Er war da - da draußen, vor dem Fenster und er bedrohte mich, er würde zu mir kommen und Rache nehmen. Das Indianertrauma war wieder da. Vor meinem geistigen Auge sah ich ihn, wie er mir auflauerte – dort draußen und mich rief. Ich müsse nun endlich meine Schuld begleichen. Dafür wären sie gekommen, hörte ich ihn sagen. Sie sind gekommen um mich zu foltern. Sie würden mich anbinden und meine Haut bei lebendigem Leib abziehen. Das ging so über Tage. Ich war drauf und dran mich zu ergeben und einfach raus zu gehen, um mich zu stellen. Nur damit das aufhört, diese ständige Bedrohung und diese Stimmen, die mir Schuld zusprachen. Obwohl ich starke Medikamente bekam, dauerte dieses Trauma an.

Irgendwann wurde es besser und ich erholte mich langsam. Die Stimmen wurden weniger und bald waren sie nicht mehr zu hören. Ich wurde von meinen Freunden aus dem Ashram abgeholt. Die Welt fühlte sich unwirklich an. Ich erinnere mich noch, wie wir an einem

Parkplatz hielten. Es war schönstes Sommerwetter und wir tranken etwas. Aber ich war nicht wirklich da, nur physisch anwesend. Immer noch hatte ich das Gefühl, als wäre ich auf einem psychodelischen Trip.

Den jungen Krieger sah ich nie wieder, aber er kam in unser Wohnheim und brachte mir meinen Bergkristall-Schädel und meine Sachen, die ich in seinem Auto gelassen hatte. Ich habe ihn nicht wieder gesehen. Meine Sachen lagen einfach so vor meiner Tür im Wohnheim. Kein Zettel, keine Botschaft – keine Erklärung. Gar nichts!

Ich frage mich heute noch: Was ist dort an den Extern-Steinen mit mir passiert und warum kam diese Geschichte mit den Indianern auf? Angenommen ich war tatsächlich aufgrund von Drogen auf einem Psycho-Trip und habe mir die Szenen und Stimmen eingebildet, weil mein Unterbewusstsein ein Schuldgefühl projiziert hat. Und ich dieses „geistige Trauma", durch die besonderen Energien an den Extern-Steinen, selbst inszenierte.

Ich halte das für unwahrscheinlich. Das Unterbewusstsein schreibt kein Drehbuch in die reale Welt. Es mag mit Schuldgefühlen und den daraus entstehenden fragilen seelischen Zuständen zu tun haben, aber das ist nur ein Puzzelteil. Die tatsächlichen Ereignisse lassen sich damit nicht erklären.

Es kam noch ein weiteres Ereignis hinzu, einige Wochen später. Ich war bei einer Freundin in Köln untergekommen, nachdem ich den Ashram verlassen hatte. Auch Wochen nach diesen Ereignissen mit den Stimmen, war ich hochsensibel und hatte zeitweilig das Gefühl, als wäre mein Kopf über dem Kronen-Chakra und auch mein drittes Auge weit geöffnet. Zeitweilig hörte ich wieder Stimmen, ich verkroch mich in mein Zimmer auf dem Dachboden. Dann ging es wieder besser. Meine Verfassung schwankte, aber ich blieb hypersensibel und auf einem sehr hohen sensitiven Schwingungsniveau.

Dann passierte diese merkwürdige Begegnung. Eines Tages ging ich aus dem Haus. Ich glaube, ich wollte zum Supermarkt etwas einkaufen. Gleich neben der Haustür auf dem Bürgersteig kam ein Mann auf mich zu. Ich sah ihn nur kurz aus den Augenwinkeln. Er war ausländischer Herkunft, dass konnte ich noch wahrnehmen, weil alles sehr schnell ging. Er war braun gebrannt und hatte schwarze Haare und Bartstoppeln. Sein Gesicht zerfurcht von Falten. Ich sah ihn nur eine Sekunde. Er ging nahe an mir vorbei und in dem Augenblick hörte ich ihn sagen: „Nos vamos a sacar tu piel". Das ist Spanisch und heißt: Wir werden dir die Haut abziehen. Dann war er schon wieder weg.

Dieser Moment passierte in absoluter Klarheit bei vollem Bewusstsein, drum herum ganz normaler Alltag. Viele Menschen liefen auf dem Bürgersteig. Der Autoverkehr dröhnte, nichts war ungewöhnlich oder von besonderer Natur. Ich fühlte mich gut und sicher. Und dann dieser Mensch und dieser Spruch. Es erinnerte mich an diesen jungen Typ, der auf der Wiese diese Mordszenen mimte. Wieder war die Szenerie nüchtern und real und anders als die anderen Psycho-Momente, die ich als solche auch ausmachen konnte.

Wieder war es so, als hätte die geistige Welt mir jemanden geschickt, um mir diese Botschaft zu überbringen. Der Schrecken sollte kein Ende nehmen. Es geschah am helllichten Tag, in einer völlig normalen Alltagssituation, mitten auf dem Bürgersteig unter vielen anderen Menschen. Ich war vollkommen nüchtern. „Nos vamos sacar tu piel"!

KAPITEL 4 DIE SCHAMANEN LÖSEN DAS RÄTSEL

Wir springen in der Zeit ins Jahr 2018. Es sind weitere 10 Jahre vergangen und die Geschichte mit den Indianern ist nahezu in Vergessenheit geraten. Die vergangenen Jahre bin ich einem festen Job nachgegangen. Das Leben lief in geordneten Bahnen und das war auch gut so. Der Job am Flughafen war zwar auszehrend und mitunter überaus anstrengend. Vor allem durch die vielen Nachtschichten und dem immer größer werdenden Flugaufkommen. Aber ich hatte auch eine Menge Spaß mit meinen Kolleg/Innen.

Alles war gut – im Großen und Ganzen, aber tief in mir drinnen war eine ständige Unruhe, als wäre mein Geist in ständiger Aufruhr. Der Job wurde immer stressiger und schließlich landete ich im Frühjahr 2018 in einem Burn-Out. Ich hatte nun Zeit mich zu erholen und das tat ich erst einmal. Nach und nach aber merkte ich auch, dass irgendetwas nicht stimmte mit mir. Ich konnte es mir nicht erklären. Eine Schwermut lastete auf mir, etwas was mich ständig bedrückte. Ich kannte dieses Gefühl von früher. Der Job am Flughafen hatte meine Empfindungen überdeckt über einige Jahre.

Nun mit der Zeit und der Muße kam es an die Oberfläche. Vielleicht, so dachte ich, bin ich immer noch nicht frei von den Geistern, denen ich begegnet bin. In mir fühlte es sich an, als wäre etwas Fremdartiges am Werke, dass mich meiner Kräfte beraubt. Eines Tages, ganz spontan, begann ich im Internet nach Schamanen zu suchen.

Ich fand im Internet eine mir sympathische Webseite von 2 Schamaninnen, die auch nicht allzu weit entfernt waren und vereinbarte direkt einen Termin. Schon kurze Zeit später saßen wir zusammen in ihrem schönen ausgebauten Bauernhaus nahe der belgischen Grenze. Ein Zimmer mit riesigem Plakat eines Indianerhäuptlings, viele Trommeln und Relikte. Ich spürte sofort, dass ich bei Ihnen richtig war.

Wir hatten nur ein kurzes Einführungsgespräch bei dem ich einfach ein wenig aus meinem Leben erzählte und von meinen inneren Unruhezuständen berichtete. Ich erzählte kein Wort über die Indianerrückführung und den Folgeereignissen. Alles sollte sich durch die schamanische Sitzung zeigen.

Die Schamaninnen heißen Heike und Alexandra, so ganz schlicht und weltlich. Sie arbeiten mit der Geistwelt. Und das einzige Hilfsmittel das sie benützen, ist die Trommel und ihr Gesang.

So werden die Geister der Himmelsrichtungen gerufen und aufgefordert sich zu zeigen. In meinem Fall dauert es nicht lange und ein ganzer Indianerstamm tauchte auf, sehr aufgebracht und mit kriegerischem Gehabe. Das was ich nun berichte, haben mir die Schamanen hinterher erzählt, denn ich hatte selbst diese Wahrnehmungen nicht. Zumindest nicht visuell. Aber gespürt habe ich es – bis zum physischen Schmerz.

Ich lag also mit geschlossenen Augen auf dem Fell, nachdem eine Salbeiräucherung durchgeführt worden war und das Trommeln begann. Aus den verschiedenen Himmelsrichtungen traten nun wie in einem Hologramm die Indianer hervor. Direkt vor mir kam ein wütender Krieger direkt auf mich zu, mit einem Speer bewaffnet, der ständig mit dem Speer in meine Richtung stieß. Rechts von mir war der versammelte Stamm in kriegerischer Absicht tanzend, auf mich zu drängend, hinter mir tauchte mein Schutztier die Schildkröte auf, eine große alte und weise Schildkröte.

Ich merkte schnell, die aufkommende Nervosität der beiden Schamaninnen, die sich flüsternd berieten, was denn zu tun sei. Dann kam Alexandra zu mir und erzählte von dem aufgebrachten Stamm und dem Krieger. Es war der Häuptling und eine alte weise Heilerin und/oder Schamanin vom Stamm war auch anwesend. Die Szenerie wurde richtig bedrohlich und ich fühlte mich mehr und mehr unwohl und begann am ganzen Körper zu zittern. Alexandra beschrieb mir die Situation und bat mich, mich auf zu setzten. Sie sagte, ich hätte große Schuld auf mich geladen und müsse die Indianer um Vergebung bitten.

Ich kniete mich hin und urplötzlich wurde ich ganz tief von einem Schuldgefühl erfasst und mächtig durchgeschüttelt. Es rannen mir die Tränen nur so aus den Augen. Ich zitterte am ganzen Körper und war sehr betroffen von der Situation. Was hatte ich getan, meine mir so geliebten Indianer, die ich doch in meinem Herzen trage, so zornig gemacht zu haben? So zornig und wütend, dass sie mich auf der Stelle massakrieren wollten. Wie konnte das sein, dass sich diese Geistwelt der Indianer so klar und markant zeigen konnte. Diese Gedanken hatte ich natürlich nicht in diesem Moment, als ich nur tief erschüttert und vollkommen hilflos war. Alexandra sagte, die Indianer würden ein Opfer von mir fordern.

Heike schlug vor ein Ritual zu machen über einen längeren Zeitraum. Ein Vergebungsritual. Die Indianerrunde diskutierte, manchen reichte ein Ritual nicht, sie forderten mehr – einige forderten mein Blut. Die Schamaninnen sagten, das komme nicht in Frage. Das alles hört sich hier vielleicht merkwürdig an, wie die Indianer aus der Geistwelt sich berieten über die Vorschläge, die wir uns ausdachten. Aber genauso hat es ich abgespielt. Es waren diesseitige und jenseitige Beratungen, eins zu eins, synchron von dieser Welt in die Anderswelt.

Dann folgte ein weiteres Ereignis: Ein Bündel wurde herangeschafft, in dem ein Leib verschnürt war, fast leblos und furchtbar malträtiert. Das Bündel bewegte sich nicht und Alexandra erklärte mir, dass dies ein Seelenanteil von mir sei, den die Indianer bei sich behalten hätten und mit dem sie mich schon seit langer Zeit malträtierten. Das also war der Grund meiner ständigen Unruhe und dieser seelischen Schwermut.

Ich erfuhr also, dass ich große Schuld auf mich geladen hatte (was genau das war, sagten sie nicht!). Die Indianer erklärten, dass sie diesen Seelenanteil von mir seit langem festhalten, um sich an mir zu rächen.

Alexandra beschrieb mir die weitere Szenerie. Es tauchte eine weiße Schlange auf und bewegte sich zu dem Bündel, dem Teil meiner Seele, den die Indianer gefangen hielten. Die Schlange kroch auf den Körper und schlug ihre mächtigen Zähne in den Bauch des Bündels. Etwas trennte sich ab, wurde freigesetzt und entlud sich mit hoher energetischer Kraft. Dies sind die Bilder aus der geistigen Welt, erklärte mir Alexandra.

Ich war wieder in Liegeposition, denn ich konnte mich nicht mehr aufrecht halten. Mein ganzer Körper zitterte und das Wasser lief mir nur noch so aus den Augen – nicht viel fehlte und ich hätte das Bewusstsein verloren. Ich hatte keine Kontrolle mehr über meinen Körper. Ich war ein einziges Zittern, ein einziger Seelenschmerz. Wieder war da dieses markerschütternde Vibrieren in meinen Zellen. Es fühlte sich ähnlich an, wie bei meiner Rückführung in die Geburtssituation.

Alexandra, Heike und ich berieten weiter, nachdem ich mich etwas beruhigt hatte, was ich dem Stamm nun anbieten könnte. Alex schlug vor, ich solle über drei Monate ein Ritual abhalten, jeden Tag. Heike sagte noch, ich könne meine Bergkristalle, die ich mitgebracht hätte, opfern. Auch das reichte dem Stamm noch nicht. Aber die Stimmung bei den Indianern wurde ein wenig milder, etwas weniger aggressiv. Schließlich bot ich an, über ein halbes Jahr lang, jeden Tag ein Vergebungsritual zu machen und meine beiden Lieblingskristalle zu vergraben und die Indianer waren einverstanden. Wir hatten eine Vereinbarung. Ich war erleichtert.

Die Sitzung war beendet. Ich benötigte über eine Stunde um einigermaßen wieder zu mir zu kommen. Im Nachgespräch versuchten wir zu rekapitulieren, was das Ganze zu bedeuten hatte. Wie war es dazu gekommen, dass ich die indianische Geistwelt, respektive diesen Stamm, derart verletzt hatte, dass sie mir so sehr grollten?

Allein die Vorstellung, dass so etwas überhaupt möglich ist, lässt einen vor Ehrfurcht erschaudern. Es bedeutet, dass wir Menschen mit der Geistwelt aufs engste verwoben sind und sogar massiv Schaden anzurichten vermögen, wenn wir die Gesetze dieser Welt missachten. Mir war tatsächlich nicht klar, was ich getan hatte, um einen derartigen Schaden in der geistigen Welt verursacht zu haben. Und wann war das geschehen? Wie lange war denn dieser Seelenanteil von mir getrennt und bei den Indianern gefangen? War das möglicherweise gar nicht in meinem jetzigen Leben passiert. Trug ich ein Karma aus meiner Lebenszeit als Indianer? So unendlich viele Fragen blieben offen.

Dieses Ereignis meiner schamanischen Reise bedeutet aber noch so viel mehr. Wie in meinem Fall sichtbar, reichen die Kräfte der Geistwelt in unsere Realität. Es erinnert fast an die Erfahrungen mit dem Voodoo, wenn Seelenanteile aus der Anderswelt gefangen gehalten und mit magischen Kräften malträtiert werden. Es klingt unglaublich. Allerdings ist mir das so passiert und in diesem Fall gibt es Zeugen, - die Schamaninnen, Heike und Alexandra.

Als wir nach der Sitzung zusammen saßen, waren wir alle erschüttert durch die erlebten Ereignisse. Selbst Heike und Alexandra waren sichtlich mitgenommen. So etwas hatten Sie selbst noch nicht erlebt.

Es stellte sich natürlich sofort die Frage: Was war denn tatsächlich der Grund für diese immense Reaktion aus der geistigen Welt. Was hatte ich getan? Ich konnte mir wie gesagt keinen Reim darauf machen. Viele Möglichkeiten gab es ja nicht, da ich ja keine wirklichen Berührungspunkte mit der indianischen Welt hatte. Es blieb da nur die Erfahrung aus der Rückführung, die ich auf dem Seminar gemacht hatte. Als ich als Krieger in einem früheren Leben Rache an diesem Stamm verübt hatte.

Wenn dem so war, wieso war meine Handlung damals so verächtlich und warum ist die Rache der Geistwelt heute an mir legitim. Diese Frage kann ich bis heute nicht beantworten. Aber die Geschichte ist noch nicht zu Ende.

Jeden Tag über ein halbes Jahr lang machte ich das Ritual für die Indianer. Ich hatte einen kleinen Text verfasst, den ich jedes Mal als mein Vergebungsgebet an die Indianer laut aufsagte. Ich räucherte dazu und zündete eine Kerze an. Meine beiden geliebten Bergkristalle vergrub in einem nahegelegenen Park.

Ich führte dieses Ritual in dem Glauben und der Einsicht durch, dass ich tatsächlich Schuld auf mich geladen hatte. Ich wusste, dass es so war. Ich musste etwas unsagbar Verächtliches getan haben. Die geistige Welt tischt einem keine Lügen auf, es ist die Stimme einer Instanz, die über jeden Zweifel erhaben ist. Also nahm ich die Schuld an, auch wenn ich es nicht vollkommen verstand. Viel wichtiger aber war, dass ich dankbar dafür sein konnte, diese Geschichte so auflösen zu können. Das nahm ich in großer Demut an.

Zuletzt war eine große Gunst, Kontakt zu diesem Indianerstamm zu bekommen und ich hatte eine Chance etwas zu tun, ganz praktisch, um ein Unrecht auszugleichen. Wieder etwas in Ordnung zu bringen. Und dafür war ich sehr dankbar und bin es bis heute.

Mein Ritualschrank ziert ein Indianerkopf aus Bergkristall, darunter ein wechselndes farbiges Lichtspiel. Es vergeht kaum ein Tag an dem ich den Kristallschädel nicht illuminiere. Das ist mein stiller Gruß für den Stamm, dem ich soviel Leid zugefügt habe und ich werde das niemals vergessen. Ich hoffe inständig das mir der Indianerstamm endgültig vergeben hat und mir im Guten zugewandt ist. Das ist mein Wunsch, denn ich wünsche mir Frieden. Frieden nicht nur für mich, Frieden für alle Wesen und Welten. Nach sechs Monaten war das

Ritual abgeschlossen. Ich hatte keinen Tag ausgelassen. Und ich vereinbarte wieder einen Termin mit Heike und Alexandra.

4.1 Die Wiedergeburt

Das Ritual wurde für mich zu einer vertrauten Handlung und ich spürte eine Beziehung zwischen mir und dem Indianerstamm wachsen. Kaum sprach ich die ersten Worte meines Gebetes, kam ich in eine geistige Verbindung zu ihnen. Ich bekam Bilder und Visionen von dem Stamm, reiste viele Male dorthin um Blumen und Federn zu bringen. Ich wurde willkommen geheißen und der so untröstliche Krieger, selbst er, konnte mir irgendwann friedlich begegnen.

Als die 6 Monate vergangen waren, machte ich mich wieder auf den Weg zu den Schamaninnen, über eine Autostunde von Köln entfernt. Ich war unsicher und gespannt zugleich was sich nun bei den Schamanen zeigen sollte. Ich war mir keineswegs sicher, dass nun alles gut sei.

Wir begrüßten uns freundschaftlich und ich freute mich sehr wieder hier zu sein - in diesem heiligen Raum. Wir redeten nicht lange, wir alle waren gespannt was passieren würde und schon schlugen wieder die Rasseln von Alexandra und Heike in die Himmelsrichtungen und der eintönige Trommelschlag begann. Wieder lag ich mitten im Raum und versuchte an gar nichts zu denken. Ich gebe hier jetzt aus meiner Sicht wieder, wie es Alexandra, die Schamanin mir beschrieben hat:

`Sogleich erscheint der Indianerstamm im Westen, voller Schmuck und Federn, tanzend und voller Freude. Es ist der Tanz für das Ritual, das nun von statten gehen soll.

Die alte Frau (Medizinfrau) tritt aus der Mitte der Kieger hervor, ihr Gesicht zerfurcht vom Alter, wie die schroffe Rinde eines uralten Baumes. Sie trägt ein Gefäß in den Händen, eine Art Schale mit etwas darin. Heike erkennt zunächst eine Kerze.

`Die Alte tritt an mich heran, kniet sich hin und beugt sich über mich. Sie beginnt beschwörende Worte zu sagen, die Indianer tanzen rhythmisch um uns herum. Eine tranceartige Stimmung entsteht – die Trommeln schlagen in immer gleichem Klang, laut und mächtig. Es ist ein Moment, den selbst die Schamanen-Frauen später als sehr besonders beschreiben – ein ergreifender Moment.´

´Die Alte singt und beschwört, während ihre Hände über mir kreisen. Heike sieht wie schwarze Fäden und Schnüre aus meinem Bauchraum aufsteigen. Ich spüre in diesem Moment wie mich etwas Schweres verlässt. ´

`Im Norden, berichtet Alexandra, sitzt eine Frau mittleren Alters, vielleicht um die 30. Sie ist voller Leid und Trauer. Sie sei schon immer bei mir gewesen´ – Zunächst wissen wir nicht wer dies sein könnte, aber dann wird das Bild deutlicher und es wird zur Klarheit: Es ist meine Mutter.

Ein Seelenanteil hat sich bei der Geburt abgetrennt, da ich in großer Not war, ja in Lebensgefahr. In diesem Moment hat sich dieser angstbesetzte Seelenanteil meiner Mutter an mich geheftet und schließlich mein ganzes Leben lang begleitet. (Nun kann man sich vorstellen, dass eine derartig, angstbesetzte Anhaftung eklatante Einflüsse auf die Persönlichkeitsentwicklung des Kindes mit sich bringt.)

Im Westen sieht Alex ein weites Land. Sie sagt: `Es ist der Blick zurück ins Nirgendwo der Vergangenheit, das mich verhindert im Hier und Jetzt zu sein´. Im Süden taucht ein großer mächtiger Drache auf. Archaisch anmutend, übermäßig, kräftig und machtvoll wie ein Dinosaurier aus der Vorzeit. Er steht von nun an meiner Seite für die kommende Zeit, bemerkt Heike.

Die Zeremonie geht weiter: Die alte, weise Indianerin ist immer noch über mir, spricht heilige, magische Worte und singt spirituelle Gesänge. Alex drückt es später so aus: „Sie hat dir mit ihren Beschwörungen förmlich ein Netz um den ganzen Körper gesponnen und dich gesegnet – sie hat dir heilige Beschwörungen für die Rückkehr deines Seelenkerns geflüstert".

Die Alte hält die Schale über mich mit dem Licht darin. Es ist keine Kerze, wie Heike anfänglich dachte, nein es ist mein Seelenlicht.

Mein Herzraum öffnet sich – alles geschieht wie von Geisterhand. Das Licht der Seele schwebt über mir und dann, ganz von selbst, setzt es sich langsam ab und sinkt in mich hinein, ganz behutsam und sachte und ohne ein Zutun der alten Medizinfrau. So, als würden sich die bekannten, alten Seelenanteile magnetisch anziehen und wieder miteinander verbinden.

Ich spüre wie mich ein intensives Licht erfüllt und sich langsam in mir ausbreitet – bis es mich schließlich ganz erfüllt. Ich spüre meinen Körper nicht mehr, bin nahezu schwerelos, Tränen fließen, ganz von selbst, nicht von Trauer. Es ist die Ergriffenheit des Moments, die mich durch und durch erfasst. Es ist ein heiliger Moment.

Auch die beiden Schamanenfrauen sind von diesem Moment ergriffen und stimmen ihre schönen freudigen Indianergesänge an und trommeln rhythmisch dazu. Es ist unsagbar schön.

Die Frau, an meiner Kopfseite, die wir als meine Mutter erkannt haben, erhebt sich nun auch voller Erleichterung aus ihrer trauernden Haltung. Es ist vorbei, sie kann nun loslassen und selbst heil werden. Das ist das Großartigste war passieren konnte.

Der Abschluss der Zeremonie ist einfach nur friedvoll. Ich liege in einem Bett aus Blumen und Federn. Ein reines Gefühl des Aufgehoben sein und ein sich glücklich fühlen – gleichsam erhaben und vollständig.

Unfassbar! Ich habe die Wiedervereinigung meiner Seele erlebt, womöglich nach vielen Leben der Trennung. Noch nie zuvor, sagt Alexandra später, hat sie erlebt, wie dieses Licht der Seele sich von selbst in den Körper absenkt, als wäre es von einer eigenen, feinen Gravitation gesteuert. Und sie hat schon unzählige Seelenrückführungen gemacht.

Und weiter sagt sie: Dies war nicht nur ein Teil der Seele, das war der Seelenkern. Das ist tatsächlich unglaublich. Habe ich tatsächlich, so lange Zeit ohne meinen Seelenkern gelebt? War das der Grund meiner inneren Unzufriedenheit, meines Gefühls nicht vollständig zu sein, seitdem ich ein Kind war? Die Erkenntnis trifft mich wie ein Paukenschlag. War mein ganzes Leben, also darauf programmiert einen Weg zu finden, um wieder meinen Seelenkern zu finden?

War all das, was ich erlebt hatte, nur eine blinde Suche mit größten Umwegen und Verwirrungen, um meine gespaltene Seele zur Heilung zu bringen? Waren all die Synchronizitäten die mir im Außen gespiegelt wurden, letztlich die Wegweiser zu meiner inneren Heilung? Wie jemals hätte ich in der Realität der Dreidimensionalität erkennen können, dass mein Karma mich gefangen hält und meine Seele schreit? All das musste also passieren….!?

Es ist mir wohl bekannt, dass die Seele sich teilt, immer wieder und Anteile verliert oder sogar aussendet. Aber mir war nicht bekannt, dass der Seelenkern auch abseits in geistiger Welt abgespalten sein kann und dennoch die Inkarnationen weitergehen mit immer derselben Trennungsgeschichte.

Wenn ich zurückschaue auf mein jetziges Leben und diesen tatsächlich gefühlten, schweren Trennungsgefühlen und Vertrauensverlusten nachempfinde, die mich so geprägt und nahezu durchbohrt haben wie Speerspitzen, erkenne ich den Sinn meines Lebens. Vielleicht ist es der Sinn eines jeden Lebens, die innere Trennung, das Karma zu erkennen und zur Heilung zu kommen.

Wir alle laufen durch das Rad des Schicksals, wie es im Tarot dargestellt wird. Wir alle haben alle möglichen seelischen Schmerzen und Trennungen erlebt. Wir alle suchen nach Heilung unserer Seelen. Vielleicht ausgenommen die Neuen Kinder, deren Leben nicht von Karma bestimmt sind.

Wenn ich nun sehe, dass meine Bestimmung diese Reise war, etwas wiederzufinden, was nicht in irdischen Kontexten zu verorten ist. Wenn meine Reise begann unter dem Zeichen des Todes – dem nur halblebigen Beginn, dem Seelenaustritt im Jugendalter und dann mein Aufbruch auf der Suche nach innerer Heilung, der zu den alternativen Heilmethoden, den geistigen Welten und zu den Schamanen geführt hat. Dann erkenne ich Jetzt und tatsächlich erst `Jetzt´ einen Sinn dahinter.

Ich bin heute froh, all diese unwegsamen Erlebnisse erfahren zu haben. Und ich bin unbeschreiblich glücklich darüber und sage danke an meine Ahnen und den Stamm der Indianer, der mich aufgeweckt und mir das größte Geschenk meines Lebens gemacht hat. Die Indianer haben mir gezeigt, dass es Vergebung geben kann.

Die Ahnen haben zu mir gesprochen. Sie haben unbeschreibliche Wege gefunden, mich zu erreichen. Aus diesen metaphysischen Reichen, wo ganz eigene Gesetze herrschen. Die Synchronizitäten haben mich geführt, wie ein Fingerzeig aus der unbekannten, unsichtbaren Welt. Ich habe begonnen, den Zeichen zu folgen. Es sind Wegweiser, die man erkennen kann, wenn man es tatsächlich will. Sicher, es gehört vor allem Beharrlichkeit und Ausdauer dazu, in diesem schwer fassbarem, unerklärlichem Terrain weiterzugehen. Wenn immer alles wie im Nebel erscheint. Unlogisch, trügerisch und alles andere als rational erklärbar, aber eine geistige Welt vermag sich zu öffnen und sichtbar zu werden.

Das Tarot mit seiner Mystik zeigt uns die Geschichte, die wir Menschen durchlaufen. Es ist die Reise des Narren durch die Welt, der sich nicht drum schert, was andere denken. Er bleibt seinen Prinzipien treu und vertraut seiner Intuition, auch wenn er verhöhnt und für verrückt erklärt wird. Er weiß, dass es einen Weg gibt und vertraut auf die Führung, die er erhält. Die lauten Stimmen der Zweifler verstimmen, wenn das Wunderbare beginnt zu erscheinen. Das war schon immer so!

Sind es nicht diese unfassbaren Ereignisse, die jenseits der Gesetze der Vernunft stattfinden, jenseits von Zeit und Raum, die uns faszinieren lassen und uns die wirkliche Welt der Zauberer bescheren. Sie zeigen uns, wie verbunden wir sind mit `Allem was Ist´ in der Schöpfung. Und das wir als Wesen unbegrenzt sind.

Die Ahnen begleiten uns und die Toten. Sie sind da und schauen auf uns, manchmal begegnen wir ihnen und das Rätsel von Leben und Tot das die Menschen so sehr beschäftigt, ist nichts als eine Illusion.

Teil II

KAPITEL 5. WEGE ZUR SELBST-ERFAHRUNG

Im ersten Teil des Buches habe ich im Wesentlichen von meinen persönlichen Erlebnissen erzählt. Ich habe versucht mit den Konzepten von Synchronizität, Resonanz und dem Modell des allumfassenden Feldes einen theoretischen Rahmen für meine persönliche Geschichte zu entwerfen. Dies ist ganz bewusst nur in Ansätzen geschehen, da ich dem Leser ausreichend Spielraum für seine Interpretationen lassen möchte. Und auch, weil ich den Entwurf einer allumfassenden Theorie gar nicht leisten kann. (Wer Interesse an einer allumfassenden Theorie hat, empfehle ich die 3 Bände von Thomas Campbell[11])

Dennoch mag man als Leser den Eindruck gewinnen, etwas ratlos zurückzubleiben, wenn man diese doch zum Teil skurril anmutenden Ereignisse Revue passieren lässt. Zurecht mögen Sie sich fragen:

---

[11] Thomas Campbell: My big Toe – Meine Grosse Theorie von Allem, Bd. 1-3, Independently published, Nov. 2018.

Welche Schlüsse und Erkenntnisse haben sich für ihn, dem Autor, der all dies erlebt hat, nun daraus ergeben? Was hat das mit Ihm gemacht und wie hat all dies sein Leben geprägt? Und schlussendlich bleibt die Frage: Gibt es Erkenntnisse, die sich nachvollziehbar für den Leser, aus diesem Bericht, ziehen lassen?

Ich möchte Ihnen gerne mitteilen, wie all das Erlebte, mein Verständnis auf die „Realität" verändert hat. Das ich an dieser Stelle den Begriff Realität in Anführungszeichen setzte, soll ein Hinweis darauf sein, dass ich heute nicht nur von einer feststehenden, klar definierten Realität ausgehe.

In den vergangenen nun fast 25 Jahren habe ich mich intensiv dem Studium der verschiedensten esoterischen und spirituellen Themen gewidmet. Ich habe Workshops und Seminare besucht und Einweihungen erlebt. Damit will ich sagen, dass ich sowohl theoretisch als auch praktisch mich diesen Themen gestellt habe

Über die Jahre habe ich ein eigenes System der Heilungsarbeit entwickelt. Ich habe gelernt den Energiefluss über meine Hände „zu lesen" und schlechte oder fremde Energien zu extrahieren. Diese Form der Energiearbeit beruht auf schamanischen Traditionen. Ich folge aber im Wesentlichen meiner Intuition und kombiniere verschiedene

Elemente, sei es die Frequenzen der Klangschalen, den Kräften der Laserkristalle oder dem Pendel, der den Energiefluss reguliert.

Was meine heutige Anschauung der Dinge betrifft, sind Erfahrungswerte, die ich über viele Jahre experimentiert und erfahren habe. Ganz zentral waren die vielen Reisen zu den hochenergetischen Orten dieser Welt. Und die vielen Begegnungen die ich dabei hatte. Ich bin in die Welt gereist und habe gewagt mit meinem Bewusstsein in andere Dimensionen vorzudringen. Diese spirituelle Reise ist das wahre Abenteuer meines Lebens.

In dem folgenden Text versuche ich einen Ausschnitt meiner Erkenntnisse und meines Glaubens über die Wirklichkeit wiederzugeben. Es ist eine Welt, die zum großen Teil jenseits unserer materiellen Realität existiert.

Sicherlich gibt es viele Wege zu Erkenntnis und Wachstum. Und ebenso viele Möglichkeiten der spirituellen Entwicklung. Was für den Einen praktikabel ist, hat für den Anderen vielleicht gar keine Aussage. Ich denke, jeder Mensch sollte für sich die Wege erkunden, die sich für ihn oder sie richtig anfühlen. Wenn es mir gelingt, jenseits meiner erlebten Erfahrungen, den Leser neugierig zu machen und vielleicht hier und da einige praktische Hinweise zu geben, die er für sich nutzbar machen kann, habe ich mit diesem Buch viel erreicht.

Nun möchte ich so vorgehen, verschiedene Ansätze meiner Vorstellungen näher zu beschreiben und mit dem Alltagsleben zu verknüpfen, um einen Bezug zum praktischen Leben herzustellen.

In diesem 2. Teil wird kein umfassendes Konzept der Realität gezeichnet. Es werden Aspekte unseres Lebens aus einer spirituellen Sicht beleuchtet. Einiges mag Ihnen bekannt vorkommen, anderes vielleicht nicht. Ich habe bewusst eine Auswahl von Themen gewählt, die in ihrer Zusammenstellung und schließlich ihrem Zusammenwirken eine eigene Qualität mit sich bringen. Die Kraft der Synthese erwächst aus dem Zusammenspiel und der Abfolge der einzelnen Kapitel.

Fühlen sie sich eingeladen, meine Ausführungen kritisch zu betrachten und selbst zu entscheiden, was sich stimmig anfühlt. Die Themen sind äußerst komplex und mögen in meiner Zusammenfassung etwas wage erscheinen. Allerdings birgt diese komprimierte Darstellung auch die Chance, ganz neue Zusammenhängen zu erfassen. Ich würde mir wünschen, Sie gehen mit Offenheit in dieses unbekannte Abenteuer, das auch wenn es außergewöhnlich erscheint, vielleicht auch ein Stück Realität ist.

Es ist in der Phänomenologie des Paranormalen gar nicht anders denkbar, über die intuitive Sichtweise Dinge zu erfassen, die jenseits einer schulwissenschaftlichen Prüfung liegt[12]. Entscheiden Sie selbst, mit offenem Herzen!

5.1 Der Mensch als spirituelles Wesen

Wir sind mehr als Fleisch und Blut. Lassen Sie sich einmal auf das Gedankenspiel ein, dass wir nicht nur rein physikalische Wesen mit einer starren knochen- und hautbasierten Körpermorphologie sind, sondern aus einem Universum frei schwebender Energieteilchen bestehen. Diese kleinsten Teilchen agieren ständig miteinander, teilen sich und sind ständig in Bewegung. Der Mensch ist nur zu einem verschwindend kleinen Teil Materie. Wenn wir uns als Universum von energetischen und biochemischen Interaktionen begreifen, dann machen wir einen Schritt in Richtung uns Selbst besser kennenzulernen.

Noch vor einigen Jahren wurden diejenigen, die von Aura und Chakren gesprochen haben für abgedrehte, esoterische Spinner gehalten. Heute ist die Betrachtung vom Menschen als Energiewesen in aller

---

[12] Ausführlich beschreibt dies Thomas Campbell in seiner Theorie.

Munde und selbst die Werbestrategen bedienen sich immer öfter der spirituellen Begrifflichkeiten oder erzeugen Wundersames mit der digitalen Technologie. Das hätte vor 30 Jahren niemand ernst genommen. Heute ist das alles Normalität!

Der ungebremste Superhelden-Zauber der Serien-Pop-Art-Kultur von Netflix, Amazon und Sky ist ein weiterer Indiz für die Wandlung in der wir uns befinden und Hinweis darauf, wohin die Reise geht. Das Paranormale wird immer normaler. Es wird uns regelrecht eingetrichtert und sukzessive als neue Realität ins kollektive Unterbewusstsein eingespeist. Das geschieht nicht zufällig, behaupte ich!

Unser materieller Körper existiert nicht allein durch die Aufnahme von Sauerstoff, Wasser und fester Nahrung. Der Mensch besitzt einen feinstofflichen Energiekörper, der sich von außen selbst mit Energie aus dem freien Feld versorgt. Ohne diesen ständigen Austausch mit Prana, Chi oder Lebensenergie aus dem Ether würden wir nicht existieren. (Warum lernen Kinder das nicht in der Schule?).

Der Energietransfer geschieht über die Chakren, die den Körper mit Chi-Energie versorgen. Ich nehme an, dass Ihnen dies alles bekannt ist. Ansonsten hätten Sie sich bestimmt nicht bis auf diese Seiten vorgewagt. Ich nehme weiter an, dass Sie über die wesentlichen Haupt-Chakren des Körpers Bescheid wissen und auch darüber schon etwas gehört haben, dass im Energiekörper des Menschen eine Vielzahl weiterer Chakren existieren, die mit dem universellen Feld in Verbindung stehen[13]. Soweit so gut!

Jeder Mensch hat also ein feinstoffliches Energiefeld und dieses steht wiederum in Kontakt mit dem universellen Feld. Dem Feld das allem übergeordnet ist. Ich nenne es das universelle Feld. Unsere Welt besteht also aus einer Unzahl von energetischen Feldern, die miteinander in Kontakt stehen. Jedes Wesen, jedes Ding, alles auf dieser Welt und in diesem Universum hat ein eigenes Feld – selbst ein Virus, eine Seifenschale, oder eine Autotür. Also auch unbelebte Dinge haben ein Energiefeld.

Alles hat ein Energiefeld. Und die Felder, ob menschlich, tierisch, kristallin oder auch nur gedanklich, stehen miteinander in Verbindung. Ich empfehle hier eine kleine Gedankenpause. Stellen sie sich einmal vor, wie alles, tatsächlich alles in einem Energiefeld existiert und diese Felder miteinander interagieren. Ich komme dazu noch ausführlicher in einen der nächsten Kapitel.

---

[13] Ich empfehle dazu die Bücher von Cyndie Dale! Es gibt auch zu den Chakren unterschiedlichste Schulen und Theorien. Cyndie Dale hat eine äußerst umfassende Darstellung über den menschlichen Energiekörper zusammengestellt.

Es gibt also eine Unmenge an Energiefeldern, die miteinander interagieren, ständig und unablässig und dabei Feldenergie, und auch Bewusstsein austauschen. Dies geschieht für gewöhnlich jenseits dessen, was wir wahrnehmen können. (*Zumindest im Großen und Ganzen. Natürlich reagieren wir mitunter auf Energien, wenn wir zum Beispiel eine Gänsehaut bekommen, wenn wir schlechte Energien spüren, oder wir spüren ein Kribbeln im Nacken, wenn wir von hinten taxiert werden, etc.*).

Der Mensch als Energiewesen steht mit seinem Energiekörper in Verbindung mit der Erde und den lichten kosmischen Energien. Der Mensch als (Energie-) Körper ist eingebettet in ein funktionierendes Gesamtsystem, dem universalen Feld – ohne diese Verbindung würden wir Menschen nicht existieren können. Unsere Verbundenheit mit dem energetischen Außen ist also lebensnotwendig. So gesehen ist der Trennungsgedanke des Menschen ein Irrglaube, wir alle stehen immer in Verbindung mit dem universalen Feld und somit mit der Energie der Schöpfung selbst.

5.2 Von Feld zu Feld

Wir haben erfahren, dass der Mensch energetisch mit `Allem was Ist´ in Verbindung steht. Der Trennungsgedanke ist ein Irrglaube und entspricht nicht der Wirklichkeit. Diese Anschauung wurde uns eingepflanzt. Die Schöpfung, Gott ist nicht außerhalb von uns, sie ist in uns. Wir sind die Schöpfung, mit allem was ist. Wir könnten als Wesen gar nicht außerhalb des universellen Feldes existieren.

Alles was uns umgibt, sei es in der näheren Umgebung, oder viele Kilometer entfernt, ist lebendig nicht nur durch die materielle Ausprägung, sondern durch die Interaktion unzählbarer Bewusstseinsfelder. Es geht immer um den Austausch von Information. So bildet eine Landschaft, ein Wald, ebenso ein Bewusstseinsfeld, wie ein See oder die Antarktis.

Das was wir als unbeseelt betrachten, kann doch kein Bewusstseinsfeld haben, mögen sie einwenden. Ich versichere Ihnen, es ist so. Nehmen wir zum Beispiel das Pflanzenreich. Medizinmänner, Heilkundige und Schamanen haben die Fähigkeit mit den Pflanzen zu sprechen. Es ist die Befähigung sich mental auf das Schwingungsniveau der

Pflanzen einzustellen. Auf dieser Ebene können die Informationen gelesen, beziehungsweise verstanden werden. Es ist ein überliefertes Wissen der Naturvölker sich mittels verschiedenster Techniken in diese andere Welt einzuklinken.

Mit dieser geistigen Kommunikation konnten die Menschen erst überhaupt das Heilwissen über die Kräuter und Heilpflanzen erfahren. Schamanen sprechen mit Bäumen, mit der Erde, Feuer und Wind. All das ist kein fauler Zauber oder gar erfunden. Wir können durchaus mit unserem Geist diese Naturwelten erreichen und stellen fest, dass sie eine Sprache haben. Die Schamanen reisen in die Unterwelt, die Mittelwelt und die Oberwelt. Dies sind Sphären, wo Geister, die Naturreiche, Engel und Erzengel, usw. existieren.

Wir alle sind in der Lage Energie zu spüren, sie bewusst wahrzunehmen. Wir können Sie fühlen. Wir können Energie bewegen. Beginnen Sie einfach mal, mit ihren Pflanzen zuhause Energie zu tauschen. Halten ihre Hände über ihre Blumen, denken Sie daran, wie sie ihrer Pflanze Energie senden. Sie werden schnell feststellen, dass die Pflanzen sehr direkt darauf antworten und Energie zurückschicken. Mit ein wenig Übung werden sie es spüren. Die Frage ist nun wie soll man sich diese Interaktion der Felder vorstellen? Was geschieht da? Vor allem was geschieht wenn ein Energiekörper mit einem eigenständigen

Bewusstsein, der Gedanken produzieren kann mit einem Energiefeld ohne eigenes Bewusstsein interagiert.

Nehmen wir ein Beispiel: Ein Mensch und ein Auto. Das Auto ist ein Gebrauchsgegenstand, mechanisch und mit menschlichem Bewusstsein konstruiert und gebaut von Menschenhand. (mehr oder weniger!) Nun ist es oft so, dass der Mensch mit seinem Fahrzeug kommuniziert, manchmal in Gedanken aber auch tatsächlich in ausgeübter Sprache: `Spring jetzt bitte an´ oder `lass mich nicht im Stich´, oder `danke, das du mich sicher hierher gebracht hast.´

Die Gedanken des Menschen sind oft beim Auto. Sie freuen sich, wenn man in sein Auto steigt, sind stolz auf ihr Auto. Das Auto ist ein Teil von Ihnen. Manche Menschen lieben ihr Auto,….mehr als….!

Emotionen und Gedanken gehen also in das Feld des Autos und erschaffen ein eigenes autonomes Informationsfeld. Natürlich kann das Auto nicht selbst denken, wie eine selbstgeschaffene Künstliche Intelligenz, aber es generiert ein Feld, in das Schwingungen in Form von Informationen eingehen, positive wie negative. Dies generiert ein Bewusstseinsfeld. Deswegen ist es gar nicht so abwegig mit seinem Auto zu sprechen.

Tatsächlich geschieht eine Resonanz und positive Gedankenfelder wirken sich positiv aus - eben auch auf die Mechanik. Ich will das ein wenig verdeutlichen, denn hier kommt etwas zur Sprache, was im ersten Moment fremd erscheint und sicher nicht einfach zu verstehen ist.

Unsere Interaktionen als bewusstseinsstiftende Wesen stehen im ständigen Austausch mit der belebten, aber auch mit der scheinbar unbelebten Welt. Sie erschaffen Realität und kreieren Bewusstsein.

Wenn wir also beständig einem Ding, oder Gegenstand ganz bestimmte Gedanken senden, wird sich ein Gedankenfeld um diesen Gegenstand bilden. Es bildet sich eine Art *Gedankenentität*. Man könnte es als Art feinstoffliche Wesenheit betrachten. Je öfter man dieses Feld immer wieder regelmäßig bespeist, zum Beispiel mit Gedanken, kann dieses Feld sich stabilisieren und gar eine Art Autonomie herausbilden. Das beste Beispiel dafür sind Ritualgegenstände, die eine eigene Kraft und Magie entwickeln. Natürlich bleibt dies auf einer gewissen Interaktionsebene, aber es ist dennoch mit einem passiven Bewusstsein belegt. Wenn Sie also ihr Auto lieben und liebevolle Gedanken an ihr Auto senden, wird es ihnen dienlich sein.

Alles um uns herum ist also durch Bewusstsein erfüllt und durch zielgerichtete Bewusstheit bilden sich Energiefelder. Nehmen wir ein Beispiel: Sie haben in ihrer Wohnung einen kleinen Altar aufgebaut. Es ihr Platz an dem sie meditieren oder ihre Gebete sprechen.

Durch ihre beständige Praxis sich an dieser Stelle ein eigenes Bewusstseinsfeld herausbilden, ein Gebetsfeld. Ein kleiner heiliger Raum entsteht, immer neu genährt durch ihre wiederholenden heiligen Praktiken.

Sie erschaffen ihr eigenes Portal mit ihren Gebeten! Der Zugang zu den lichten Dimensionen wird durch ihre Praktik in diesem Raum durchlässiger. Ihr Bewusstsein kreiert durch das Gebet eine direkte Verbindung, einen Kanal, der sich an den Geist der Schöpfung richtet und sich durch wiederholte Praktik etabliert. Hätten Sie gedacht, dass Sie zu so etwas fähig sind? Und da ist noch sehr viel mehr…!

Es gibt Energie- oder Feldverbindungen, die sich durch ihre systemische Herkunft speisen. Zum Beispiel hat jede Familie ein eigenes Energiesystem. – Und zwar nicht nur gebildet durch Geburt und Verwandtschaft in einer Generation. Die Familie bildet ein System, dass auch die Ahnen mit einschließt. Das bedeutet, die genetische Herkunft bildet einen Systemverbund, der alle Generationen mit einander verbindet. Alle Generationen, die vorher da waren und alle, die noch folgen. Die gesamte genetische Linie bis an die Anfänge des Stammbaumes ist als System daran gebunden und im Feld ist auch beschrieben, wie die Generationen sich weiterentwickeln. Wie bereits erwähnt kennt das Feld unsere Begrenzungen von Raum und Zeit nicht. Es gibt immer nur alles was ist. Diese energetischen Verbindungen sind existent und manifest im universellen Feld. Auf dieser Annahme beruht die systemische Familienaufstellung nach Bert Hellinger[14].

Wenn wir das Wissen der Naturvölker mit dazu nehmen, ist die Ahnenverehrung nicht nur eine ritualisierte Handlung, den Toten zu gedenken, sondern in dieser Vorstellungswelt sind die Ahnen ein lebendiger Teil des Ganzen (Systems), der aktiv in unserer gelebten Gegenwart ist. Das System der Energiefelder existiert also auch in den Jenseitsreichen und den vielen Dimensionen des Seins. Aus dieser Sicht sind die Reiche der Toten und Geister durchaus lebendig.[15] Wir existieren in einem unüberschaubaren Meer der Verknüpfungen.

Eine Partnerschaft bildet ein eigenes System, das Wohnhaus der Familien, die Straße hat ihr eigenes Feld, die Stadt, das Land bildet ein

---

[14] Bert Hellinger ist der Begründer der systemischen Familienaufstellung und ein Pionier darin, die Feldtheorie in eine praktische Anwendung übersetzt zu haben.
[15] Um dies weiter zu erkunden, empfehle ich die Bücher von Alberto Villodo, aber auch den unvergessenen Carlos Castaneda und ganz allgemein Literatur zum Schamanismus.

Bewusstseinsfeld....all diese Systeme haben ein eigenes Gedächtnis und werden ständig neu gespeist mit Informationen.

Ich will dies noch ein wenig veranschaulichen. Diese Systeme, von kleinster Einheit bis zur größeren, bilden eine Art Geschichtschronik. Alles ist darin gespeist – nichts geht verloren. Alle Gedanken, die jemals gedacht wurden und alle die gedacht werden, gehen in die Chronik ein.[16]

Stellen Sie sich mal vor, welch eine Unmenge an Information allein eine Millionenstadt täglich in die Chronik einspeist (Mich würde nicht wundern, wenn facebook alles daran setzt, diese Chronik anzuzapfen. Es ist die größte Datenbank der Menschheit).

Ein beträchtlicher Teil all dieser Informationen ist alles andere als positiv. Dazu reicht ein Blick in unsere Geschichtsbücher oder die 20 Uhr Tagesschau. Dieser alltägliche Ballast von schlechten Neuigkeiten ist voll von Aggression, Gewalt und Krieg. All das wirkt auf jeden Einzelnen und erschafft weiter Missmut, Tratsch und Klatsch. Es ist wahrlich kein Wunder, dass vor allem in dicht besiedelten Städten die Aura des Gebietes schwer belastet ist und die Menschen unter einer energetisch verschmutzten Smog-Glocke leben.

---

[16] Es gibt daher auch eine Chronik der gesamten Menschheit in der alles jemals Erdachte und Erlebte und alles Zukünftige gespeist ist. Man nennt sie die Akasha – Chronik.

Sie kennen sicherlich das Phänomen, dass ihnen bestimmte Orte unsympathisch sind und sie sich unwohl fühlen. Das kann daran liegen, dass diese Orte mit negativen Energien belastet sind. Zum Beispiel sind Städte, die Kriegserlebnisse gespeichert haben oft geprägt von dunklen Feldern. Auch wenn die Ereignisse Jahrhunderte zurückliegen, sind sie noch spürbar. Meist subtil, aber immer wirksam.

Sie können zu Depressionen, Angstzuständen und selbst physischen Krankheiten führen. Immer wieder werden wir an die schrecklichen Erlebnisse der Weltkriege des vergangenen Jahrhunderts erinnert. Der Bundespräsident spricht vom `kollektiven Bewusstsein´.

Eine Schuld lastet karmisch auf dieser Nation – zweifellos. In den Wänden der Häuser der Kriegsstätte lauern lebendig die Geister der Vergangenheit. Und wir sind leider kräftig dabei, sie immer aufs Neue heraufzubeschwören.

Der Mensch ist in seinem Alltagsleben einer Vielzahl von Energien ausgesetzt. Da sind die Energien seiner persönlichen Beziehungen an vorderster Stelle. Immer da, wo der Mensch emotional interagiert, beziehungsweise betroffen ist, sind die Wirkkräfte besonders groß. Familie – Partnerschaft – Freunde – Bekannte - Kollegen. Aber auch der Wohnort, mit seinen Feldern ist von enormer Bedeutung für das Wohlbefinden.

Es gibt gute Orte und weniger gute, wenn man die Lebensqualität aus energetischer Sicht beschreibt. Vielleicht ist es kein Wunder, das viele Stadtbewohner sich in ländliche Gefilde orientieren. Und dabei haben wir noch nicht mal von den Energien gesprochen die unsere Matrix im Sekundentakt befüllt. All die Informationen die wir uns über die Medien, Handys und dem World Wide Web zuführen.

Ich will hier nicht als Schwarzmaler erscheinen, aber es ist durchaus von Nutzen sich klar darüber zu sein, mit welchen unsichtbaren und schädlichen Frequenzen wir unser eigenes System tagtäglich belasten. Da sind die Sendemasten, die uns das W-Lan bescheren, unsere Handys und Computer etc. Nahezu jedes elektronische Gerät erzeugt unnatürliche Energiefelder. Der Elektrosmog ist eben deswegen so gefährlich, weil wir ihn nicht sehen können. Aber er stört nicht nur die natürlichen Frequenzen des universalen Feldes. Er durchdringt unsere Körper und manipuliert die Schwingung unserer Zellen. Ebenso wie der unnatürliche Sekundentakt unserer Uhren unseren natürlichen Puls durcheinander bringt.

5.3 Von negativen Feldern

Was aber nur anfangen mit all den negativen Energien, die uns ständig bombardieren. Um es drastisch auszudrücken: Die Welt da draußen ist von Angst und Ungerechtigkeit besetzt. Wir alle sind negativen und feindlichen Stimmungen und Frequenzen ausgesetzt. Ist das vielleicht der Grund warum Depressionen in unseren Tagen zur Volkskrankheit erklärt werden. Dennoch auch wenn es Alarmzeichen in der Gesellschaft gibt, sollten die Menschen sich ihrer Stärken bewusst sein.

Die große Fähigkeit des Menschen ist seine Widerstandsfähigkeit. Wir sind wahre Wunderwerke der Natur. Unser Körper-Geist-Seele System vermag größte Selbstheilungskräfte zu mobilisieren und es gibt einen ganz wesentlichen Faktor der zur Stabilität beiträgt. Und das ist schlicht unsere Einstellung. Unsere Einstellung basiert auf unseren Glaubenssätzen und all unsere Reaktionen und Handlungen folgen daraus.

Wenn wir nun denken, alles um uns herum ist verseucht, kann das nur zu Panik führen. Angst entsteht und genau das sollten wir vermeiden, denn es schwächt das eigene System noch mehr. Wir werden noch angreifbarer. Wenn ich beginne hinter jeder Ecke das Böse zu sehen, werde ich diesen Energien erst die Macht verleihen, die sie so stark machen.

Kein Moment in der Matrix ist so wirkmächtig wie die Angst. Durch Angst und Panik werden wir zu Opfern. Ich will damit sagen, dass die Angst uns erst so richtig angreifbar macht und unsere natürlichen Abwehrkräfte schwächt. Aus Angst können Phobien und Paranoia entstehen. Wenn sich diese Mechanismen erst einmal eingestellt haben, braucht es dringend einen geschützten Heilungsrahmen

Wenn wir uns also darüber bewusst werden, dass es schädliche Fremdeinflüsse gibt, dann nehmen wir das zur Kenntnis und überlegen uns Strategien des Schutzes. Es ist wichtig sich durch die Welt achtsam zu bewegen. Sich der Gefahren bewusst zu sein, ist das Eine. Das andere ist, eben auch zu wissen, dass wir Instrumente an der Hand haben, um uns zu schützen. Wir können unser Verhalten danach ausrichten und zumindest Störfaktoren minimieren. Wie ist es aber mit den dunklen Energien die uns angreifen?

Steht der Mensch in seiner energetischen Kraft, ist er äußert stabil und kaum angreifbar durch negative Kräfte. Wenn wir es schaffen in unser mentales, emotionales und spirituelles Gleichgewicht zu kommen, dann können uns bösartige Fremdenergien kaum etwas anhaben.

Das Problem ist, die wenigsten Menschen stehen in ihrem energetischen Gleichgewicht. Denn unser Leben ist kräftezehrend und auslaugend. Wir alle wissen das nur allzu gut. Viele Menschen sind durch die Hektik des Alltagslebens oder den Stress am Arbeitsplatz geschwächt und ausgepowert. Das führt dazu, dass die Schutzkraft des persönlichen Energiemantels geringer wird. Negative Energien können eindringen und sich sogar dauerhaft anhaften. Dies kann so weit gehen, dass sich fremde Seelenanteile, die nicht ins Licht gegangen sind, in unserer Aura festsetzen und uns besetzen.

Ich habe im ersten Teil, die Geschichte von den Indianerseelen erzählt, die in mir waren. Nun gibt es eine Vielzahl von Möglichkeiten, wie fremde Seelenanteile oder schlicht Fremdenergien sich anheften können. Sie absorbieren unsere Energie und schwächen uns.

Ich habe selbst einige Erfahrung sammeln können, bei der Freisetzung von Fremdenergien aus der menschlichen Aura. Es ist ein weites Feld und es würde hier den Rahmen sprengen, ausführlich das Thema Besetzungen auszubreiten. Ich will aber soviel sagen: Es existiert eine sehr große Anzahl von körperlosen Wesenheiten, die wir nicht sehen können, die uns aber angreifen, weil sie uns Lebende als Wirt benötigen.

Sie ernähren sich von unserer Energie und schwächen unser System. Dieses Phänomen ist weit verbreitet. Besonders in Ländern, Städten wo schwere Kriegsereignisse stattgefunden haben. Seelen finden nicht ins Licht, wenn sie ein traumatisches, abruptes Lebensende erfahren haben. Zum Beispiel durch Bomben, Gewehrschüsse, aber auch alle anderen Arten spontaner Tötung. Die Seelen irren in einer Zwischendimension und haben gar nicht mitbekommen, dass Sie gestorben sind. Darunter können auch sehr bösartige Geister sein, die den Menschen dämonisch besetzen.

Ich möchte behaupten, dass ein großer Teil der menschlichen Krankheiten auf rein energetische Prozesse, wie zum Beispiel das Phänomen von Fremdenergien und Besetzungen zurückzuführen sind.

5.4 Vom Stärken und Schützen

Ich habe bereits im ersten Teil des Buches eine Technik der brasilianischen Schamanen beschrieben, wie man seine Aura erneuern kann. Mit einem ganz simplen Ablauf und nichts anderem als der Vorstellungskraft.

Ich möchte Sie bitten, jetzt einmal kurz aufzustehen und die Augen zu schließen. Konzentrieren Sie sich nur auf ihren Atem. Das Ein – und das Ausatmen. Nehmen sie sich etwas Zeit, spüren sie wie sie ruhig werden. Nach einer gewissen Zeit, so wie es sich für Sie gut anfühlt, heben Sie beide Arme nach oben über den Kopf. Die Handflächen sind geöffnet, die Finger zeigen gen Himmel. Nun stellen Sie sich vor, wie ein Wolke aus Licht über Ihnen schwebt. Nun setzt ihre Absicht ein. Sie rufen das Licht mit ihrer inneren Stimme oder in Gedanken. Sie stellen sich vor wie Sie in einem Lichtkanal aus goldenem Licht baden. Das Erleben sie nun für ein bis zwei Minuten. Dann kommen Sie langsam zurück in die Alltagswirklichkeit.

Sie denken vielleicht: `Ich kann mir das zwar vorstellen, aber es hat mit der Wirklichkeit nichts zu tun´. Und ich sage: Doch, genau das hat es. Denn die Absicht Lichtenergie zu schöpfen und die Bewusstheit, die ich durch die Visualisierung ausdrücke, bewirkt das es im Universellen Feld seinen Ausdruck findet. Ich rufe das Licht, also empfange ich. Das geschieht auf der energetischen Ebene tatsächlich. Lichtenergie ist hochschwingend, feinstofflich und überall vorhanden. Es reicht meine zielgerichtete Intention, um Licht zu empfangen. Und das ist Realität.

Für den Verstand ist das zunächst unlogisch, da es nicht greifbar, sichtbar ist. Die Vorstellungs- und Traumwelt ist für den Verstand, wie wir ihn benützen nicht ein Teil der Wirklichkeit. Für die Naturvölker und Schamanen überall auf der Welt ist es genau umgekehrt. Die materielle Welt ist eine Illusion und die Traumwelt die Wirklichkeit. Wir in der westlichen Welt leben mit einem dogmatisiertem Verstandesdenken, sind trainiert auf ein rationales Modell der Wirklichkeitserfassung. Die Welt aus dieser Sicht muss fassbar, logisch und erklärbar sein. Aber die Grenzen dieser Anschauung sind offensichtlich, allein wenn es um die Welt der Quanten geht, oder eine allgemeine Feldtheorie.

Wir sind gut beraten, wenn wir den Geist offen halten für Möglichkeiten und Prozesse von Interaktionen, auch wenn Sie auf den ersten Blick nicht in unser gewohntes Denken passen. Gewöhnen Sie sich an diesen Gedanken und gehen Sie Schritt für Schritt. Wenn wir uns darauf einlassen, wie in unserem Beispiel, Lichtenergie zu rufen und darin zu baden, werden wir feststellen, dass wir es mit ein wenig Übung durchaus spüren können. Mit ein wenig Praxis wird das immer deutlicher. Das Baden in reiner Lichtenergie wirkt sofort belebend, erfrischend und aufhellend. Experimentieren sie es!

Wenn sie diesen Grad der Bewusstheit erlangen, das heißt wenn sie diesen Zustand als real erleben können, dann sind Sie einen immensen Schritt vorangekommen. Durch derart einfache Übungen werden sie spirituelles Wachstum erfahren, nach und nach, immer mehr. Sie werden sich selbst als ein Wesen mit außerordentlichen Fähigkeiten kennen lernen.

Es ist ein Schritt zu der Erkenntnis, wer sie wirklich sind. Beziehungsweise was sie sind: nämlich alles andere als nur dreidimensional und physisch. Sondern ein Wesen aus Köper – Geist und Seele, dessen Bewusstheit keine Grenzen kennt.

„Ein Wesen, dass plötzlich erwacht und dann in vielen Welten weilt. Das Dimensionen durchmisst und neue Kreationen schafft.

Ein Wesen, das mit den Sternen tanzt und voller Phantasie und Herz die Liebe ins Universum trägt und neue Reiche dort erschafft".[17]

Ich bin multidimensional, weil ich bin. Ich erschaffe, weil ich die Schöpferkraft in mir habe … mein Sein ist mein Sinn und Ich Bin Unendlich. Das ist die Wahrheit.

So kann ich also wachsen und gleichzeitig mich vorbereiten auf eine größere Realität. Ich beginne auf der Ebene der energetischen Prozesse

---

[17] Eine kleine Poesie von mir an dieser Stelle.

zu denken und mein Geist wird meinen Verstand neu ausrichten. Plötzlich verstehe ich das alles um mich herum Energie und Schwingung ist. Ich verstehe, dass ich mit meiner Bewusstheit meine Energie beeinflussen und verändern kann. Ja, ich kann auch die Zustände in meiner Außenwelt verändern. Wenn ich mich schützen will, gegen negative Energie oder gar energetische Angriffe, kann ich das jederzeit erfolgreich tun.

Es ist alles eine Frage der Bewusstheit und der Absicht. Wenn ich mich schützen will kann ich mir beispielsweise morgens einen lichtvollen Kapuzenmantel anziehen, der undurchdringlich ist gegen jede Art von schlechter Energie. Ich tue das ganz selbstverständlich, denn ich bin mir sicher das es funktioniert. Es ist normal für mich, weil ich immer besser spüre in welchem Umfeld ich mich befinde. Ich spüre schlechte Energien immer deutlicher, weil meine Sensibilität sich mehr und mehr erhöht gegenüber negativer Schwingung. Ich kann meinen Lichtschutz im Geiste immer wieder erneuern, wenn ich merke, dass ich in eine unangenehme Situation gerate.

Das sind nur einige kleine Hinweise, die sich jederzeit erweitern ließe. Es geht letztlich um die Aufmerksamkeit, die Fühlbarkeit von negativer Energie. Wenn Sie schlechte Ausstrahlung von Menschen in ihrem Umfeld bemerken, gehen sie nicht in Resonanz damit, sondern bleiben sie bei sich und hüllen sich einen lichtvollen Schutzmantel. Nicht in Resonanz damit gehen bedeutet, sich nicht mit den Gefühlen darauf einzulassen. Es bedeutet eine gewisse innere Distanz zu wahren.

Sich zu schützen bedeutet, sie beobachten aus einer distanzierten Haltung. Sie lassen die Dinge nicht zu sehr an sich heran. Sie lassen sich nicht provozieren, sie reagieren bevor sie sich aufregen. Das heißt nicht das sie teilnahmslos werden. Sicher gibt es Situationen in denen sie aufgefordert sind einzugreifen und Zivilcourage zu zeigen. Dies geschieht dann kraftvoll, mit Überzeugung und nicht aus einer defensiven Haltung, die sich letztlich nach innen richtet und negative Schwingungen ins eigene System befördert.[18]

Das alles entscheidende ist: Lernen Sie sich selbst in ihren unbegrenzten Möglichkeiten kennen. Schritt für Schritt. Schärfen sie ihre Intuition. Sie werden nach und nach feststellen, dass sie ein viel größeres Handlungsspektrum haben, als Ihnen bewusst war.

---

[18] Dies ist ein komplexes Thema, dem ich nur ausschnittsweise Raum geben kann. Denken Sie darüber nach, in welchen Situationen sie sich besser abgrenzen. Oder ob sie häufig auf das Außen emotional reagieren und selbst negative Reaktionen bei sich selbst feststellen.

Sie sind ein energetisches Wesen, dass potentiell unbegrenzte Möglichkeiten hat. Was Sie mit Ihrer Vorstellung kreieren wird Wirklichkeit. Das geschieht - so oder so. Nur in welcher Form es sich in dieser „Realität" abbildet, hängt von gewissen Faktoren ab. Und vor allem hängt es davon ab, inwieweit es Ihnen gelingt, sich wahrhaftig als multidimensionales Wesen zu fühlen. Das wiederum ist nicht ganz einfach, aber man kann dahingehend Übungsschritte unternehmen.

5.5 Machtvolle Gedanken

Gedanken sind keineswegs nur Schall und Rauch. Sie scheinen flüchtig und vergänglich, kehren aber immer wieder und sie kreieren unsere Wirklichkeit. Gedanken kreisen, sie scheinen aus dem Nichts zu kommen, sie lassen uns nicht los. Fast scheint es, wir sind Ihnen hilflos ausgeliefert.

Spätestens seit den Büchern von Dr. Josef Murphy wissen wir, welche Bedeutung unsere Gedanken für unsere selbstkreierte Wirklichkeit haben.[19]

---

[19] Dr. J. Murphy, Die Macht ihres Unterbewusstseins, Ariston, 2016.

Aus energetischer Sicht sind Gedanken Schwingungen mit bestimmten Frequenzen. Es ist keineswegs so, dass unsere Gedanken bei uns bleiben, als wären Sie in einem geschlossen System, sozusagen abgekapselt von der Außenwelt. Nein, unsere Gedanken gelangen als Schwingungen in das universale Feld.

Jeder Mensch hat seine eigene Gedankenwelt, die sich über die Entwicklungsjahre ausprägt. Diese Gedankenwelt basiert auf den Überzeugungen und Glaubenssätzen des Menschen. Sie sind geprägt durch den kulturellen Hintergrund, die soziale Herkunft und die familiäre Situation. Gedankenwelten werden ursprünglich geprägt durch die Erziehung in der Familie und das Umfeld, später kommen verschiedene andere Faktoren zum Tragen, wie der Beruf, die eigenen Interessen, Bildung, Medien etc..

Wichtig in unserem Zusammenhang ist die Tatsache, dass die Gedanken unsere selbstgeschaffene Blaupause der Wirklichkeit darstellt.

Selbstgeschaffen bedeutet, dass wir ursprünglich als Wesen in reiner und klarer Gedankenlosigkeit auf die Welt kommen und erst mit den Entwicklungsjahren konstruiert sich unsere Wirklichkeit. Mit all den manipulativen Einflüssen, denen wir ausgesetzt werden.[20] Das heißt,

---

[20] Ein Beispiel ist die Werbung unserer Medien. Der Knackpunkt dabei ist, dass wir uns durchaus darüber im Klaren sind, dass Werbung manipulieren will. Sie will uns überzeugen und zum Kauf von

das was wir denken, worüber wir denken und wie wir denken, das ist schlicht die Grundlage unserer Realität. Es ist ungefähr so, als würden wir uns ein weißes Blatt Papier vorstellen. Das ist unser Feld und nun malen wir unsere Gedanken auf das Blatt...., so erschaffen wir das Bild unserer Realität.

In einer Gemeinschaft bilden sich kollektive Bilder von der Realität. Hier bildet sich der gemeinsame Kulturhintergrund ab, die Sozialisation und Geschichte, die kollektiv übertragen wird. Das heißt, das kollektive Gedächtnis wirkt auch auf die künftigen Generationen. Prägende Ereignisse aus der Vergangenheit sind ins kollektive Gedächtnis geschrieben und beeinflussen künftige Generationen.

Der Einzelne aber, das Individuum entwickelt rein subjektive Gedanken, die sich mal mehr mal weniger mit denen der Anderen treffen. Eine eigenen Persönlichkeit bildet sich heraus. Mehr oder weniger angepasst an die kollektive Schablone. Daher ist jede Wirklichkeit immer auch subjektiv.

Jetzt nehmen wir wieder das Beispiel einer Stadt vor Augen:

Produkten animieren. Und obwohl wir uns dessen bewusst sind, wirkt die Werbung. Denn sie erreicht unser Unterbewusstsein, das alles speichert und nicht wertet oder selektiert. Ganz unterbewusst greifen wir zum beworbenen Objekt, weil uns eine Signatur ins Unterbewusstsein gesetzt wurde.

In dieser Stadt leben vielleicht Millionen Menschen auf einem engen Raum nebeneinander. Diese vielen Menschen haben nun ihre Gedankenwelten, jeder für sich. Trillionen Gedanken, die sie Tag für Tag ins Feld schicken. Es ist vergleichbar wie mit einem Intranet, in dem die Gedanken der Stadt gespeichert werden.

Nachts folgen die Träume der Menschen. Es ist ein Non-Stop-Gedankenfluss. Oder präziser ausgedrückt: ein ständiger Informationsfluss. Das universelle Feld muss wahrlich ein Megaspeicher sein, denn nichts im Feld geht jemals verloren.

Die Menschen der Stadt aber denken und träumen nicht nur, sie interagieren. Sie treffen sich, reden, sie tauschen ihre Gedanken aus. Manches behalten Sie für sich, aber …. auch die verheimlichten Gedanken gehen in das kollektive Feld dieser Stadt.

Im kollektiven Feld gibt es keine Geheimnisse, alles wird gespeichert und ist ein Teil der Wirklichkeit. All das bildet die Aura der Stadt. Haben die Menschen positive Gedanken und einen frohen Geist, dann wird die Stadt davon erfüllt sein. Aber es gibt eben auch die andere Variante. Fühlen sie also einfach mal nach, wie sich ihre Stadt anfühlt, ihr Viertel in dem Sie wohnen, oder auch die Straße mit ihren Mitbewohnern. Wenn Sie sich einmal die Zeit nehmen und die Augen schließen und ihre nähere Umgebung erfühlen, werden sie feststellen, welche Unterschiede sie ausmachen können.

Die Stadt hat verschiedene Stadtteile, es gibt die Reichenviertel, das Zentrum und die sozialen Brennpunkte. Jedes Viertel strahlt eine eigene Atmosphäre aus, gespeist durch die Gedanken und Lebenswelten der Menschen. Und geprägt durch die Geschichte und Geschehnisse in den einzelnen Gebieten.

Jeder hat das bestimmt schon einmal bei einer ausführlichen Stadtbesichtigung festgestellt. Man besucht zum ersten Mal eine Stadt und lernt die unterschiedlichen Stadtviertel kennen. Als Besucher ist man besonders offen und feinfühlig, denn man will alles erkunden und die Sinne sind aufmerksam. Jeder nimmt dabei unterschiedliche Schwingungen und Stimmungen war. Aber es gibt auch eine Kohärenz der Wahrnehmung, die fast allen gemeinsam ist – wie eine Grundstimmung, die alle ergreift.

Es gibt sympathische Plätze und ganz und gar Orte, die man nicht mag. Und das liegt nicht nur am äußeren Erscheinungsbild (denn wer mag schon eine Sozialbausiedlung), sondern an den subtilen Schwingungen und Frequenzen dieser Orte, die unsichtbar eine vergangene und aktuelle Gefühlswelt wiedergeben und uns Menschen beeinflussen. Sind Sie sich dessen bewusst?

Es gibt Orte an denen grausame Dinge passiert sind, an denen Menschen viel Leid angetan wurde. Orte an denen Seelen nicht ins Licht gefunden haben und dieses Leid hat sich in die Landschaft oder die Stadtmauern eingeprägt. Orte, die schwermütig machen. Ja, es gibt Orte die krank machen können, allein durch die Atmosphäre, die dort vorherrscht.

Dagegen gibt es Naturplätze, die Kraft schenken und die Seele mit Frische erfüllen. Ein Wald kann unendlich viel Kraft spenden, auf einer energetischen Ebene, denn hier gibt es die reinen natürlichen Schwingungen, die uns auffüllen und reinigen, jenseits elektrischer, magnetischer und anderer menschengemachter Störfelder.

In unserer jüngsten Geschichte entsteht noch eine ganz andere Qualität von Wirklichkeit, die wir vielleicht gar nicht so wahrnehmen, aber sie wird mehr und mehr die Realität bestimmen. Die Gedankenwelt der Menschen wird gefüttert von den Medien, von Facebook, Instagramm, Twitter und Co. Es wird pausenlos gechattet, gesimst und gestreamt. Durch diese digitalen Techniken entstehen ganz neuartige Realitätsbilder.

Ganz allgemein gesprochen verändert sich in dem digitalen Zeitalter die Gedanken- und Kommunikationswelt auf eine reduzierte digitale Ausdrucksform. Ein Beispiel sind die Emoticons, mit denen Gefühle verschickt werden, allerdings weiß der Empfänger nicht, was tatsächlich die wahren Gefühle sind. Da werden Herzen verschickt und Küsschen gesendet, es wird Tränen gelacht und nachgedacht. Es wird gewundert, gestaunt und gebrüllt. Aber was davon ist echt?

Hier werden per sms, smilies und kisses versendet, die eine Emotion suggerieren sollen. Aber keiner am Ende der Nachricht weiß über den wahrhaftigen Gehalt der Botschaft zu befinden. Sind das echte Emotionen oder nur so dahin gesendet, einfach weil es schick ist. Manch einer benutzt die emotis inflationär. Sollen wir sie nun für echt befinden, oder ist es fake? Nicht wirklich gefühlt, unecht? Dazu kommt die Ausdrucksweise in den digitalen Medien ist reduziert. Eine digitale Sprache entsteht. Eine Simplifizierung der Kommunikation ohne die Instanz einer face-to-face Interaktion. Es ist eine anonymisierte Kommunikationswelt entstanden und die Folge ist ein Verlust von Authentizität. Kommunikation wird immer weniger reflektiert und durch die Simplifizierung entsteht eine Welt der Missverständnisse.

Die Informationsflut einerseits und die reduzierte Form der Darstellung anderseits, führt wiederum zu einem Verlust der Phantasie, zu hastiger Schnelllebigkeit und zu einem Verkümmern der inneren Reflexion auf die Dinge. Die Masse an Information verengt schlussendlich die eigene Gedankenwelt. Eine normbasierte Gedankenstruktur wird etabliert. Alle wissen alles, aber alles bleibt an der Oberfläche.

Ein besonders erschreckendes Beispiel ist das Medium Twitter. Mit welcher Wucht und Kraft hier Schlagwortpolitik gemacht wird ist seit Donald Trump von überwältigender Offensichtlichkeit. Ein Twitter produziert millionenfache Resonanz – einmal in die Welt gesendet, stößt es eine Lawine an. Trumps erfolgreiche Twitterpolitik macht Schule. Es scheint der Abgesang einer tiefgründigen diskursiven Politikvermittlung zu sein und ein Verkümmern der politischen Kultur, die sich selbst in die Schranken einer digitalen Vermittlung verweist. Klar, es geht um Stimmenfang und Schnelligkeit. Langwierige Erklärungen und tiefe Gedanken haben da keinen Platz. So gesehen ist es eine Systemfolge des digitalen Zeitalters und gleichsam ein Abgesang des politischen Diskurses.

Aber zurück zu unserem Bild.

Die Stadt, die wir uns ausmalen, existiert also in einer eigenen Energieglocke, gespeist aus der kollektiven Geschichte, dem Erinnerungsprogramm der Stadt und den unzähligen aktiven und gedanklichen Interaktionen ihrer Bewohner.

Stellen sie sich vor, es wäre durch eine besondere Gedanken-Brille plötzlich alles sichtbar vor Augen. Ich verspreche Ihnen, wenn sie dies alles wirklich sehen könnten, sie würden sofort die Koffer packen und in die Wälder ziehen. Das ist natürlich sehr plakativ und überspitzt dargestellt, dient aber einem Zweck. Ich will Sie darauf aufmerksam machen was sie alltäglich umgibt und sie immens beeinflussen kann. Wenn Sie sich diesen Infiltrationen bewusst sind, können sie ihre eigenen Filter einbauen. Es ist keineswegs meine Absicht hier Paranoia zu schüren. Dazu besteht auch kein Grund.

Deswegen sei hier angemerkt, es gibt natürlich sehr viel positives in unserer Stadt durch die sozialen Interaktionen der Menschen. Allein durch die netten Begegnungen und Gespräche werden positive gemeinschaftliche Felder kreiert. Es liegt eine große Kraft, wenn wir achtsam und freundlich miteinander umgehen. Allein eine kleine freundliche Geste kann den ganzen Tag verschönern. Wir sind soziale Wesen und ohne Interaktion verkümmern wir. Wir brauchen die Gemeinschaft, all das ist unbenommen wahr und soll hier nicht in ein negatives Licht gerückt werden. Aber die Maßstäbe haben sich verschoben und vieles ist unüberschaubar geworden.

Wir leben in einer Zeit einer universellen Transformation und es ist in dieser Zeit besonders wichtig darauf zu achten, mit welchen

Energien, respektive Gedankenwelten man sich verbindet. Schützen Sie sich vor den schlechten Vibes der Anderen. Lassen Sie sich nicht reinziehen in den Sumpf dummen Geschwätzes und ewigen Jammerns. Das alles wirkt sich negativ auf Sie aus.

Ich möchte Sie an dieser Stelle auf etwas aufmerksam machen, was Sie vielleicht alltäglich spüren, aber nicht unbedingt einordnen können.

Ich habe von der Zeit der Transformation gesprochen. Aber was bedeutet das konkret? Kurz gesagt bedeutet es für die Menschen, dass die Energien auf der Erde sich ständig erhöhen. Genauer gesagt, das Schwingungsniveau steigert sich. Das hat mit universalen Prozessen zu tun. Unser gesamtes Sonnensystem schwingt immer höher. Und das wirkt auch auf unser Befinden.

Wenn Sie nun feststellen, dass sie im Alltag oder Beruf weniger geduldig sind, oder mit vielen Menschen nicht mehr umgehen können. Wenn Sie generell sensibler auf die verschiedensten Dinge reagieren, so kann das an den erhöhten Schwingungen in der jetzigen Zeit liegen. Manch einer reagiert mit Kopfschmerzen oder vermehrten Müdigkeitsanfällen, Schlaflosigkeit und innerer Unruhe. Unser System kommt in Wallung durch die veränderten Energiezustände. Mehr davon später.

Wichtig bei all dem ist, eine Achtsamkeit für sich selbst zu entwickeln und auf die innere Stimme zu hören. Achten Sie auf ihre Gedanken, beobachten sie sich selbst. Finden Sie ihren positiven Glauben. Hören sie schöne Musik und lesen sie Bücher, die sie schön träumen lassen. Das soll hier nicht lapidar klingen, sondern ist von ganz entscheidender Bedeutung. Es ist ungeheuer heilsam und notwendig einen inneren Raum für sich zu finden, der Ihnen Ruhe und Kraft schenkt. Was immer das auch ist.

Und denken sie daran, all ihre positiven Gedanken und Handlungen haben auch positive Auswirken auf ihr Umfeld und das wird sich für Sie widerspiegeln.

In all dem Trubel dieser Zeit ist es unabdinglich einen Schutz-Raum zu haben. Um auftanken zu können oder einfach nur seine Ruhe zu finden. Schauen sie lieber nicht ständig Horrorfilme und die Katastrophenszenarien der Tagesschau oder folgen der Verblödungsstrategie gewisser Streaming-Dienste, die ihnen einen `fucking´ Sprachgebrauch vermittelt. All dies besetzt ihr Unterbewusstsein und sie dürfen sich nicht wundern, wenn sie schlechte Träume bekommen.

All das wird zur Wirklichkeit, wenn Sie es geschehen lassen. Bleiben Sie bewusst. Filtern Sie, welche Informationen sie sich anschauen und einverleiben. Natürlich kann man sich Filme anschauen und sich dabei bewusst machen, dass es ja nur Fiktion ist. Man kann auch Nachrichten verarbeiten, indem man sich klar darüber ist, dass die Nachrichten ja nur ein kleiner Teil der Wirklichkeit sind und nicht das große Ganze beschreiben. Und der Fokus der Nachrichten per se auf Katastrophen und Leid gerichtet ist.

Mit Bewusstmachung und Einordnung der Informationen, der man sich bedient, kann man sich behelfen, Klarheit und Distanz zu bewahren.

Noch besser ist es, die positiven Gedanken zu befördern. Das regelrecht zu üben. Immer wieder. Das führt auch zur Bildung einer positiven Grundeinstellung. Man könnte sagen, man beginnt einfach sich selbst positiv zu programmieren. Das kreiert eine schönere Variante der inneren Welt.

Verträumen sie sich in den Traum von Harmonie und liebevollem Miteinander. Glauben Sie an das Gute und versetzen Sie die Berge in die richtige Richtung.

5.6 Am Anfang war das Wort

Unsere Sprache ist ein mächtiges Werkzeug. Das gesprochene Wort ist die lautmalerische Manifestation des Gedankens und hat eine große Wirkkraft in unserer Realität. Indem ich meine Gedanken, Meinungen, Äußerungen ausspreche und mit anderen Menschen teile, verändere ich den Charakter der Wirklichkeit. Ich entwerfe meine Ansicht, argumentiere und verteidige oder streite dafür.

Mit meiner Sprache manifestiere ich einen Ausschnitt meiner Wirklichkeit und zusammen mit der Interaktion mit anderen Menschen beginne ich eben jene `Anderen´ zu beeinflussen, ob nun gewollt oder nicht. Wenn ich darum weiß, die Sprache gezielt zur Manipulation einzusetzen, kann dies bis zur Massenpropaganda führen, wie wir aus unserer Geschichte wissen. PR und Politstrategen wetteifern mit der Werbebranche um die zugkräftigsten Formulierungen, platzieren sie in die Köpfe ihrer Zuhörerschaft und das mit einer Strategie, die an Gehirnwäsche heranreicht.

Ein Beispiel, das mir in der jüngsten Vergangenheit besonders aufgefallen ist, ist das Wort: **Nachhaltigkeit**, dass von heute auf morgen in aller Munde ist. Dieser doch so unspektakuläre, vage und vollkommen neutrale Begriff hat es geschafft bis in die Alltagssprache vorzudringen und in denkbar unterschiedlichste Kontexte hinein konstruiert zu werden. Mittlerweile gibt es Radioredaktionen mit einem Ressort für Nachhaltigkeit und bald wohl wird es einen Nachhaltigkeitsminister geben. Vielleicht ist es dann ein Nachhaltigkeitsminister, der nachhaltig im Amt bleibt!

Das Ganze ist nicht mehr als eine wohlgesetzte Polit-Strategie, um zu suggerieren, da gibt es eine konkrete Handlungsoption um die Welt zu retten. Als wäre es damit getan, alles auf nachhaltig zu setzten. Hier wird die Oberflächlichkeit des Gedankens zum Heilungssynonym erhoben. Das sagt so einiges über die politische Kultur in der wir leben. Beziehungsweise die wir konsumieren, leider allzu oft ohne zu hinterfragen.

Aber selbst die Journalisten und letztlich wir alle haben dieses Mode-Unwort einfach so antizipiert. Ich frage mich, wie es sein kann das ein Großteil der Menschen einfach Formulierungen und Begriffe übernimmt, die gezielt darauf aus sind, zu manipulieren.

Schlussendlich bedeutet *Nachhaltigkeit* nichts anderes, als das etwas von längerem Bestand oder Haltbarkeit ist. Das ist also weder positiv noch negativ. So gesehen haben radioaktive Stoffe eine enorme

Nachhaltigkeit. Sie verstehen was ich meine. Wir interpretieren das Wort nachhaltig, als positiv ökologisch wertvoll, was das Wort gar nicht hergibt. Aber eine gut inszenierte Werbestrategie hat uns das so suggeriert. So folgen wir der Sprache von Politstrategen, ohne darüber nachzudenken. Wir sollen nicht bemerken, dass Sie uns etwas vormachen wollen, nämlich in diesem Fall eine Lösungsformel für unsere untergehende Welt. Und dafür wird ein so lebloser Begriff wie Nachhaltigkeit groß in Szene gesetzt. Was ist wenn wir nachhaltig den falschen Weg gehen?

Dies soll nur ein kleines Beispiel sein, welche Macht die Sprache, beziehungsweise das Wort hat und unsere Realität konstruiert.

Das geschriebene Wort ist eine weitere noch manifestere Form des Gedankens, weil es noch weniger flüchtig ist. Es steht dort, auf dem Blatt Papier, schwarz auf weiß geschrieben. Wir können es immer wieder lesen. Und mit der optischen Wahrnehmung brennt es sich als Erinnerungseinheit auf unsere Netzhaut und spiegelt sich in das Unterbewusstsein. Ich will auch hier ein Beispiel geben:

Stellen Sie sich ein leeres Blatt Papier vor auf dem nur ein einziges Wort steht. Stellen sie sich weiterhin vor, dass sie sich dieses Wort über einen längeren Zeitraum immer wieder anschauen. Ich verspreche Ihnen, es wird ihre Träume ändern und unbewusst ihre

Gesamtverfassung beeinflussen. Welches Wort würden Sie auswählen? Liebe, Tod, Macht, Geld, Glück, Sex, Gewalt, Romantik, Wut, Lachen....??? Ich schreibe dies, um die Bedeutung der Gedanken und der Sprache im Zusammenhang mit dem Energiehaushalt des Menschen hervorzuheben. Angenommen ich bin in nicht so guter Verfassung und mich plagen alle möglichen Sorgen und Ängste. Egal was es ist, der Arbeitsplatz, meine Beziehung, der Klimawandel, die Ungerechtigkeit dieser Welt. Meine Gedanken trüben sich, ich werde missmutig, schimpfe auf die Welt, werde neidisch und rede schlecht über andere. Was auch immer!

Durch diese Kette von Negativität infiziere ich nicht nur meine Umwelt, sondern mich selbst – meinen eigenen Seins-Zustand, meine innere Verfassung. Ich schade letztendlich mir selbst.

Das Negative, was ich mit meinen Worten produziere, nimmt mich mehr und mehr gefangen. Es wird zu einem Strudel, der mich mit hinabzieht in Untiefen, der ich bald kaum noch entkommen kann. Bald kann ich gar nichts positives mehr empfangen oder empfinden. So entstehen Depression, Burn-Out und Verzweiflung. Das was ich aussende in dieser Verfassung, spiegelt sich in meiner Außenwelt. Meine Wahrnehmungsfilter sind auf Negativbotschaften programmiert und bald bin ich durchsetzt von dystopischer Selbstinfiltration. Herzlich

Willkommen in der selbstkonstruierten Apokalypse. Wenn ich unachtsam Sprache benütze, fluche und Schimpfwörter einfach so nachplappere, weil sie gerade `In´ sind, entfremde ich mich von meinem Wesenskern, das heißt von meiner Individualität.

Wenn ich meine Aggressionen ständig nach außen abgebe, wirkt das wie ein Bumerang in mein eigenes System. Denn ich bin ein Teil von allem Anderen. Füttere ich mein Unterbewusstsein mit Negativaussagen, wirkt das in mein Bewusstsein und meine Sichtweise auf die Umgebungswirklichkeit. Letztendlich verfluche ich mich selbst und belege mein eigenes Sein mit negativen Amplituden.

Alle Menschen stammen aus derselben (Energie-) Quelle, das bedeutet jeder ist mit jedem im ureigenen Sinn verbunden. Diese Quellinformation ist unserer Biogenetik eingeschrieben. Wenn wir nun andere beschimpfen, ausgrenzen oder gar bekämpfen, hat dies auch wieder Folgen für die eigene seelische Gesundheit. Wir resonieren miteinander und alles was nach außen gegeben wird, kommt wie durch eine Spiegelreflektion zum Absender zurück. Also Vorsicht damit, jemandem etwas Schlechtes zu wünschen. Wie singt Meatloaf in einem seiner Titel: "It all comes back to you".

Der Mensch manifestiert mit seinen Gedanken und seiner Sprache eine Wirklichkeitsprojektion in der Matrix. Je bewusster und absichtsvoller dies geschieht, desto mehr Energie ist dahinter, desto kraftvoller ist der Ausdruck in der Realität.

Und das genau lässt sich auch sehr positiv einsetzen. Wir können also unsere Welt schön denken, oder sie uns schön ausmalen. Wir können das Schöne kultivieren in uns und in Anderen den schönen liebenswerten Kern entdecken. Wir können beginnen unser Bewusstsein auf das Schöne im Leben zu fokussieren, immer ein wenig mehr und es wird nach und nach gedeihen und uns eine bessere Welt bescheren.

Herbert Grönemeyer „Bleibt alles anders":

„...Verträum dich in deinen Traum, verlass dich auf Zeit und Raum. Du gehörst zum festen Kern. Trockne die Tränen. Zieh deine Kreise, der stille Weg – folgt dem Sonnenaufgang leise – Tanz den Tanz auf dünnem Eis – forder´ das große Gefühl....!

Wir leben auf der Erde in einem Paradies. Wir müssen „*nur*" wieder unsere Augen öffnen.

Lernen wir wieder die Natur und ihre Magie mit Staunen zu betrachten. Wenn wir die Wunder erkennen, die uns umgeben, wenn wir dem Wind und dem Wasser, dem Feuer und den Pflanzen ein Lächeln schenken, bekommen wir es tausendfach zurück.

Dieses wieder Neu-Schauen-Lernen kann uns die Augen öffnen. Wir übersehen unsere Umgebung, weil wir zu sehr selbstbeschäftigt sind. Wenn wir das Staunen wieder ein klein wenig lernen, zeigt sich das Universum in seiner Vielfalt. Schauen sie jeden Tag für einen Moment in den Himmel und erkennen das Wunder.

5.7 Die magische „Ich Bin – Formel"

Um uns ins Gleichgewicht zu bringen, können wir unsere Sprache als wirkmächtiges Instrument einsetzten. Die Werbe- und Politikstrategen machen es uns vor. Sie kreieren Zauberformeln, die unser Denken und Handeln maßgeblich beeinflussen. Erinnern Sie sich an die Toyota-Werbung „Nichts ist unmöglich" aus den 90 er Jahren. Dieser Werbeslogan war ein riesen Werbecoup für den Autohersteller und schon bald in aller Munde. Aber warum, mag man sich fragen? Was ist die besondere Qualität an dieser Aussage? Woher kommt diese Genialität, bei einem Spruch der zunächst profan erscheint? Ich will es Ihnen sagen: Weil der Kern der Aussage einer höheren Wahrheit entspricht und diese archaische Wahrheit trifft uns in der Seele. Nichts ist unmöglich. Das hat eine Magie. Es berührt uns, weil wir es tief in uns Selbst wissen, jenseits unseres Verstandesdenken.

Tatsächlich ist es wahr, wenn wir die Welt jenseits der Matrix betrachten, jenseits der Illusion. Unser Geist, unser Bewusstsein kann alles erschaffen, wenn wir spirituell erwacht sind. Ganz so, wie Jesus es proklamierte, als er sagte: `ihr könnt all das, was ich kann und noch viel mehr´ (frei zitiert).

Will heißen: Der Mensch ist in seinen ureigenen Möglichkeiten unbegrenzt. Er ist selbst Schöpfer und sein Geist beherrscht die Materie. Der Mensch ist von Natur aus fähig, alles zu kreieren, allein aus der Kraft seiner bewussten Vorstellung. Der Mensch ist so gesehen gottgleich. Allein er hat vergessen, wie er seinen Geist befähigt aus dem Feld der unbegrenzten Möglichkeiten zu schöpfen.

Ein anderes Beispiel ist der Wahlkampfspruch von Barack Obama, der ihn zum Präsidenten der Vereinigten Staaten machte. „Yes, we can", hieß der Slogan der um die Welt ging. Auch hier besticht die Einfachheit der Aussage: `Ja, wir schaffen das´. Hier ist kein Zweifel und kein Zögern zu finden. Es ist absolut klar und zuversichtlich. `Yes, we can´, ermuntert jeden, dass er selbst zu allem fähig ist. Auch hier wieder, die simple Wahrheit. Der Spruch lehnt an das Bibelzitat an: „Der Glaube kann Berge versetzten".

Unterschwellig sagt der Spruch: wir werden gewinnen. Der amerikanische Geist wird hier zielsicher bedient, die Möglichkeiten sind, wie bei Toyota, unbegrenzt. Jeder kann sich angesprochen fühlen. Genial einfach und einfach genial. Diese Sprachformeln haben den Charakter und die Stärke und Macht von Mantren, die Bewusstsein wachrütteln und aufwecken. Ja, die bewusst machen, Bewusstsein schaffen. Jeder kann sich dieser Technik bedienen, sein eigener Werbestratege sein und sich selbst in bester Manier in Szene setzten.

Ich präsentiere Ihnen die Zauberformel: **Ich bin....!**

Mit dieser einfachen Wortformel spreche ich den Ur-Geist an. Die unerschütterliche Wahrheit meiner Seele, die unsterblich ist. Mein Bewusstsein, das immer existiert hat und immer weiter existieren wird. Ich bin...hat keine Begrenzung. Es spricht das ewige Sein an. Darin liegt die Stärke dieser Zauberformel. Sie ist unabdingbar wahrhaftig für alle Zeit. Wie heißt es von Jesu in der Bibel: „Ich bin der Weg, die Wahrheit und das Leben". Ich würde es so übersetzten: Erkenne mich, dann erkennst du dich, deine Göttlichkeit und dein Schöpfertum.

Was bedeutet die Aussage: „**Ich bin, der ich bin**". Aus meiner Sicht steckt in dieser Formel die Selbstermächtigung des Menschen. Sich selbst zu erkennen, anzuerkennen als göttliches Wesen. Ich bin der ich bin, bedeutet ich bin mir meiner bewusst. Ich bin mir bewusst, aus der Quelle des Einen zu kommen. Ich bin mir bewusst, unsterblich zu sein. Ich bin mir bewusst, selbst göttlicher Schöpfer zu sein.

Mit diesem Mantra spreche ich mein Bewusstsein an und auch mein Unterbewusstsein. Das „**Ich bin** ..." berührt eine Wahrhaftigkeit in mir. Ein ewiges Wissen meiner Seele.

Sage ich nun: „**Ich bin** *vollständig beschützt an diesem Tag*" und wiederhole dieses Mantra am Morgen dreimal. Und sage es auch am Abend vor dem Schafengehen, ganz bewusst laut zu mir selbst, so hat das eine immense Schutzkraft.

Dieses Mantra stärkt ihr System in ungeahnter Wirksamkeit. Glauben Sie daran! Ihre Worte haben Schöpferkraft. Wenn Sie sagen, „*An jedem Tag wird mein Wohlbefinden immer ein wenig größer und stabiler*" und auch das jeden Tag wiederholen. (Natürlich können Sie sich das auch denken). Versuchen Sie es einmal. Sie werden nach einiger Zeit feststellen, wie sie dadurch innerlich ruhiger und stabiler werden. Bleiben Sie beharrlich, auch wenn es ein wenig dauert. Durch das beständige Wiederholen über einen längeren Zeitraum werden sie positive Ergebnisse bekommen.

Sie können sich natürlich ihre eigene positive **„Ich bin – Formel"** selber ausdenken. Sie kreieren ihr eigenes Mantra und durch die ständige Wiederholung wird es an Kraft zunehmen und in ihre Wirklichkeit einfließen.

Seien sie sich sicher, dass es funktioniert. Nur davon hängt es ab. Der Mensch soll zurückfinden zu seinem Glauben an die eigene Manifestationskraft. Das ist der Kern von `Ich bin…´!

Es gibt eine ganze Vielzahl von Techniken sich mit seiner Bewusstheit gegenüber Negativfeldern und schlechten Energien zu schützen. Dazu gibt es eine Reihe von guten Büchern und Anleitungen.

Gebete, beispielsweise, sind von großer Kraft. Gregg Braden hat über die Gebete und ihre Bedeutung ein überaus lesenswertes Buch verfasst.[21]

An dieser Stelle ist mir vor allem wichtig, dass sie einen Hinweis darauf bekommen, welche unglaublichen Möglichkeiten sie haben.

---

[21] Gregg Braden: Verlorene Geheimnisse des Betens. EchnAton Verlag, 9. Edition, 2008.

Allein mit ihrer Vorstellungskraft, ihrer bewussten Absicht und ihrem Herzen ist Ihnen alles gegeben, was sie benötigen.

5.8 Das `E-Mot-Ion´

Emotion ist eine Energie, der Begriff Emotion ist zugleich eine Energie-Formel:

E-Mot-Ion. Diese Energieeinheit, dieses Ion, gibt es physisch als Schwingung, als Frequenz in unterschiedlichen Varianten. Sie ist in Reinheit eine der höchsten Frequenzen des Universums. Emotion drückt Freude aus, Liebe, kann Schmerz und Trauer sein. Emotion ist ist eine universale Kraft. E-mot-ion ist bewegend und entspringt dem Herzen und der Seele. Es ist möglicherweise die höchste Energieeinheit, die es in der Schöpfung gibt. Emotion, bedeutet Gefühl. Es beschreibt die Energie des Gefühls.

Diese Gefühlsenergien haben im kosmischen Geschehen eine außerordentliche Bedeutung. Und die Menschen sind mit einer besonderen Gefühlswelt ausgestattet. Auch andere Lebewesen haben Gefühle, erreichen aber nicht das wundersame Spektrum des Menschen und auch nicht die Kraft, die ein Mensch ausstrahlen kann. Das wird anhand des energetischen Konzeptes deutlich. Das menschliche Herz hat eine fünfmal größere Ausstrahlung als das Gehirn. Diese Messungen sind wissenschaftlich bestätigt.

Wenn unsere Herzenergie voll zur Geltung kommt und wir sie mit unserer Gedanken- oder Vorstellungswelt verbinden und diese Verbindung in Vollkommenheit funktioniert, sind wir in höchster Schöpferkraft.

Dieses Erreichen der Herz-Verstand-Kohärenz ist das Bemühen eines Joe Dispenza mit seinen zahlreichen Mediationspraktiken. Wichtig ist: Die Energie, das Gefühl muss authentisch sein. Der Ausdruck dieser Energie muss aus dem Herzen kommen und dabei zu einhundert Prozent echt sein. Hier funktioniert keine Schauspielerei. Nur das echte Gefühl hat diese Kraft. Es ist wie ein Geheimcode der nirgendwo in der DNA geschrieben steht. Diese Energie macht uns zu universalen Schöpfern. Wie aber funktioniert das? Ich möchte ein Beispiel dazu geben.

Um etwas zu manifestieren, sendest du einen Wunsch ins universale Feld. Du stellst dir eine Situation vor, zu Beispiel, dass du in vollkommenem Wohlstand lebst. Bei dieser Vorstellung empfindest Du Glück und Freude aus vollem Herzen. Du malst dir förmlich diesen Zustand aus, kreierst innere Bilder und empfängst dein eigenes Glück.

Du konstruierst also eine Begebenheit, ein Ereignis, bei der diese Emotion stattfindet. Das wichtige ist, du fühlst diesen Zustand als wäre er bereits Realität. In deiner Vorstellung bist du reich, lebst in deinem Traumhaus, an deinem Traumplatz. Du siehst dich selbst dort glücklich und voller Freude das Leben genießen. Du fühlst es!

Und das solange wie möglich, so tief und intensiv wie möglich. Wenn es dir gelingt, dieses Gefühl auch in die Alltagswelt mitzunehmen und aufrecht zu erhalten und das auch über einen längeren Zeitraum, dann wird sich dieses Gefühl als Realität in die Matrix einprägen. Und das Wunder geschieht. Das Universum findet einen Weg die Reichtum zu bescheren.

Auf diese Art und Weise hat sich Joe Dispenza selbst geheilt. Mit der Vorstellung, seiner Emotion und seiner festen Überzeugung. Er hat es geschafft jeden Zweifel zu eliminieren und voller Gewissheit seine Gesundwerdung herbei gefühlt. Und das obwohl er von den Ärzten als unheilbar gelähmt eingestuft worden ist. Klar, das gelingt nicht jedem.

Man braucht eine große Ausdauer und einen starken Willen. Aber es ist möglich. Wie alles, Sie erinnern sich!

Das wirkliche Geheimnis unserer Schöpferkraft ist die Energie der Emotion in seiner Reinkultur, besser gesagt unsere Herzens-Energie. Das kann man nicht simulieren oder kopieren. Diese besondere Kraft der Emotion hat nur der Mensch. In der Liebesenergie liegt der Code des heiligen Gral. Darauf ist letztlich alles zurückzuführen, die ganze Entwicklung des Menschen ist auf die Befreiung unserer Herzen gerichtet.

Wenn wir frei im Herzen operieren, wird es keine Dunkelheit mehr geben. Wir sind aufgefordert die Illusion von Gut und Böse zu durchbrechen. Das dunkle Zeitalter war eine Experimentierphase, das Erleben von Gut und Böse in allen Facetten. Durch alle Zeitalter waren wir im kosmischen Kino, wie Schauspieler in allen erdenklichen Rollen. Wir waren gut. Und wir waren böse. Wir alle haben die karmischen Rollen gespielt. Einmal als Hauptdarsteller, ein anderes Mal als Statist. Wir haben Geschichte und Erfahrung im kosmischen Feld geschrieben. So war der Seelenauftrag in irdischer Inkarnation. Jetzt haben wir alles durch, der Vorhang fällt. Und wir sind alle Gleich.

Die ureigene Kraft der Emotion ist ein Mysterium. Sie ist keiner anderen Energieform vergleichbar. Sie ist nicht dechiffrierbar im menschlichen Bauplan und damit auch nicht genetisch klonbar oder reproduzierbar. Das wird auch eine noch so hochentwickelte Künstliche Intelligenz nicht schaffen.

Diese Kraft der Emotion beruht auf der Fähigkeit der Liebe Ausdruck zu verleihen. Diese Lichtfrequenz beseelt die Welt und viele andere Welten. Wir stehen heute vor dem Ende der Dualität, dem Ende des dunklen Zeitalters. Wenn wir dazu finden unsere Herzen zu öffnen wird sich diese Kraft vereinen und es wird ein lichtvolles Zeitalter entstehen.

5.9 Wie bekomme ich einen Elefanten durch ein Nadelöhr?

Das soll keineswegs eine Fangfrage sein und es sind auch keine Zaubertricks verlangt. Oder na ja, vielleicht ein wenig….! Darum soll es ja gehen, um unsere Zauberkräfte.

Wie soll denn nun ein Elefant durch ein Nadelöhr kommen können, das ist doch eigentlich unmöglich! Oder? Fragen sie sich einmal, was ein Kind mit dieser Aufgabe anfangen würde. Es würde vielleicht sagen:

`Ist doch ganz einfach, ich male einfach den Elefanten ganz klein auf ein Papier und dann schaue ich durch die Lupe auf ein Nadelöhr. Und schon geht der Elefant durch das Nadelöhr.´

Genial, oder? Kinderleicht…!

Vielleicht sagen sie: `Blödsinn, das ist doch komplett unlogisch und hat mit der Realität nichts zu tun.´ Klar, sie haben recht. Geschieht ja auch nur mit viel Phantasie. Und genau darauf will ich hinaus:

Wie bedeutsam ist unsere Phantasie? Oder: Unser Geist. Mit unserem Geist können wir alles erschaffen was wir uns vorstellen können. Aber warum besitzt der Mensch Phantasie? Was hat das in der Evolution für einen Nutzen? Kein anderes Lebewesen besitzt diese Ressource. Warum auch mögen Sie fragen? Das ist ja für den Lebenszweck oder das Überleben schlechthin keine nutzbringende Eigenschaft.

Die Wissenschaft ist da ganz anderer Meinung. In seinem Buch: `Geist über Materie´ hat Dawson Church[22] aufgezeigt, welche Macht unser Geist besitzt und welche Fähigkeiten wir potentiell besitzen, die

---

[22] Dawson Church: Geist über Materie. Momanda Verlag, 2018.

Materie mit unserem Geist zu beherrschen. Ja, wir können mit unserer Phantasie `Berge versetzen´. Ist also unsere Phantasie vielmehr als nur ein Spiel mit der Illusion?

Die richtige Antwort lautet ja und nein. Denn unserer Geist spielt mit der Illusion und erschafft Realität. Wie lässt sich das verstehen?

Wenn wir die These von der Bewusstheit allen Seins erneut bemühen, können wir ableiten, dass auch unsere Welt aus dem Bewusstseinsfeld erschaffen wurde. Wir wissen aber, dass diese unsere Welt aber ganz unterschiedlich wahrgenommen wird, je nach der Ausbildung der Sinnesorgane. Jedes Lebewesen nimmt diese Welt anders wahr. Das bedeutet unsere Welt ist lediglich eine Interpretation des Geistes, ergo eine Illusion.

Unsere Realität ist relativ, vergleichbar einer virtuellen Realität, die durch Animation belebt wird. Dennoch ist unsere Welt erfahrbar, greifbar, materialisiert. Wie aber geht das zusammen? Es bedeutet nicht weniger, dass wir Menschen mit unserem Geist die Materie beeinflussen, beziehungsweise sie selbst erschaffen können. Erinnern Sie sich an die Szene aus `Matrix`, in der ein kleiner Junge einen Löffel durch die Luft schweben lässt? Genau das ist der Vorgang, den ich beschreibe.

Die Macht des Geistes ist nur leider aus dem Fokus der Menschheit geraten und erfährt in diese Tagen eine Renaissance in der westlichen Forscherwelt. In anderen Zeiten, beispielsweise in der Vorstellungswelt der Kelten, respektive der Druiden, war der Geist Handwerkszeug für wundersame Praktiken. Harry Potter lässt grüßen!

Besitzt also der Mensch die Phantasie, um neue Welten zu kreieren? Es scheint, dass unsere Zeit uns genau dahin zurückführt. Wir erleben eine Renaissance der Phantasie! Ausdruck dafür ist die phantastische Literatur, die Filmindustrie und die virtuellen Welten der Digitalisierung.

Wir werden zielgerichtet darauf vorbereitet, welche unglaubliche Fähigkeiten wir besitzen, neben dem Verstandesdenken. Das geschieht ganz unauffällig und kaschiert hinter dem Unterhaltungsmodus. Ich denke, es steckt mehr dahinter. Ein größeres Bewusstseinsprogramm läuft auf der Erde und wir werden wieder angeleitet unsere Fähigkeiten zu entwickeln.

Wir haben verlernt, die Welt spielerisch zu begreifen. Wir haben verlernt die Wunder zu sehen, zu staunen und innezuhalten. Vollkommen im Augenblick zu sein, wie es die Kinder können! Ich will Sie darauf bringen, dass alles eine Frage der Phantasie und der Wahrnehmung ist.

In unserer Phantasie können wir alle physikalischen Gesetze einfach so außer Kraft setzen. Wir können wahrlich zaubern, aber das ist ja nicht real, so denken wir. Und da ist der Knackpunkt: Wir vertrauen nur den Dingen, die wir gewohnt sind zu glauben.

Wir vertrauen unseren Sinnen, weil uns das eine Sicherheit gibt. Eine Ordnung der Welt. Darin können wir uns zurechtfinden, orientieren. Klar, das ist verständlich. Unverständlich aber ist, dass wir alles mit einer Ausschließlichkeit wahrnehmen, obwohl wir wissen, dass auch unsere Sinne nur subjektive Wahrheiten vermitteln können.

Uns ist ja klar, dass ein Hund eine andere Wahrnehmung hat, genauso wie eine Eintagsfliege mit ihren Facettenaugen eine andere Welt sieht. So gibt es also ein immense Anzahl von Wahrnehmungsunterschieden der Wesen auf der Erde. Wir Menschen wissen das. Es ist erforscht und bewiesen. Aber dennoch sind wir der starren Überzeugung unsere Sicht auf die Dinge spiegelt die einzig wahre Wirklichkeit. An diesem Punkt reduzieren die Menschen ihre Alltagsrealität um eine Ordnung aufrecht zu erhalten. Aber zurück zu unserem Gedankenspiel:

Die Übung besteht darin, in der Vorstellung den Elefanten durch das Nadelöhr fliegen zu lassen, ja genau, wir lassen ihn fliegen.... mit wehenden Ohren, am besten. Allein in unserer Vorstellung.

Wir schließen die Augen und stellen uns das einfach vor. Wir visualisieren diese Möglichkeit. Das geht, ohne Probleme. In dem ich den Elefanten fliegen lasse, ihn verkleinere, kreiere ich eine neue Perspektive auf die Wirklichkeit.

Mein Bewusstsein nimmt diese Möglichkeit als wahr in Betracht. Und das geht wiederum in mein Unterbewusstsein. Ich trainiere damit eine veränderte Wahrnehmungsfähigkeit. Damit beginne ich im Wachzustand etwas scheinbar Illusionäres zu erschaffen. Etwas wird vor meinem inneren Auge Wirklichkeit. Ich trainiere eine Technik.

Das Unterbewusstsein bewertet nicht und erkennt etwas als falsch oder irreal. Es speichert Informationen, so wie sie kommen. Es kennt kein ja und nein, kein falsch und kein richtig. Ein Traum ist für unser Unterbewusstsein genauso real wie ein Erlebnis im Alltag. Nur unser Verstand zwingt uns in die vermeintlichen physikalischen Grenzen. Aber diese Grenzen sind hausgemacht und lediglich darauf konstruiert unsere Welt zu strukturieren. Wie einen Eisberg in der Antarktis sieht unser Verstand, die Spitze aus dem Wasser ragen, aber er hat keinen Schimmer von dem riesigen Berg, der unter Wasser ist.

Ein anderes Beispiel:

Wenn ich mir vorstelle, dass ich die Welt in meine Hände nehmen kann und sie mit weißem heilendem Licht umhülle, auf das sie heilt und sich erneuert, so findet diese visuelle Manifestation im universellen Feld statt.

Und nicht nur das diese Gedankenkraft tatsächlich ihren Ausdruck in der Wirklichkeit des allumfassenden Feldes findet, es erschafft eine Veränderung bis in unsere Niederungen der Dreidimensionalität.

Wenn ich die Visualisierung ständig wiederhole, wird die Manifestation stärker und stärker. Wenn dann zum Beispiel, gleichzeitig 1000 Menschen diese Visualisierung machen, dann wird dies konkrete Heilungsmechanismen auf der Erde in Gang setzten. Das diese Mechanismen tatsächlich funktionieren, ist heute bewiesen. Schauen Sie in die Bücher von Dawson Church, Joe Dispenza und Gregg Braden. Sie haben erforscht, welche Wirkkraft eine Massenmeditation in der messbaren Welt hat.

Ich will aber noch einen Schritt weitergehen, wie der fliegende Elefant uns noch dienlich sein kann, in unseren alltäglichen Verstrickungen.

5.10 Alles eine Frage der Perspektive

Das Beispiel mit dem Elefanten zeigt uns, dass wir in unserer Vorstellungswelt unbegrenzte Möglichkeiten haben. Das wir uns unserer Phantasie und Kreativität bedienen, um auch im Alltagsleben neue Lösungswege zu beschreiten ist von äußerst großem Nutzen.

Und zwar aus folgendem Grund. Den größten Teil unserer Alltagshandlungen verrichten wir in der gewohnten Routine. Das heißt, was wir tun, tun wir in immer ähnlichen oder gar exakt gleichen Abläufen.

Unsere Handhabungen Dinge zu verrichten gehen mit der Zeit in einen Automatismus über. Das ist vollkommen normal und geschieht auch aus gutem Grund. Durch die automatisierten Abläufe sparen wir Energie und Zeit, denn wir müssen uns nicht jedes Mal aufs Neue darüber Gedanken machen, wie wir uns beispielsweise die Zähne putzen, wie wir unsere Lieblingsmahlzeit zubereiten oder wie wir mit dem Auto zur Arbeit kommen. Diese Abläufe geschehen immer auf dieselbe Art und Weise, sie automatisieren sich aber nicht nur, die Handlungen werden in gewisser Weise autark. Das heißt, Routinehandlungen laufen ab, ohne dass wir sie noch bewusst wahrnehmen. Natürlich passiert das nicht ausschließlich, aber es geht in diese Richtung. Wir schalten ab, die Handlung geschieht von allein.

Einerseits haben wir dadurch ein Gefühl von Sicherheit und Ordnung. Aber und das ist die Gegenseite, diese ritualisierten Abläufe führen auch dazu, dass wir in all diesen eingeschliffenen Handlungen, gar nicht mehr wirklich präsent sind. Wir verlieren unsere Aufmerksamkeit auf das Hier und Jetzt. Unsere Aufmerksamkeit schweift ab und wir funktionieren im Grunde wie ein programmierter Roboter. Und darin liegt eine Gefahr.

Erstens, ein Großteil unseres Lebens läuft ohne die Aufmerksamkeit auf die Handlung ab. Das heißt wir erleben diese Momente gar nicht mehr (bewusst). Stattdessen darf unser Kopf sich irgendwelche Gedanken machen und umherschweifen. Wir laufen auf Autopilot. Sie kennen das vom Autofahren. Am Ziel angekommen, stellen sie fest, dass sie die ganze Fahrt über mit ihrem Bewusstsein ganz woanders waren und nur ein Bruchteil ihrer Selbst hat das Fahrzeug gesteuert. Eben ihr persönlicher Autopilot. So verhält es sich mit den meisten routinierten Alltagshandlungen, aber das geht noch weiter.

Damit komme ich zum zweiten Aspekt. Dieses Muster kann man Autopoesie nennen. Handlungen innerhalb eines System, in dem Fall das System eines Menschen, automatisieren sich und erzeugen mit der

Zeit eine Autonomie. Die Handlung läuft immer gleich. Und der Mensch kreiert als Gewohnheitswesen immer mehr routinierte Abläufe. So entsteht ein System von Routine, die wir selbst erschaffen, um uns unsere Alltagswelt zu strukturieren. Aber die Bahnen auf denen wir uns bewegen, werden zu festgefahrenen Verhaltensweisen, die unser Bewusstsein lähmen. Das geschieht nicht nur mit unseren Handlungen, unseren Bewegungsabläufen, Tätigkeitsmustern und Alltagsritualen.

Wir erschaffen Routine um vermeintlich effektiver zu werden und mehr oder weniger ungewollt kreieren wir auch Routine in unseren Gedankengängen.

Unsere Gedanken schweifen ab, wir denken an das was uns im Büro erwartet oder was wir einkaufen wollen. Wir denken an unser Mittagessen oder an das Problem bei der Arbeit, das uns nicht aus dem Kopf geht. Unser Verstand erinnert uns an unsere Beziehungsprobleme, entführt uns mit dem Ärger von gestern oder geißelt uns mit den Sorgen, die da kommen mögen. Wir leben also geistig entweder in der Vergangenheit oder der Zukunft, die Gedankenprogramme gewinnen eine Selbstständigkeit.

Sie gewinnen immer mehr an Kraft. Sie wiederholen sich, wann immer wir aus der Achtsamkeit fallen. Sie kreisen uns ein und letztlich verlieren wir die Kontrolle darüber.

Am Ende bestehen wir nur noch aus den Projektionen von Ängsten und Sorgen. Und das ist Gift für unser Bewusstsein. Es tötet die innere Aufmerksamkeit. Es ist das Ende der Intuition und der Phantasie. Wir werden zu Zombies, die gedankenverloren agieren und uns maschinengleich bewegen. Vollkommen jenseits jeglicher Aufmerksamkeit auf das was wir tun und was um uns herum geschieht. Die Blickwinkel verengen sich, der Radius der eigenen Möglichkeiten zieht sich gnadenlos zusammen. Und wir sind uns nicht mal dieser Vorgänge bewusst!

Dazu will ich ein paar Beispiele geben:

Angenommen Sie denken über ihren Arbeitsplatz nach. Tun Sie das mal! Sie werden feststellen, dass sie bei immer den gleichen Gedanken landen. Beispielsweise, fällt Ihnen ihr Kollege ein, mit dem Sie sich einfach nicht verstehen. Sie ärgern sich über ihn. Immer wieder fallen Ihnen die Situationen ein, die Sie aufgeregt haben. Sie denken mit Sicherheit nicht darüber nach, was ihr Anteil an dem Missverhältnis sein könnte, sondern ärgern sich ständig über gewisse Verhaltensweisen der Anderen. Und das pflegt ihr Ego, weil der Andere ja schuld ist.

Ähnlich ist es in den Partnerbeziehungen. Ein Wort gibt das andere in den Streitsituationen. Jeder verteidigt seine Position, die Gedanken kreisen immer nur um den bösen Anderen, der Sie zum Opfer macht.

Es gibt unzählige Situationen, in denen wir feststecken mit den immer ähnlichen Gedankenmustern und wir kommen kein Stück weiter. Das frustriert letztlich und auf den Beziehungsebenen wird immer mehr Verdruss angesammelt. Keiner kommt aus seiner Position, beharrt auf seiner Wahrheit, oft selbst wenn gar die Partnerschaft auf dem Spiel steht. Das Ego und sein produziertes Gedankengut will und wird nicht aufgeben.

So formuliert sich über die Zeit und unsere subjektiven Erfahrungen ein Konglomerat an festgezurrten Glaubenssätzen über diesen oder jenen und unsere Gedanken kreisen in immer den gleichen Bahnen und bestärken diese Annahmen.

Unser Horizont wird kleiner und kleiner und am Ende engstirnig. Wir vermögen nicht mehr über den Tellerrand zu schauen. Geschweige denn neue kreative Gedanken zuzulassen, oder ein Problem anders anzugehen. Routine erzeugt also den Verlust von Kreativität und Phantasie und daher ist es wichtig genau dies wieder auszugleichen.

Und hier kommt der Elefant ins Spiel. Wir können üben wieder kreativ zu denken und zu handeln. Beispielsweise wir machen es uns zum Spaß, eine Zeitlang die linke Hand, anstatt der rechten, zum Zähneputzen zu nehmen.

Beim Autofahren nehmen wir für die gewohnte tägliche Strecke eine andere Route. Oder wir fahren einmal mit dem Fahrrad, oder der Strassenbahn. Wir durchbrechen ganz gewollt die Routine und öffnen dabei die Augen. Wundersame Dinge werden geschehen.

Wir fokussieren unsere Aufmerksamkeit beim Fahren ganz bewusst auf Details die wir während der Fahrt wahrnehmen. Wir rufen uns immer wieder ganz bewusst auf, im Hier und Jetzt zu sein. Mit anderen Augen zu schauen. Auf Kleinigkeiten achten, wenn unser Blick umherschweift. Allein diese Übungen verändern nach und nach ihr Wahrnehmungsspektrum.

Sie werden wieder offener und alles um sie herum wird wieder fühlechter. Wie sie selber auch beginnen sich wieder mehr zu fühlen.

Werden Sie zum Profiler ihrer eigenen Muster. Beginnen Sie sich und ihre Gedanken aus einer anderen Perspektive zu betrachten. Nehmen sie einen anderen Standpunkt ein. Erschaffen sie einen neutralen

Beobachter in sich selbst, der detektivisch vorgeht und ihre Muster entlarvt.

Fragen sie sich, `warum reagiere ich so aggressiv, in der oder der Situation´. `Oder warum fällt es mir schwer einfach zuzuhören, ohne ständig dies oder das zu bewerten.´ Oder: Warum trifft mich diese Äußerung? Stellen Sie sich selbst die Fragen, die auf Sie passen.

Sie werden sehen, sie können sich selbst dabei ertappen auf die immer gleichen Reize zu reagieren. Sie können ihre Schwachpunkte, ihre Ängste und Sorgen aus dieser Sicht betrachten. Sie können aus dieser Perspektive ihre innere Verfassung, ihre Sehnsucht und ihre Verletzbarkeit liebevoll betrachten lernen und nach und nach wird es ihnen besser gelingen, sich selbst zu verstehen. Gehen Sie nach dem Prinzip vor: `Nobody is perfect´. Das heißt, bewerten Sie sich nicht. Jeder Mensch hat seine Schwächen und Verstrickungen. Von Karma gar nicht zu reden. Wenn Sie lernen sich selbst aus einer anderen Perspektive zu beobachten, lösen sich Verhaltensmuster ganz von allein.

Ihr Blick wird sich öffnen, denn in dem sie sich selbst beginnen neu zu sehen, werden sie auch ihren Partner, ihre Freunde und die gesamte Umwelt mit veränderten Augen betrachten.

Darin liegt eine große Qualität. Wichtig ist, alles aus einer neuen, neutraleren Perspektive zu sehen. Damit beginnen wir, Schuldzuweisungen zu vermeiden. Die Schuld, die wir gewohnt sind uns selbst zu geben und die wir nach außen verteilen. Möglicherweise ist es die Annahme von Schuld, die karmisch auf der Menschheit lastet und sie gefangen hält. Dabei gibt es in dem karmischen Spiel von Gut und Böse keine Schuld. Es gibt nur Rollen.

Mit den Mechanismen einer neutraleren Betrachtung und dem veränderten Blickwinkel, können wir unser Paradigma neu gestalten:

Mit mehr Vergebung und mehr Selbstakzeptanz. Mit größerer Toleranz dem anderen Gegenüber und mehr Offenheit dem Leben zugewandt. Sie werden sehen, wie leicht es ist, einen Elefanten durch ein Nadelöhr fliegen zu lassen. Erfreuen sie sich daran, wie ein Kind zu denken.

5.11 Intuition, was ist das eigentlich?

Ich habe im vorangegangenen Abschnitt bereits angedeutet, dass mit der inneren Öffnung auch die Intuition wiederbelebt wird. Aber was ist eigentlich die Intuition und warum ist sie so wichtig für uns Menschen?

Laut Wikipedia ist Intuition „...die Fähigkeit, Einsichten in Sachverhalte, Sichtweisen, Gesetzmäßigkeiten oder die subjektive Stimmigkeit von Entscheidungen zu erlangen, ohne diskursiven Gebrauch des Verstandes."

Letztendlich bedeutet das: Man vertraut seinem Gefühl und richtet sich danach, ohne viel darüber nachzudenken.

Indem wir mehr dazu übergehen unserer inneren Stimme zu folgen, stärken wir unsere Intuition. Aber warum sollten wir das eigentlich wollen? Ist es nicht sinnvoller auf den Verstand zu hören und unsere logischen Schlüsse zu ziehen? Ist das nicht sicherer und verantwortungsvoller? Klare Antwort: Manchmal ja, aber durchaus nicht immer!

Es erscheint uns sicherer auf unseren Verstand zu hören, weil wir so trainiert sind und wir unsere Entscheidungen absichern können. Wir können auf unser Verstandeswissen zurückgreifen und unsere

Erfahrungen. Die Gesetze unserer westliche Welt beruhen auf unserem Verstandesdenken. Unsere Schulwissenschaft basiert darauf, unser logisches Denken.

Von Kindesbeinen an werden uns die vermeintlichen Wahrheiten eingetrichtert. Diese Wahrheiten beruhen auf faktischem Wissen, hergeleitet durch unsere Wissenschaften. Unser Verstand wird dahingehend formatiert. Das Ziel ist: Wir können die Welt erklären, die Gesetze der Naturwissenschaft ergründen. Es verleiht uns den Ordnungsrahmen des logischen Denkens.

Dahinter steckt aber auch eine gesellschaftliche Funktion. Wir lernen in einer Gemeinschaft zu leben und unser Denkapparat wird so konfektioniert, dass wir uns in das System einfügen, das wir unseren Platz finden. Der Staat ist daran interessiert, dass wir optimal funktionieren. Das dabei im Wesentlichen unsere Fähigkeiten der Phantasie, Kreativität und die Intuition sukzessive unterminiert werden, ist ein Kollateralschaden oder vielleicht ist es gar ein gewollter Teil des Lernprogramms.

Warum nun soll Intuition ein so hohes Gut sein, mögen Sie fragen?

Ich möchte dazu etwas ausholen: Sie haben einen Ausschnitt meiner Geschichte im ersten Teil erfahren. Was ich nicht beschrieben habe ist, dass ich in den frühen Kinderjahren ein sehr glückliches und frohes Kind war und allen Menschen gegenüber sehr freundlich gestimmt.

Auf den alten Kinderfotos trage ich immer ein Lächeln zur Schau. Das sollte sich aber ändern mit dem Eintritt in die Schulzeit. Grundsätzlich alle diese Schuljahre waren für mich eher eine empfundene Qual, als das ich Freude an Bildung erfuhr. Ich zog mich mehr und mehr in mich zurück, war verschlossen, wenig selbstbewusst und auch mit Angst besetzt.

Die schulischen Anforderungen setzten mir zu. Schließlich hatte ich blackouts bei den Schulklausuren und verspürte seelischen Druck für mein schlechtes Abschneiden. Und das im Grunde über die gesamte Schulzeit, die gesamten Schuljahre: 12 Jahre Qual, mehr oder weniger! Durch das Abitur bin ich dann auch noch gerasselt und musste wiederholen. Das war so richtig deprimierend.

Dieses ganze Programm von Bewertungen und das Auswendiglernen von Lernstoffen, das war so gar nicht meins. Ich bin geneigt zu sagen, dass dieses System mein Wesen hartnäckig konterkariert hat. Ich habe in der Zeit eine Prüfungsphobie entwickelt. Dieses Raster mit Schulstunden, Pflichtfächern und Bewertungen hat mich eher gehemmt in meiner Entwicklung als befördert. Mehr noch es hat mir mein Lächeln geraubt.

Erst im Studium konnte ich mich wieder freier fühlen und mehr meinen Interessen folgen. Das System der Universität und der freien Kursbelegung kam mir entgegen, sodass ich schließlich als einer der Jahrgangsbesten mein Magisterstudium abschließen konnte.

Kurzum, ich habe also meine eindringliche Erfahrung mit unseren Denkfabriken. Als Journalist war ich dann verstandesgemäß sehr gut auf unser System programmiert und durch das Studium der Geisteswissenschaft auch rational getunet. Ich war hochmotiviert in meinen Lehrjahren beim Süddeutschen Rundfunk. Ich wollte ein guter Journalist werden, ich wollte für Gerechtigkeit kämpfen, für die Armen und sozial Schwachen und denen mit harten Recherchen zusetzen, die sich auf Kosten anderer bereichern.

Bis dann eben meine innere Öffnung passierte und ich begann ganz andere Themen zu entdecken. Themen die für gewöhnlich nicht ins Fernsehen kommen, weil sie nicht Teil der materiellen Wirklichkeit waren. Ich kreierte 90 – minütige Fernsehsendungen über `Träume´, das Thema `Schicksal und Zufall´, oder über die `Zeit´. Ich machte eine Sendung über `Selbst- und Spontanheilungen´ und ich konnte gar nicht anders, als immer mehr in dieser neuen Welt zu versinken. Meine Neugier für das Unnormale, das Unerklärbare war geweckt.

Ich habe beschrieben was dann folgte. Mein Entschluss zu der Mittelamerikareise. Ohne Plan und Vorbereitung. Mich auf das Abenteuer des Unbekannten einzulassen. Das war im Grunde nichts anderen als der Beginn, meiner Intuition Spielraum zurückzugeben. Zu diesem Zeitpunkt war ich Ende 30. Ich begann loszulassen. Zum einen meinen materiellen Fundus, aber auch alte angelernte Sichtweisen. Zumindest ordnete ich mein Verständnis über die Welt neu und begann Neue Erkenntnisse zuzulassen.

Ich ließ mich führen, folgte den Zeichen, die sich mir zeigten. Das war nichts anderes, als gelebte Intuition und genau das Gegenprogramm von Planung und Verstandeskalkül. Ich konnte selbst über einen längeren Zeitraum feststellen, was es bewirkt, wenn man seiner Intuition soviel Raum gibt. Welch ungeahnte innere Sensorik sich entfalten kann, von der ich überhaupt keine Ahnung hatte.

Das Erspüren und Fühlen und auch Erfassen von Schwingungen und feinstofflichen Energien, das Erleben von in der Zeit ausgedehnten Momenten und auch das Eintauchen in eine paranormale Welt, war wie eine Pfortenöffnung in eine andere Dimension der Sinne.

Das letztlich ist die Bedeutung der Intuition und der wahre Schatz den sie für uns bereithält. Es war gleichsam die Loslösung von den Beklemmungen und Angstsuggestionen der Matrix. Ich hatte das Gefühl von grenzenloser Freiheit, von wahrer Freiheit, da sie nicht begrenzt ist durch ein menschengemachtes System voller Regeln und Gesetzen. Und das ist weit mehr, als sich ohne Maske in Zeiten von Corona durch die Straßen bewegen zu können. Der Freiheitsbegriff wird immer auf das politische System reduziert. Angepasst und variabel veränderbar definiert. Wahre Freiheit geschieht nur in der unbeschränkten Welt.

Wenn also Intuition im ersten Moment als ein unsicheres, beinahe blindes Erspüren von einer unbekannten Qualität des Seins ist, so kann es zu einem vertrauten selbstsicheren, fast unbeschreiblichen Sinn der Erkenntnis werden.

Der Sinn, dass wir freie, unbegrenzte und bewusste Wesen sind, wir Menschen. Wir sind von Natur aus frei. Im Sein und im Geist. Natürlich müssen wir uns an gegebene Umstände anpassen. Umstände, die notwendig sind, um Gesellschaften zu gründen. Wir aber ersticken im Eifer von Paragraphen, Regeln und Bürokratien, die alles andere als notwendig sind und letztendlich freiheitsberaubend.

Ich möchte jeden ermutigen, Schritte in die Richtung zu gehen und zu beginnen, der inneren Stimme mehr zu folgen. Das kann ganz im Kleinen geschehen. Es ist ein Weg sich seinem Gefühl zu öffnen, sich selbst wieder mehr zu vertrauen und seiner Intuition zu folgen. Folge Sie ihrer inneren Stimme und kultivieren Sie es. Es ist die Stimme des

Herzens und der Seele. Es ist das Bauchgefühl, das weiß, ohne zu bewerten.

KAPITEL 6 ZYKLEN DER EVOLUTION

Bevor ich zu den Erkenntnissen des Maya-Kalenders komme, möchte ich Sie noch einmal zurückführen in meine persönliche Geschichte. Das führt nun etwas weg von den Theorien die ich vertrete, aber ich will sie kurz entführen in die mystische Atmosphäre dieser unglaublichen Kultur, die mich so prägend beeinflusst hat.

Mitte der 80 er Jahre machte ich meine erste Reisen nach Mexico. Ein Freund hatte mir den Tipp gegeben, da ich eine große Lust verspürte eine Fernreise über 5 Wochen zu machen. Er sagte zu mir: `Mach doch die Mayaroute in Yucatán, das wird dir bestimmt gefallen´. Er hatte diese Reise bereits erlebt und schwärmte von den Erlebnissen. Ich fühlte mich von seinen Erzählungen gleich angesprochen und so ich plante ich den Flug nach Cancun. Die Mayaroute ist eine Reise auf der

Halbinsel Yucatán, die von einer Pyramidenstadt zu anderen führt und mit gut ausgestatteten Bussen angenehm zu befahren ist.

Ich war allein unterwegs und hatte ausreichend Zeit die bekanntesten Mayastätte zu besuchen. Es war unglaublich beeindruckend. Ich war wie gefangen in dieser einzigartigen Atmosphäre riesiger Steinpyramiden, Palästen und sakralen Bauwerken, oft inmitten der gewaltigen Szenerie des Dschungels. Ich fühlte mich wie in der Zeit zurückversetzt, als wäre diese Kultur lebendig wie vor über tausend Jahren. Eine der beeindruckenden Anlagen ist die Mayastadt Palenque und zu dieser Zeit, Mitte der 80 er Jahre, hatte ich das Glück, das die Königspyramide von Pakal, dem großen Herrscher dieser Stadt für die Besucher noch zugänglich war.

Auf der oberen Plattform hatte man unter einer der riesigen Steinplatten einen Zugang ins Innere der Pyramide gefunden. Eine steile, enge Treppe führte hinab in die Königsgruft. Ich weiß noch, wie erstaunt ich war, dass man ganz ungehindert als Tourist diese heilige Stätte begehen konnte. Irgendwann gab es ein paar Glühbirnen, die die verschlungenen Tunnel dumpf beleuchteten. Es war eng und feucht, ich konnte mich meist nur gebückt vorwärts bewegen, manchmal waren die Durchgänge so eng, dass ich mich durchzwängen musste.

Dann kam nach langem Abstieg ein kleiner Vorraum mit einer Tür, die vielleicht 1,50 m hoch war. Es waren noch 2, 3 andere Touristen mit mir unten. Es war der Zugang zu der berühmten Königskammer. Sie war nicht viel größer als 2 auf 3 Meter, wenn meine Erinnerung stimmt. Vor mir war das Grab von Pakal, dem Herrscher von Palenqúe, mit der riesigen Grabplatte.

Ich dachte sofort: Wie hat man diese Platte hier hereingebracht? Denn sie füllte fast den gesamten Raum aus. Das besondere aber ist die in den Stein geschnitzte Darstellung von dem König. Es sieht aus als säße er in einen Gefährt und sein Kopfschmuck hat den Charakter eines Helmes.

Diese wundervolle Stadt Palenqúe, diese Schönheit der Steinkunst, die überall in den Bauten liebevoll gravierten Inschriften und deren einzigartige Mystik hat mich sofort in ihren Bann gezogen. Ja, ich war tatsächlich wie verzaubert in dieser antiken Welt inmitten des von Leben pulsierenden und von Affengeschrei erfüllten Dschungels. Ich wollte mehr erfahren über diese magischen Inschriften und diesen so geheimnisvollen Kalender der Mayas.

Als ich zurück von meiner Reise wieder in Stuttgart war, begann ich mir Bücher über den Maya-Kalender zu besorgen. Ich wollte wissen, wie dieser Kalender funktioniert. Ich stellte schnell fest, dass es eine

Reihe von Wissenschaftlern gibt, die eine Interpretation des Kalenders entwickelt haben. Erstaunt nahm ich zur Kenntnis, dass diese Interpretationen sehr unterschiedlich ausfielen. Es gibt bis heute nicht eine einhellige Meinung in der Wissenschaft über den Maya-Kalender.

Das Besondere an dem Kalender ist, dass er nicht nur eine Jahreszählung mit Monaten und Tagen ist, sondern das er große Zyklen in unserem Sonnensystem beschreibt, die tatsächlich so ablaufen. Der Maya-Kalender beschreibt große Zyklen, die wiederkehren und über ca. 5 000, 26 000, 260 000 Jahre dauern und das mit einer unglaublichen Präzision.

Tatsächlich wurden Inschriften der Mayas gefunden, auf denen Berechnungen stehen, die hunderte Millionen Jahre zurückreichen. Wie konnte dieses altertümliche Steinvolk eine derartige Mathematik entwickeln? Es war mir ein Rätsel, wie ein Naturvolk vor über 2500 Jahren diese hochentwickelte Kultur und eine derartige komplexe und genaue Kalenderrechnung nur mit purer Himmels- und Sternenbeobachtung hervorbringen konnte. Irgendwas war da seltsam.

Jedenfalls wurde mir eines klar: Alles da draußen in unserem Sonnensystem folgt einem Plan. Das gesamte Universum bildet eine zusammenhängende Einheit, verbunden durch ein Feld das alles miteinander verwebt. Die Bewegungen der Himmelskörper sind fein aufeinander abgestimmt und nichts daran ist zufällig. Alles folgt einer Ordnung. Alles hat einen Sinn. Aber nicht nur in unserem Sonnensystem läuft alles wie in einem Uhrwerk ab, sondern im gesamten Kosmos ist alles miteinander verbunden. Der Forschung ist es gelungen nachzuweisen, dass die Planetenbewegungen in ihren Umläufen Muster der heiligen Geometrie abbilden.

Wie Zahnräder eines Uhrwerkes greifen Systeme von Zyklen und Dimensionen ineinander und kreieren ein kosmisches Spiel da draußen und alles folgt einem Zweck. Und der Zweck ist die Evolution, das Streben zu einer höheren Ordnung. Es ist eine spirituelle Evolution, zu immer höher entwickelten Formen in neuen feinstofflichen Welten. Die materielle Welt ist dabei nur eine Durchgangsstation. Am Ende stehen die lichtvollen Welten einer neuen Zeit.

Die Blaupause für das intergalaktische Pulsieren kommt aus dem universalen Feld miteinander interagierender Frequenzen und Schwingungen. Das Prinzip Kreation erfindet sich immer wieder neu und entwickelt sich weiter, zu einer höheren Ordnung.

Auf unser Sonnensystem bezogen, so die Erkenntnis des Maya-Kalenders, beginnt ab dem 21.12.2012 eine neue Kalenderzählung. Der alte Kalender ist zu Ende gegangen und viele haben angenommen, das müsse das Ende der Welt sein. Aber das entspricht nicht den Prophezeiungen.

Die alten Mayas, die Schamanen erzählen, dass hier ein neuer Zeitabschnitt beginnt und ein lichtvolles Zeitalter hervorbringen wird, ein Zeitalter das 1000 Jahre andauert.

Nach ihrer Vorstellung ist die Erde in den vergangenen 5125 Jahren durch ein dunkles Zeitalter gewandelt. Doch diese Zeit ist nun zu Ende. Heute stehen wir am Ende dieses alten Zeitalters und im Übergang ins Neue Zeitalter. Das ist gemeint mit der Transformationsphase, in der wir uns befinden. Nicht allein die Erde und all ihre Bewohner sind in dieser Wandlungsphase. Das gesamte Sonnensystem mit all ihren Gestirnen befindet sich im Übergang auf eine neue evolutionäre Stufe. Ganz konkret bedeutet das für uns: Wir befinden uns auf dem Weg in eine höhere Dimension.

Tatsächlich deuten alle Berechnungen der Forscher daraufhin, dass eine große universelle Veränderung bevorsteht. Ein ganz bedeutender Faktor ist die steigende kosmische Frequenzerhöhung, die auf die Erde trifft. Die Veränderung des Klimas ist nur zum Teil durch den menschengemachten Treibhauseffekt verursacht. Die Erderwärmung ist *auch* ein kosmisches Phänomen. Wir durchlaufen in dieser Zeit Prozesse, die so oder so gekommen wären.[23]

Und diese energetischen Prozesse wirken sich auf alles Leben aus. Ob das nun zu apokalyptischen Ereignissen auf der Erde führt oder ein sanfter Übergang in ein neues Zeitalter stattfindet, ist ungewiss. Jedenfalls kann der Mensch viel dazu beitragen, dass unser Planet stabil bleibt. Dazu allerdings müsste ein gewisser Grad an erleuchtetem Bewusstsein auf der Erde vorhanden sein. Ich will versuchen das zu erläutern.

Der Mensch hat, wenn er in seiner vollkommenen spirituellen Kraft steht, ganz außergewöhnliche Fähigkeiten. Er ist in der Lage mit seinem Bewusstsein zu manifestieren. In der spirituellen Literatur wird behauptet, dass eine Anzahl von 144 000 erwachten Menschen, gemeinsam den gesamten harmonischen Übergang des Planeten und der gesamten Weltbevölkerung in eine höhere Bewusstseinsstufe bewerkstelligen könnten.

---

[23] Das bedeutet nicht das ich die zerstörerische Kraft des Menschen hier herabmildern will. Vielmehr kann durch die Zerstörung der natürlichen Prozesse der Erde durch den Menschen, tatsächlich das Projekt Aufstieg gefährdet sein.

Demgemäß wirken auch gemeinsame Gruppenmeditationen, oder online organisierte Massenmeditationen positiv messbar auf die Heilung der Erde.

6.1 Zwischen den Dimensionen

Ich setzte hier den groben Zeichenstift an, um mein Verständnis von den interdimensionalen Prozessen zu skizzieren. Es kann nur ein Ausschnitt aus dem großen Ganzen sein und ich möchte mich an dieser Stelle noch einmal wiederholen. Diese Leitgedanken entspringen meinen Studien und stellen nicht mehr und nicht weniger meine Anschauungen dar, die sich in den vergangen 25 Jahren herausdestilliert haben.

Ich behaupte nicht irgendwelche Tatsachen oder Wahrheiten zu verkünden. Aber sicher ist, es gibt zuverlässige Quellen und Beobachtungen, die meine Ansichten stützen. Nun, will ich zu der wichtigen Frage kommen, warum wir uns denn in die 5. Dimension bewegen und nicht in die vierte. Das wäre doch naheliegender, möchte man annehmen!

Zuallererst: Es gibt keine festen Grenzen zwischen den Dimensionen und sie sind nicht hierarchisch angeordnet. Sie durchdringen einander und unterscheiden sich durch den Grad ihrer Schwingungsfrequenzen. Je höher die Dimension, desto höher die Schwingungsfelder, die Feinstofflichkeit steigt.

Es gibt eine ständige Interaktion zwischen der dritten und vierten Dimension, die sich in Schwingungsmustern überlappen. Der wesentliche Unterschied zwischen den Dimensionen sind die höhere Schwingung, die in der vierten und fünften Dimension vorhanden sind. Es geht aber noch weiter bis in die dreizehnte Dimension, eine Dimension reinen Lichtes, dem Ursprung der Schöpfung.

Im Grunde lässt sich sagen, die dritte Dimension ist die der Feststofflichkeit, in der vierten steigt die Frequenz der feinstofflichen energetischen Abläufe. Wenn wir in der dritten Dimension Erlebnisse von Déjà-vu haben, wenn wir hellsichtige Fähigkeiten entwickeln, oder Gedankenlesen, sind die Energien der vierten Dimension am Werk.

Wir können als Seelenwesen in der vierten Dimension unseren Körper verlassen und auf Astralreisen gehen. In dieser Zeit der Transformation werden die Phänomene der vierten Dimension auf der Erde immer mehr zum Tragen kommen. Daher ist die vierte Dimension im Grunde die Übergangsdimension von der dritten feststofflichen Ebene in die feinstoffliche 5. Dimension.

Die Erfahrungen die wir in der vierten Dimension machen, bereiten uns auf die noch höheren Schwingungen in der fünften vor. Die vierte Dimension ist unser Übungsfeld. Hier geschieht auch die Synchronizität, wie ich sie auf meinen Reisen erlebt habe. Sie ist ein Feld, das Raum-Zeit-Erfahrung aufhebt und uns als spirituelle Wesen begreifen lässt.

Das ist im ersten Moment vielleicht nicht ganz einfach zu verstehen, aber lassen sie sich nicht entmutigen. Nichts ist im Moment von größerer Bedeutung als die Tatsache, dass sich unser physischer Körper in der Transformationsphase in einen mehr feinstofflich funktionierenden Körper verändern wird.

Gehen Sie davon aus, dass unsere Welt insgesamt feinstofflicher wird, lichter. Und auch unsere Körper werden umprogrammiert durch die Schwingungen, die uns aus den kosmischen Feldern erreichen. Dieser Vorgang ist einmalig in der Menschheitsgeschichte. Wenn wir diesen Übergang schaffen, mitsamt unserem Planeten, wird sich unser Sonnensystem neu entfalten. Und die Menschen werden zu ungeahnten Fähigkeiten finden. Das ist gute Nachricht.

6.2 Der Lichtkörperprozess

Wir gehen also davon aus, dass wir Energiewesen sind. Das ist heutzutage sicher keine bahnbrechende Erkenntnis. Das ist schon rein physikalisch keine Neuigkeit. Wenn ich dagegen behaupte, dass wir Menschen einen Lichtkörper haben, werden einige mit der Stirn runzeln. Und wenn ich weiter behaupte, dass wir in unserer heutigen Zeit daran sind, unseren Lichtkörper weiterzuentwickeln, weil er unser Raumanzug in der 5. Dimension sein wird, vernehme ich ein Raunen.

Tatsächlich bin ich fest davon überzeugt, dass es sich genauso verhält. Unsere Transformation, innerhalb der kosmischen Wandlungsprozesse wird eine körperliche und eine spirituelle Ausprägung haben. Wenn der Mensch mit seinem Bewusstsein erwacht, wird sich die Trinität von Körper, Geist und Seele in einer Einheit befinden. Es ist gleichsam das Ende des einseitigen `Verstandesmenschen´.

Das rein rationale Begriffsspektrum wird aufgehoben und eine höhere Bewusstheit wird seinen Platz einnehmen. Letztendlich wird das Yin-Yang-Prinzip in seine Einheit zurückfinden, es ist das Ende des dualen Denkens. Das Gut – Böse Programm und das Schwarz – Weiß – Denken wird durch ein neues multiples Spektrum von Denkschablonen ersetzt.

Auf der körperlichen Ebene werden diejenigen, die ihren Energiekörper in Einklang bringen können, den Lichtkörperprozess sicher durchlaufen.[24] Das Chakren-System wird sich in voller Kraft einrichten und die Energiekanäle, die sogenannten Ka-Kanäle und Nadis aktivieren sich zu einen lichtvollen Gesamtsystem.

Der Lichtkörper wird einen Großteil der Funktionen, den bisher das Herz-Kreislauf und die Blutzirkulation und die Organe übernommen haben, übernehmen.

Der Mensch bleibt feststofflich, auch in der fünften Dimension und wird weiterhin materiellen Ausdruck haben, aber er wird auch die Fähigkeit der feinstofflichen Verwandlung haben. Es ist keine Utopie, wenn man die Möglichkeit in Betracht zieht, dass der Mensch von reinem Licht leben kann.

---

[24] Sie fragen sich: Was geschieht mit den Anderen, die das nicht können? Viele Menschen sind noch in ihren karmischen Abläufen und ein Teil der Menschen werden ihren Weg noch in der Dreidimensionalität leben. Möglicherweise auf einem erdähnlichen Parallelplaneten.

In ihrem Buch, Lichtnahrung, hat die Australierin Jasmuheen[25] beschrieben, wie es möglich ist sich allein durch Licht zu ernähren. Alles ist Energie, alles um uns herum ist angefüllt mit freier Energie. Ein Nikola Tesla hat dies früh bewiesen und heute ist die Wissenschaft kurz davor, neue Techniken zu entwickeln, wie wir statt dem Verbrennen fossiler Brennstoffe, die freie Energie des uns umgebenden universellen Feldes nutzen können. Denn diese Vorräte sind unbegrenzt und schaden keiner Umwelt. Schon bald wird es einen gewaltigen Technologiesprung geben und ganz neue Möglichkeiten für die Menschheit werden am Horizont erscheinen. Dies ist keine weit entfernte Zukunftsmusik.

Nun habe ich in der Thematik einen großen Sprung nach vorne gewagt und ich bin mir bewusst, dass die Konzepte vom Lichtkörperprozess und die verrückt anmutende Verwandlung, die uns bevorsteht, etwas erschrecken mag. Aber keine Angst! Ganz im Gegenteil. Es ist die Verwandlung in ein harmonisches, lichtvolles Zeitalter. Yin und Yang schwingen im Einklang und lösen in ihrer Verbindung das Dogma von Gut und Böse. Wir werden Eins zu Eins – im göttlichen Licht.

---

[25] Jasmuheen, Lichtnahrung. Von kosmischer Energie leben. Koha-Verlag, 2013.

Ganz gewiss ist es gut seinen `Geist´ offen zu halten, beziehungsweise für das Unvorstellbare zu öffnen. Daher möchte über das schreiben, was ich über die spirituelle Evolution des Lebens denke. Denn sicher ist, es wird nicht ewig bleiben wie es war.

Eine Offenheit zur spirituellen Entwicklung, bedeutet seinen Geist zu schulen und sein Bewusstsein zu weiten, auf Möglichkeiten vorzubereiten, die jenseits unseres rationalen Denkens liegen. Es ist an der Zeit sich der Fesseln zu entledigen, die uns von Kindesbeinen an aufoktroyiert wurden.

SCHLUSSBEMERKUNG

Es klingt vielleicht ein wenig abgegriffen, aber es ist wahr: Es gibt weit mehr zwischen Erde und Himmel als wir uns jemals vorstellen können. Das hat mir meine spirituelle Reise gezeigt.

Ich kann heute 23 Jahre nach den Ereignissen folgende Essenz ziehen: Erstens es existiert die Matrix und zweitens gibt es Möglichkeiten aus ihr herauszutreten. Die Matrix funktioniert auf mehreren Ebenen. Wir befinden uns in einer Wahrnehmungsmatrix der Dreidimensionalität und in einer Alltagsmatrix, die uns auferlegt, wann der Wecker klingelt und wir ins Büro müssen, welche Versicherungen wir dringend brauchen und wann wir in den Urlaub dürfen.

Die Matrix von der hier die Rede ist aber weit mehr, als nur die gesellschaftlichen und politischen Vorgaben, den Regeln und den Gesetzen. Es ist die Priorisierung des Verstandesdenken über den Geist und der Seele. Es hält den Menschen in einer vorgeblichen Vernunft und Rationalität gefangen. Aus diesem Grund ist das Körper-Geist-Seele System aus dem Gleichgewicht geraten.

Es ist mir über eine gewisse Zeit gelungen, jenseits dieser Beschränkungen zu leben und das ist heute immer noch ein Schatz für mich. Für diesen energetischen Austritt war tatsächlich die physische Reise an andere Orte ein wesentlicher Aspekt. Es bedeutete den Austritt aus meinen gewohnten (Energie-) Bahnen. Und das war notwendig für meine innere Öffnung.

Das wesentliche aber war meine Intention und Bereitschaft alles Mögliche loszulassen und in einem weiteren Schritt mich führen zu lassen. Dies geschah aus der Überzeugung, dass wenn ich mich bedingungslos öffne, tatsächlich eine geistige Führung bekomme. Nur mit diesem Vertrauen lässt sich die Matrix überwinden.

Meine Erfahrungen haben mir den Ausblick auf ein Gefühl von wahrer Freiheit und nicht minder eine Sinnhaftigkeit meines Daseins geschenkt. Denn es tatsächlich viel mehr als nur Leben und Sterben im menschlichen Plan verankert. Davon bin ich überzeugt.

Für mich war und ist die Erkundung meiner Selbst, der Sinn des Lebens. Es ist die Suche danach und der Weg dahin. Woher ich komme und wer ich bin. Ich glaube, dass ich diese Fragen heute für mich zumindest zum Teil beantworten kann.

Ganz gewiss kann nicht jeder, wie ich, einfach sein altes Leben aufgeben, den Rucksack packen und Adieu sagen. Diese Reise, die ich hier beschrieben habe, war für mich ganz persönlich das Richtige zu dieser Zeit. Ich bin sehr froh, dass ich den Mut hatte all das damals so zuzulassen. Aber mein Weg ist nur einer von vielen Möglichkeiten, um zu sich Selbst zu finden.

Die Zeit am Ausgang des alten Jahrtausends, hinein in das Neue markierte eine zentrale Phase meines Lebens und ich schöpfe aus den Erinnerungen.

Ich habe keinen Grund etwas zu glorifizieren, denn ich habe keineswegs nur positives erlebt oder auch selbst so gehandelt. Ich bin manche Irrwege gegangen und habe viele Fehler gemacht. Ich bin verletzt worden und habe Menschen verletzt. Kurz und gut: Ich bin kein erleuchteter Engel, der den Pfad der Erkenntnis gewandelt ist. Und ich bin auch nicht am Ende meines Weges angelangt. Und das ist auch gut so.

Tatsächlich habe ich durch die beschriebenen Erlebnisse eine große Gunst erfahren. So verstehe ich das jedenfalls. Und ich bin dankbar dafür und ich habe etwas gelernt, was ich vorher nicht hatte: Demut.

Ich fühle Demut gegenüber dieser großartigen Kreation von der ich ein Teil sein darf. Ich hoffe, dass meine Erfahrungen Ihnen ein klein wenig dienlich sein können und wenn es nur eine kleine Inspiration sein mag. Und vielleicht konnte ich Sie hier und da ein klein wenig zum Nachdenken anregen.

Meine Reise war exklusiv, ich hatte sie für mich Selbst angetreten. Ich wollte schlicht wissen. Dabei hatte über weite Strecken das Gefühl, als würde mich etwas von außen dazu antreiben, als würde ich begleitet und mehr noch: Fast so als hätte ich einen Auftrag aus der geistigen Welt.

Ich habe mich sehr mit Erzengel Michael verbunden gefühlt und mich in die Bruderschaft des Lichts meditiert. Ich habe in den vielen Ritualen, die ich abgehalten habe, den Kontakt zu Jesus gesucht und sehr oft, waren Sie alle mir unglaublich nahe.

Es waren mitunter merkwürdige Zustände die ich durchlebte in dem Gefühl, ich bin verbunden und werde geführt. Oft war es so, dass ich dachte, alle anderen Beteiligten kennen meine Rolle in dem Spiel, nur ich Selbst nicht. Dann wieder erfuhr ich Verehrung und große Aufmerksamkeit durch andere Menschen. Ich fühlte mich wie ein spiritueller Krieger, ein Krieger des Lichts.

Ich hatte immer das Gefühl und die Gewissheit, dass all meine Erlebnisse und alle Ereignisse, die geschehen sind mein Schicksalsweg markieren und das all dies in der universellen Chronik geschrieben steht.

Durch das Erleben dieser Geschichte sind meine Erfahrungen manifest geworden. Vielleicht war das mein Auftrag. Vielleicht ist es so, dass auf diese Art und Weise spirituelle Pforten geöffnet werden. Es gibt wahrscheinlich ganz viele unterschiedliche Wege dazu. Aber wir Menschen sind das bewusste Bindeglied zwischen Himmel und Erde. Wir sind die spirituellen Akteure auf der Welt, das sollte uns bewusst sein.

Alle Erfahrungen eines jeden sind eingeprägt in das universelle Feld und jeder kann darauf zurückgreifen. Die Dinge sind passiert. Das was ich erlebt habe, zeigt einen kleinen Ausschnitt dessen, was wir Menschen eigentlich sind. Ich habe mein kleines spirituelles Fenster geöffnet. Ich kann nur hoffen, dass es für sie erhellend war.

Ich wünsche mir am Ende des Buches Ihnen ein wenig Inspiration gegeben zu haben. Manchmal ist es ja nur ein kleiner Klick im Kopf, der eine große Wirkung hat. Und wenn es allein dazu führt, alles einmal ganz unvoreingenommen aus einer anderen Perspektive zu betrachten. Es kann ein Schritt in ein neues Leben sein. Mit einem kleinen Paradigmenwechsel erschaffen wir ganz neue Horizonte.

Wir erschaffen unsere Wirklichkeit in unserem Kopf. So wie wir denken, sind wir. Und wir denken, so wie wir sind. Wir halten daran fest, weil wir uns dieser Perspektive sicher sind. Aber das ist auch nur eine Flucht. Wir haben jederzeit die Kraft der Veränderung.

Wenn wir aktiv daran arbeiteten und es wirklich von Herzen wollen, dann formen wir ganz leicht eine neue Realität.

Dann beginnen wir neu zu schauen, zu hören und zu spüren. Wir können wundersames erfahren. Jeder Moment gibt die Möglichkeit dazu.

Die Erde ist ein lebendiges Wesen, sie atmet wie wir, sie hat einen Energiekörper, der ebenso Energielinien und Chakren hat, ähnlich wie wir Menschen. Auch die Erde hat einen Geistkörper.

„Unsere" Erde lebt und entwickelt sich weiter und das auf einer spirituell-energetischen Ebene. Wir wissen, dass alles Schwingung ist und Bewegung, auch wenn wir es nicht sehen können.

Wir können wieder neu schauen lernen und fasziniert sein. Über all die Erscheinungen, die wir aus Gewohnheit schon lange aus dem Blick verloren haben.

Das Flüstern des Windes, das transzendente Spiel des Wasser und des Feuers, die Blumen und Bäume, die auch ihre Sprache und Seele haben. All dieses Leben auf diesem Planeten.

Der Himmel ist nicht kilometerweit entfernt, er beginnt 1 cm über der Erdoberfläche. Wir wollen in den Himmel, dabei sind wir schon zu Lebzeiten mitten darin. Wenn wir beginnen, Dinge in Betracht zu ziehen, die wir nicht sehen oder anfassen oder riechen und schmecken können, entdecken wir ein neues Universum.

Halten Sie das Unnormale für möglich und Ihr Geist wird sich öffnen. Wenn wir beginnen, neue Beobachtungen anzustellen und es verstehen in unseren Alltag zu integrieren, verändern wir aktiv unsere Wirklichkeit.

Für mich bedeutet spirituelles Wachstum, daran zu arbeiten, ins energetische Gleichgewicht zu kommen. Meine Blockaden und Ängste aufzuspüren und meine verborgenen Traumata zu lösen. Wenn wir uns als spirituelle Wesen beginnen zu begreifen, dann wollen wir unseren Energiekörper ins Gleichgewicht bringen.

Erst wenn der Mensch es schafft, die Energien des Kosmos mit den Energien der Erde zu vereinen, wenn diese Frequenzen durch seinen Körper ungehindert fließen können und alles ihn in harmonische Schwingung versetzt, dann wird er zu dem Wesen, das er in Wahrheit ist und sein soll.

Zum einem kosmischen Wesen.